로마네스크 건축

Architect **Jong-Soung Kimm's** 건축가 김종성

Early Medieval and Romanesque Architecture

Photo Essay Italy and Croatia

Wasmuth & Zohlen
Verlag

Contents

차 례

Of the longing for the architectural

Von der Sehnsucht nach dem Architektonischen
건축적인 것을 향한 동경

The third volume documenting Korean architect Jong-Soung Kimm's opulent journey through the history of Romanesque architecture takes us to its heartland, Italy, with a detour to the Dalmatian coast in what is now Croatia – specifically to the town of Poreč on the Istrian Peninsula, not far from Venice and Trieste, an early Roman colony that later fell under Byzantine rule and was long controlled by Venice after that.

As before with Kimm's travels, the photographs he took with such precise magnificence will fascinate those reading and consulting this book. The photos are, as it were, coolly composed depictions of an architectural fervor that has driven the author to pursue coveted objects of Romanesque architecture across the European continent, from the Flemish-German North through the Iberian West to the Italian South – a veritable grand tour of the ancient treasures of the continent's architecture. In contrast to the pejorative term "Old Europe" coined by arrogant American politicians, we refer to the continent as old only with the utmost respect. The architectural power and dignity that emanates from the Romanesque building style, which can be found all over Europe, is as alluring as it is auspicious – despite or rather because of its age. Whether it's the brittle beauty of the Abbazia di Fossanova north of Naples, or the abundant, gold-laden atmosphere of the Cattedrale di Cefalù in Sicily, the austere force of the Basilica di San Nicola in Bari, Apulia, or the elemental gloom of the Abbazia di Sant'Antimo in Montalcino, Tuscany, Kimm as photographic author always succumbs to their charisma – even if consistently at a distance and without drama; or soberly surrenders to them, to use a paradox. Or, to add a moral note, *sine ira et studio*, in the Classical manner. This is what makes his photographs so poignant and compelling over and beyond

한국 건축가 김종성의 로마네스크 건축 역사를 종단하는 풍부한 여행의 제3권이 그 핵심국가인 이탈리아로, 오늘날의 크로아티아의 달마시아 해안을 들려 이끌고 있다. 베니스와 트리에스테에서 멀지 않은, 나중 비잔틴 지배히에 놓이고 그 후 오랫동안 베니스에 정복된 로마제국의 옛 식민지 이스트리아 반도의 포레취를 거쳐서 이다.

그전의 그의 여행에서 처럼 이 책의 독자와 책을 참고하는 이들을 열광하게 하는 것은 대단히 정밀하게 찍은 사진들이며, 이 사진들은 냉철하게 구성된 건축적 정열의 표현, 저자를 로마네스크 건축의 걸작을 추구하여 플란드르와 북부 독일로부터 서부 이베리아를 거쳐 남부 이탈리아까지 종횡무진하게 한 유럽대륙의 오래된 건축적 보고의 진정한 대 여정의 결실이다. 무례한 미국 정치가들이 한때 만들어낸 부정적 표현 "늙은 유럽"과는 대조적으로, 우리들은 이 대륙을 최고의 존경심을 가지고 오래된 유럽이라고 부른다. 유럽 전역에 나타나는 로마네스크 건축양식의 건축적 힘과 위엄은, 오래됨에도 불구하고, 아니면 바로 오래됐기 때문에, 동시에 매혹적이며 희망적이다. 나폴리 북쪽 포사노바 수도원의 부슬어질듯한 아름다움이나, 시칠리아의 체팔루 (Cefalù) 대성당의 넉넉하고 황금색으로 충만한 분위기, 아풀리아 바리의 산 니콜라 (San Nicola) 대성당의 준엄한 무게, 또는 토스카나 몬탈치노의 산탄티모 수도원 (Abbazia di Sant'Antimo)의 원초적인 우울, 사진작가 김종성은, 파라독스로 표현하자면, 항상 거리감을 유지하고 연출 없이 맑은 정신으로 항복하여 그 카리스마에 매혹된다. 또는 도덕적인 의미를 부여하여 고전적인 표현으로 증오심과 동경심 없이 (sine ira et studio). 이것이 김의 사진들을 예술적, 건축사적 기록화 기능을 넘어서 감동직이고 실득력 있게 하는데, 저자는 보는 이들로 하여금, 예술 사진의 기술적인 복잡함이 종종 그런 것과 달리, 밖에 있는 방관자가 아니고 처음부터 저자의 인지 과정에 몰입하여 동참하게 한다. 여기에 연출이 아닌, 주 목적 건축 그자체가 전면에 선다.

사소럽게 들릴수 있으나, 김의 사진들, 사진수필, 역사적 사실들이 제일 먼저 독자가 접하는

their function of documenting art and architectural history. Kimm lets viewers take part in the act of perception, a process in which they want to immerse themselves, not one to which they are exposed from the outset as mere consumers, as is often the case given the technical effort involved in art photography. Here the object, the architecture, is the main focus, not its staging.

As trifling as this sounds, this is the first insight these photos, photographic essays, and historical givens impress upon the viewer. Any genuine architecture worthy of the name is *per se* a public enactment that does not need the help of other media – they can provide explanations or perhaps scholarly interpretations of a work, but additional staging is not necessary. Claiming a public presence has always been one of the fundamental technical requirements and essential demands of architecture and on architecture – only the simplest buildings lack this most basic quality. Kimm follows the inherent trace of the architectural in all the objects he photographs. He shows how they present themselves and claim a spatial presence, and so celebrates, albeit with self-restraint, what this architecture has always been about – appearing to best effect.

For enthusiasts of the Romanesque, this leads to some surprises. Romanesque architecture is often considered to be dark and elemental, even wild, and in some sense beyond the reach of urban civilization. This is especially true of Cistercian abbeys and churches. In terms that sound extreme to our ears, their founding work, the *Exordium Cistercii*, describes the preferred site for a monastery as a "place of terror and barren solitude" *(locus horroris et vastae solitudine)*. This characteristic directed the selection of sites at which to serve and praise God. In medieval Northern Europe, it was the swathes of as-yet uncleared forests into which the Cistercians pressed to convert and civilize the heathens. These harsh circumstances helped bring about the severe, hard-edged grandeur of their monasteries and churches that so fascinate us today.

This idea of the Romanesque, which can also be applied to literary novels like Umberto Eco's *The Name of the Rose*, leads Kimm to include some surprises, for example, San Miniato al Monte in Florence. Its main construction materials, white Carrara and green Prato marble, help the basilica come across as nothing less than clear and bright, and it is moving to learn from Kimm that the eponymous Miniatus or Minas was an Armenian

그의 통찰력이다. 건축이란 이름에 걸맞는 모든 실제의 건축은 다른 매체의 도움을 요하지 않는 공공의 존재이기 때문에, 아마도 학문적 해석을 요할 수는 있으나, 더 이상의 연출은 필요로 하지 않는다. 공공에 존재한다는 것은 자고로 건축의 기술적인 기본요소와 기초적 존재이유에 속하는 것이며, 가장 단순한 건물만이 이 기본조건을 갖추지 않고 있는 것이다. 김은 그의 모든 촬영대상들에서 건축적인것의 내재하는 흔적을 추적한다. 그는 비록 조심스럽게 나마, 건축이 어떻게 제시되고 공간 속에 나타나는지를 보이고, 건축이 항상 갈구하였던 것, 즉, 존재감을 표시하는것을 찬양하고 있다.

로마네스크 건축의 애호가들에겐 여기에 뜻하지 않은 놀라움들이 있다. 로마네스크 건축은 종종 어둡고 원초적이라고 여겨지고, 심지어 거칠고 도시적 문명 밖에 있다고 간주되었다. 이 점은 특히 시토회 수도원과 성당에서 그러하였는데, 시토회의 창립문헌인 시스테리안 서론 (Exordium Cistercii) 에서 수도원을 위한 선호하는 장소로서 우리 귀에 대단히 극단적으로 들리는 "공포와 황량한 고독함의 장소" (locus horroris et vastae solitudine) 라고 묘사되었다. 이러한 특성이 하나님을 섬기고 찬양하는 장소의 선택을 이끌게 되었다. 중세의 북부 유럽에서 시토회 회원들이 인간들을 교화하고 문명인으로 순화시키려고 출발한 곳은 아직 개간되지 아니한 산림덩이였다. 이러한 척박한 환경이 오늘날 우리들을 열광시키는 엄격하고, 타협없이 견고한 탁월함을 지닌 수도원과 성당건물들을 태어나게 한것이다.

이러한 로마네스크의 의미는 소설문학, 예를 들어서 움베르토 에코 (Umberto Eco)의 장미의 이름에서도 인용되고 있으며, 김종성을 이 책에 상당수, 예를 들어서 플로렌스의 산 미니아토 알몬테 성당의 뜻밖의 얘기를 포함하게 한다. 백색 카라라와 초록색 프라토 대리석 같은 주재료 덕분에 이 바실리카는 투명하고 밝게 나타나지만, 저자 김의 설명에 따르면, 이름의 주인공 미니아투스 (Miniatus), 혹은 미나스 (Minas)는 그의 기독교 신앙 때문에 고난받고 처형되어 순교자로서 드디어 베네딕트 수도원 설립의 계기가 된 아르메니아 왕자였다는 숨은 역사는 감동적이다. 건축적 분위기에서, 세계적으로 유명한 사탑을 가진 피사 (Pisa) 대성당에서도 비슷한 뜻밖의 사실을 얘기할수 있다. 오랫동안 이 대성당은 기독교의 무엇보다 가장 기념비적인 - 거대하고, 위용을 자랑하며, 가득한 재사용 건축부재로 채워지고, 약탈한 석물과 장식품들로 가득한 대성당으로 간주되었다. 피사의 수군은 채석장이나 보물창고처럼 팔레르모 앞 바다의 사라센들을 정복하고 이들에게서의 약탈물을 북쪽의 토스카나 도시국가로 가져왔고, 그곳에 대성당을 지었다. 대성당의 아름다움을 다른 곳의 호전적인 끔직함의 증거로서. 우리는 또한 풍부한 장려함을 가진 시칠리아의 몬 레알레 (Monreale)와 체팔루

prince who was tortured and executed for his Christian faith – a martyrdom that eventually led to the founding of a Benedictine abbey. A similar claim regarding architectural atmospherics can be made for Pisa Cathedral, with its world-famous leaning tower. It was long considered the most monumental church in Christendom – immense, powerful, full of spolia, stolen stones and ornament. The Pisan Armada had stripped the Saracens off Palermo like a quarry or treasury and brought its loot north to the Tuscan city republic, where it was used to build the cathedral – its beauty testimony to bellicose horror elsewhere. But the reader also encounters the Norman-Arab-Byzantine beauties of Monreale and Cefalù in Sicily, with their rich splendor, reliefs on lofty embrasures, ornamentation in the apses ...

For the enthusiast, however, the compass needle immediately jumps back to the austere power of the Abbazia of Montalcino, with its mighty tectonics, its taming of vertical and horizontal stone masses, its manifest and eye-catching play with that ancient architectural paring, mass and volume. This leads to the question as to why some of the great Modernist architects, Ludwig Mies van der Rohe, for example, or the Taut brothers, were downright obsessed with Romanesque architecture.

We know that the other grand master of Modernism, Le Corbusier, liked to draw in front of Chartres Cathedral, a milestone of Gothic architecture, and that the Romanesque period came about as an art-historical counterpoint or parallel to Goethe's "German architecture," the Gothic. Could it be that Corbusier sought in the Gothic the genetic lineage of a skin-and-bones Modernism, while a Mies van der Rohe lamented the waning of the architectural in Modernism, the waning of the materiality of walls and cornices and clerestories, and sought to satisfy his longing for the architectural in the Romanesque?

A student of Mies', Jong-Soung Kimm of course does not answer this question in his photo essay, but in many ways he also seems to have succumbed to this longing for the architectural, which he seeks and finds in Romanesque architecture across Europe.

October 2021, Berlin
Gerwin Zohlen

translated into English by Gerrit Wiesmann

(Cefalù)의 노르만 아랍 비잔틴 (Norman-Arab-Byzantine)적 아름다움과 높이 놓인 겹치는 아치들의 음영과, 앱스 (apse)의 장식을 만난다.

애호가들에게 나침반 바늘은 곧 다시 몬탈치노 수도원 (Abbazia di Sant'Antimo, Montalcino) 의 금욕적인 힘으로 되돌아오는데, 그 거대한 구법, 치솟으며 내리누르는 돌덩이의 제어, 태고로 부터 건축의 동반자인 무게와 질량을 가진 돌과 감성적이고 눈에 띄는 힘겨루기를 한다. 이 점은 마지막으로, 왜 루드비히 미스 반 데어 로에 (Ludwig Mies van der Rohe)나 타웃 (Taut) 형제들 같은 현대건축의 거장들이 로마네스크 건축에 심취하였든가 하는 질문을 던진다.

우리는 현대건축의 다른 거장 르꼬르뷔지에 (Le Corbusier)는 고딕건축의 걸작인 샤르트르 대성당 앞에서 스켓치 하는것을 좋아하였고, 그는 로마네스크를 예술사적 관점에서 괴테의 "독일 건축예술"인 고딕에 대위하며 평행히는 개념으로 이해한것으로 알고 있다. 르꼬르뷔지에는 고딕에서 피부와 뼈의 현대건축의 출생적 자취를 찾지 아니하였든가? 반면 미스 반 데어 로에는 현대에서 건축적인 것, 벽과 돌림띠 상부벽 자재의 사라짐을 아쉬워하며 그의 건축적인 것에 대한 동경을 로마네스크 건축에서 만족시키려고 노력히지 아니하였든가?

미스의 제자 김종성은 물론 그의 사진 에세이에서 이에 대한 대답을 주지 않지만, 여러모로 볼때에, 그 역시 유럽을 가로지르며 찾고 또 발견한 로마네스크 건축에서 건축적인 것에 대한 동경에 도취된 것 같다.

2021년 10월 베를린에서
게르빈 촐렌

독어원문 번역 – 이선구 교수
(Translation from the German by Professor Sun Koo Lee)

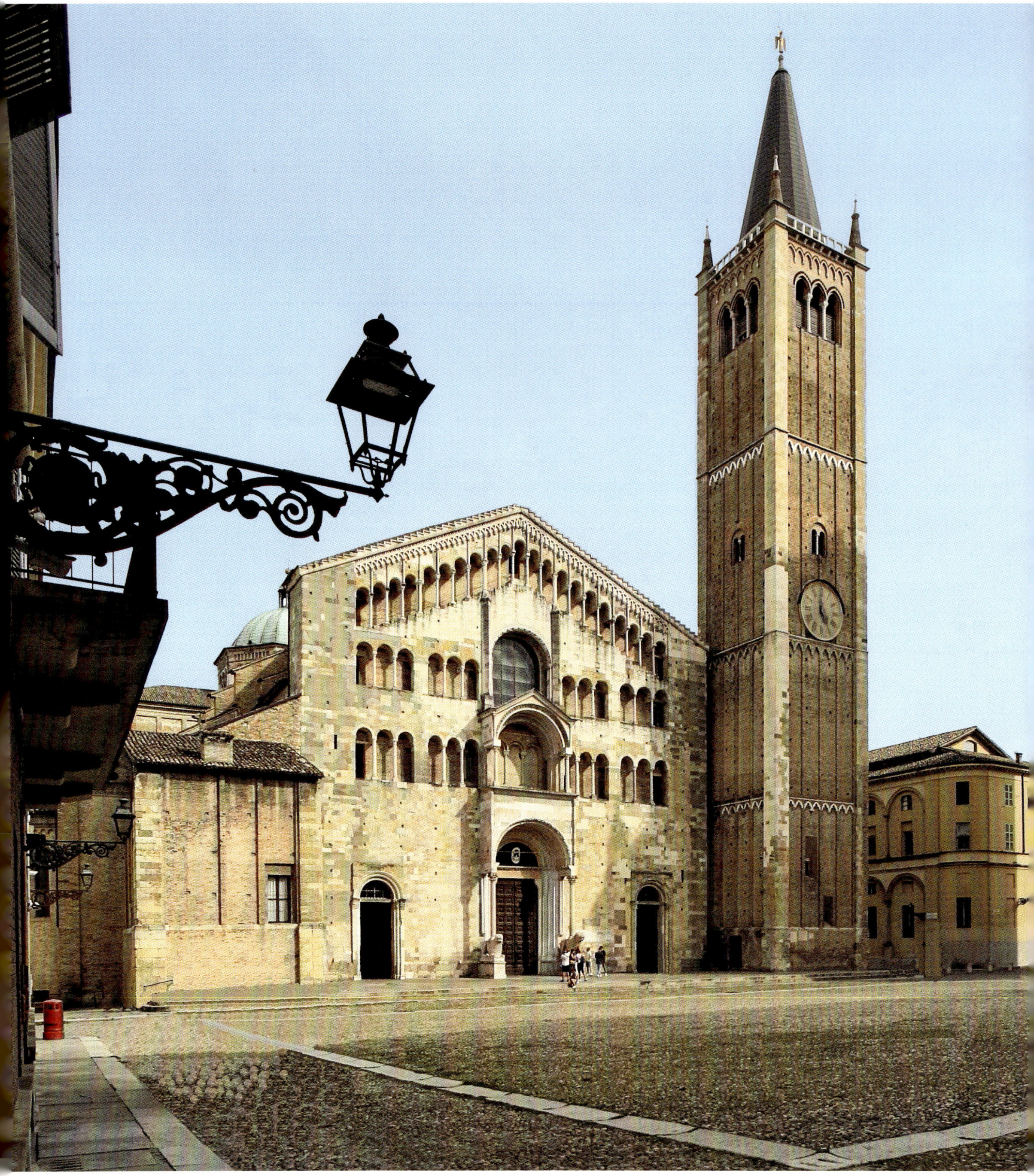

Introduction

책 머리에

The present volume is a photographic essay on Early Medieval and Romanesque architecture in Italy and Croatia captured through an architect's eyes. It is intended to highlight and bring to life those design elements found in Medieval architecture that are unique to the region rather than to serve as an architectural history narrative. The texts provided describe specific architectural design strategies or the spatial phenomena that are experienced by contemporary visitors. Ideally, the photographs are what tell the story most vividly.

The term *Romanesque* made its appearance in architectural literature in the early 19th century, initially in the German, French and Spanish languages, and refers to the style of architecture which developed after the gradual demise of Classical Antiquity. It had its beginnings in Early Christian, Byzantine and Carolingian architecture. As the word implies, the origin of the term is rooted in Roman masonry architecture.

A conscious decision was made early in the project not to be bound by the correct historiographical term *"Romanesque"* but to include a group of significant monuments of Medieval building art that have come down to us on the Italian Peninsula, the veritable birthplace of *Romanesque* architecture. Thus, San Miniato al Monte in Florence, Sant'Abbondio in Como and Santa Maria la Nuova in Monreale, which are Proto-Romanesque, Lombardian and Sicilian-Norman, respectively, in style, are each considered relevant to this volume and thus included here. Additionally, although it is Late Byzantine in style and despite its physical location in present-day Croatia, the Basilica Euphresiana in Poreč is also included in order to encompass the wide arc of Medieval architecture found on the Italian Peninsula and Adriatic seashore.

이책은 한 건축가의 시각으로 포착한 이탈리아와 크로아티아에 있는 중세시대 및 로마네스크 건축 사진 수필이다. 건축역사적 서술이라기 보다는, 유일하게 이 지역에 세워진 중세 건축의 디자인 요소들을 부각시키고, 조명하고자 하는것이 그 목표이다. 각 장의 글은 건축가들의 독특한 건축 디자인 전략을 설명하거나, 오늘의 방문객이 경험하는 공간의 본질을 묘사하는것이 그 의도이나, 이상적으로는 사진 하나, 하나가 얘기를 생생하게 전개해 나가는 주역이 되어 주는 것이다.

로마네스크 건축이란 용어는 19세기 초에 먼저 독일어, 프랑스어, 스페인어 건축문헌 에서 쓰여지기 시작하였는데, 고대문명의 쇠퇴후에 점차 태어난 건축양식을 의미하며, 초기 기독교 (Early Christian) 양식, 비잔틴 (Byzantine) 양식과 카롤링거 (Carolingian) 건축 양식에서 비롯되었다. 그 단어 자체가 시사하듯, 그 의미는 로마시대 석조건축에서 그 뿌리를 찾을수 있다.

이번 책을 쓰기 시작하면서 저자는 *"로마네스크"* 건축의 역사편찬학적 (historiographical) 정의에 구속받지 않고, *Romanesque* 건축의 참된 발상지인 이탈리아 반도에 세워진 중세 건축예술의 중요한 건축들을 포함하고자 하는 의식적 결정을 내렸다. 그리하여, 피렌체 (Firenze)의 산 미니아토 알 몬테 (San Miniato al Monte) 같은 초기 로마네스크 (Proto-Romanesque) 건축, 롬바르디아 (Lombardy) 건축의 훌륭한 예인 코모 (Como)의 산타본디오 (Sant'Abbondio) 수도원 성당, 그리고 시칠리아-노르만 (Sicilian-Norman) 건축의 걸작인 몬레알레 (Monreale) 의 산타 마리아 라 누오바 (Santa Maria la Nuova) 대성당 모두가 이책의 취지에 부합된다 판단하여 여기에 포함하였다. 거기에 더 하여, 비록 후기 비잔딘 양식 건축이고, 현재의 물리적 위치는 크로아티아 포레치 (Poreč) 임에도 불구하고, 이탈리아 반도와 아드리아 해 지역에 건축된 중세건축의 폭넓은 모습을 조명하고자, 바실리카 유프레시아나 (Basilica Euphresiana) 를 이 책에 수록하였다.

이책에 수록할 열 몇개 건축을 추리는 과정에서 새삼 명확하게 부각된 사실은, 국한된 재료나

In the process of culling a dozen or so monuments for this book, what became clear was how diverse the creations of these medieval master builders were despite a limited palette of material and technique, as well as how critical a role the personality and will of patron clergy played in building these places of worship. The religious fervor of Medieval society, the tenacious drive of patron clerics, and the artistic innovations of master builders and their workshops never cease to amaze us today. They found ways to adapt, innovate and synthesize accumulated wisdom and skills going back to Roman times to create a new system of structure and space for Christianity. Moreover, an important aspect of Medieval architecture that becomes apparent is that few monuments can be characterized by a single style; underneath the Romanesque exterior of the cathedrals of Modena and Parma, for example, the spaces within metamorphosed into Gothic over a long period of time.

I would like to express my appreciation to Dr. Eun Jung Lee and Dr. Ki-Young Sung for refining the author's Korean texts and to Mr. Jay Kim for producing precise, scaled plans for each monument. Lastly, I wish to express my gratitude to Mr. Ernst Wasmuth, senior publisher, Dr. Sigrid Hauser, editor, and Mr. Thomas Schmid, book designer, for their tireless efforts in realizing this book.

Autumn, 2021, New York City
The author

공법에도 불구하고 중세 건축가들의 창작의 세계가 얼마나 풍부했으며, 기독교 예배공간을 건립하는데 있어서 패트런 성직자의 개성이나 의지가 얼마나 중요한 역할을 하였는가 하는것이다. 중세 사회의 종교적 열정과, 후원자 성직자들의 집요한 추진력, 건축가와 그들의 공방의 예술적 창의력은 오늘날에도 우리의 감탄을 자아내게 한다. 건축가와 그 휘하의 장인들은 로마시대로 거슬러 올라가는 지혜와 기술을 모두 동원하여, 기독교를 위한 새로운 구조와 공간 체계를 이룩하기 위하여 끈임없이 응용하고, 창안하고, 융합하는 길을 찾았다. 더욱이, 중세건축의 또 하나의 특징은 어느 건축이든 하나의 양식만으로 분류되기 어렵다는 것인데, 예를 들어서 모데나 (Modena), 또는 파르마 (Parma) 대성당의 경우, 외관은 로마네스크 이나, 그안의 내부공간은 오랜 시간을 두고 고딕 양식으로 변형된것을 우리는 발견하기 때문이다.

저자는 한글 문장을 세련되게 윤문한 이은정 박사, 성기영 박사의 노고에 감사하며, 정교한 축척 평면을 제작한 김봉주 씨의 노력에 사의를 표한다. 끝으로 이 책을 만들어 내는데 있어서 선임 발행인 Ernst Wasmuth 씨, 편집인 Sigrid Hauser 박사, 북 디자이너 Thomas Schmid 씨가 경주한 끈임없는 노력에 심심한 사의를 표한다.

2021년 가을, 뉴욕시 에서
저자

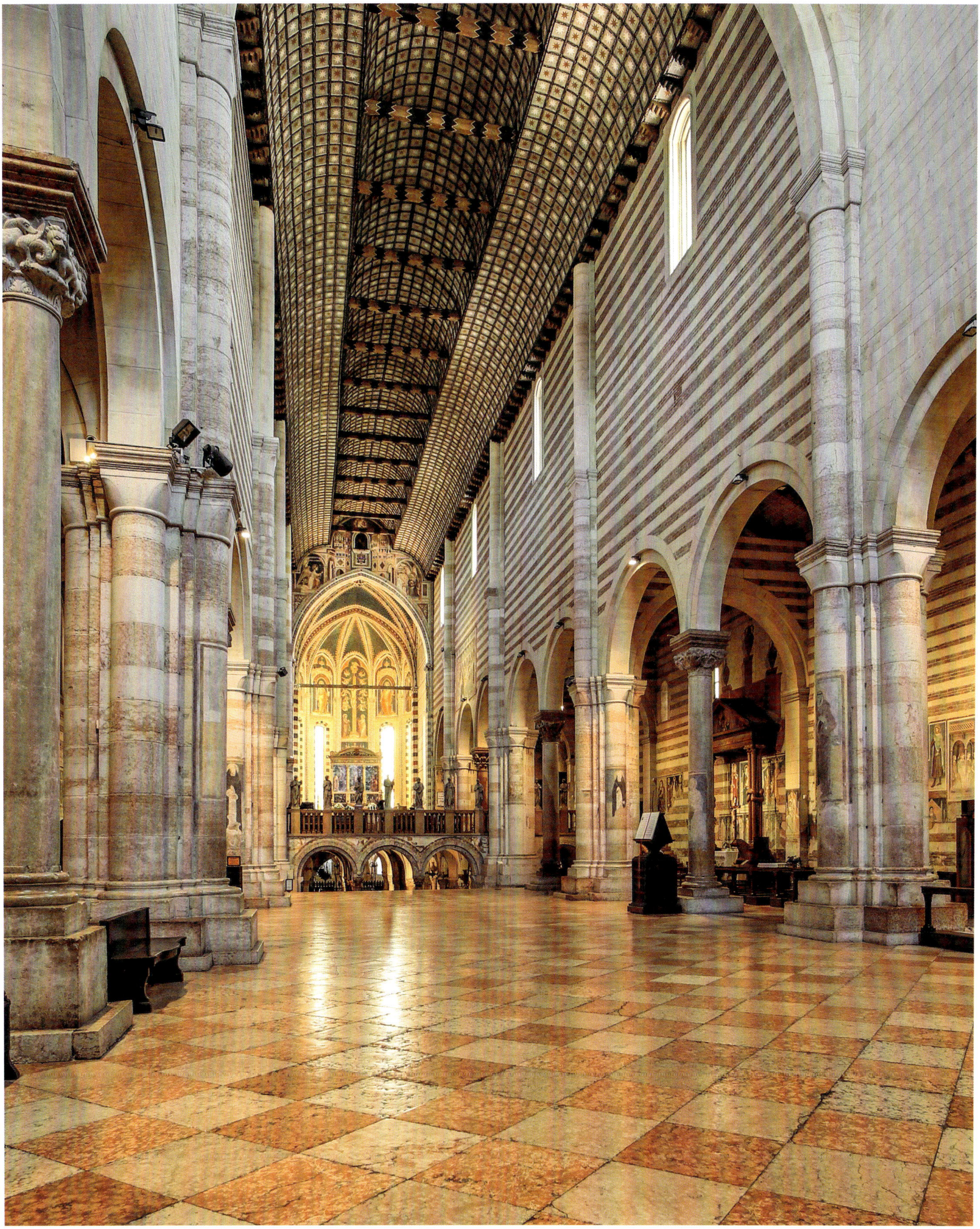

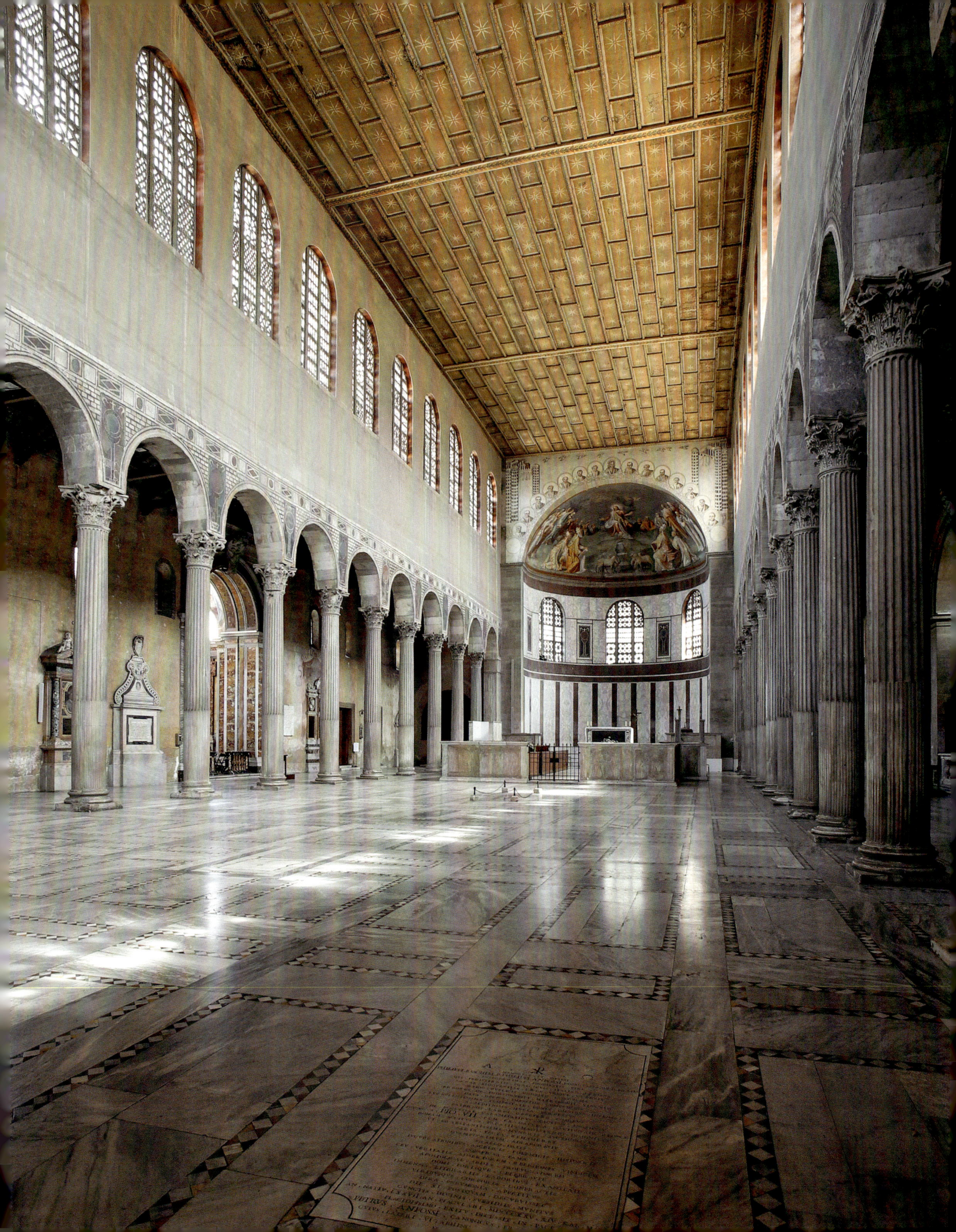

On Early Medieval Architecture in Italy

이탈리아의 중세건축에 대하여

A brief survey of Medieval architecture in Italy, by definition, ought to start with Early Christian, or as some historians prefer to call it, late Antique architecture. Mausoleo di Santa Costanza in Rome, a ten-minute walk from Via Nomentana, is said to have been built as a mausoleum for Costanza, the daughter of Constantine the Great, in the 4th century. An archaeological investigation in the 1990s dates the standing structure circa AD 350. As befits its funereal function, it was conceived by its master builder as a centrally planned structure. Its brick cylinder outer wall gives no hint of what lies inside: a central space defined by a ring of twelve arches supported by paired Classical granite columns with Composite capitals and cushions above. The twelve arcades appear to be equally sized, but the master builder made a decisive design choice of a visibly wider and, therefore, more symbolic axial bay for the chancel and three other cardinal axes. Between the brick cylinder and the paired colonnade is a tunnel-vaulted ambulatory with an inner diameter of 22.5 meters completely ringing the central space. The twelve arcades, symbolizing the Twelve Apostles, support a brick drum with clerestory windows, and it is roofed with a dome. The tunnel vaulting of the ambulatory displays well-preserved examples of Late Roman mosaics, consisting primarily of secular geometrical design, animal, vegetal and human figures, while the two shallow apses in the ambulatory both depict *Christ Pantocrator*, one portraying him as the heavenly supreme being, the other Christ in part heavenly, and in part in imperial pose with Peter in supplication. A key component which is missing from the decorative scheme is the mosaic of the central dome. A set of 16th-century watercolors by a Dutch artist hints at the original composition of the mosaic.

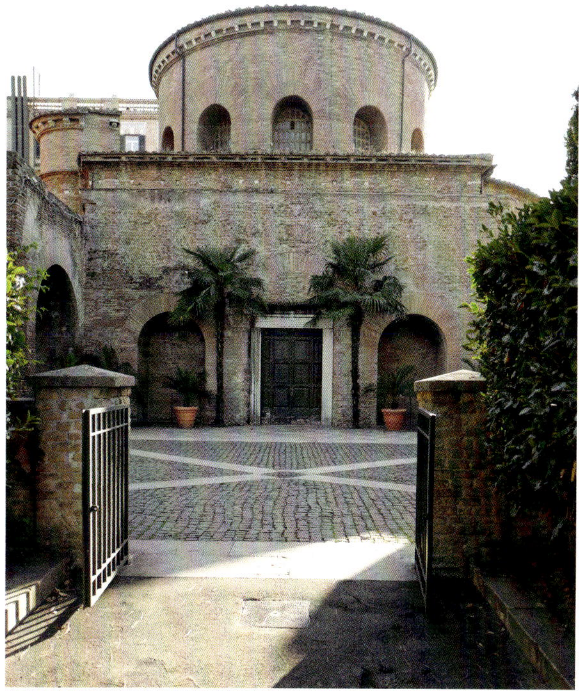

Roma, Mausoleo di Santa Costanza. East façade

로마, 산타 코스탄자 영묘, 동쪽 입면

← Roma, Basilica di Santa Sabina. Nave interior looking east

로마, 산타 사비나 바실리카, 동쪽으로 본 네이브 전경

이탈리아의 중세건축에 대한 개관은, 중세건축이란 단어 뜻 그대로, 초기 기독교 양식, 또는 일부 역사가들이 지칭하는 후기 고대양식에서 시작하는 것이 당연하겠다. 로마의 비아 노멘타나 (Via Nomentana)에서 도보로 10분 거리에 있는 산타 코스탄자 영묘 (Mausoleo di Santa Costanza)는 4세기에 콘스탄틴 대제의 딸 코스탄자를 위하여 세워졌다고 전해진다. 현존하는 영묘는1990년대 고고학적 탐사의 결과 서기 350년경에 세워진 것으로 결론 지어졌다. 장묘 기능을 위한 구조답게 건축가는 이 건축을 중심지향직 건물 (centrally-planned building)로 구상하였다. 원통형의 벽돌 외벽은 내부에 무엇이 놓여있는지 아무런 단서도 제공하지 않는다. 원형의 중심공간은 장방형 쿠션이 위에 얹혀진, 복합 주두 (Composite capital)로 장식된 두개의 고전 양식의 화강석 기둥으로 지지되는 열두개의 아치로 둘러쌓여 있다. 얼핏 보면 열두개의 아치들은 일정한 간격으로

Basilica di Santa Sabina, located on the Aventine hill to the west of Circus Maximus in Rome, was built on the site of several imperial villas near the Temple of Juno. It is the oldest extant Early Christian basilica in Rome taking a place of honor among the many Early Christian churches there as the most elegant and spatially breathtaking structure. The basilica was built between 422 and 432, and it is said to be the work of a Dalmatian priest, Peter of Illyria, who imparted an unusual level of refinement in the spacing of columns, proportioning of members, an impressively generous size of windows fitted with selenite, and their tracery and, finally, delicate inlay inspired by Roman stone craft. The tall, spacious nave is framed by 24 columns of Proconnesian marble with perfectly matched Corinthian capitals and bases which were recycled from the Temple of Juno. The front door of the church boasts 18 of the original 28 panels of cypress wood carvings depicting Biblical scenes, dating from the early 5th century. The fresco on the semi-dome of the apse was painted by Taddeo Zuccari in the mid 16th century, replicating the overall composition of the original 5th-century mosaic. The church went through several stylistic transformations during the Baroque era which were carried out by prominent architects such as Domenico Fontana and Francesco Borromini between the late 16th and early 17th centuries, but it was restored to its original Medieval purity through the efforts of the Italian art historian Antonio Muñoz in the early 20th century. This basilica is the mother church of the Dominicans.

About 100 kilometers northwest of Rome lies the small town of Tuscania, in the province of Viterbo, where Basilica di Santa Maria Maggiore as well as another significant Romanesque church, Chiesa di San Pietro, have both stood for centuries. Santa Maria Maggiore, with a free-standing square Lombard tower, boasts a collection of fresco paintings which adorn the chancel, column surfaces and aisle walls. The western façade presents an impressive portal framed by delicately carved columns on either side, archivolts and tympanum, and a rose window with marble spokes. This church has a rather wide nave with unusual dwarf transept arms at the head; beyond is the chancel, with an Islamic appearance in the poly-lobed, or cusped, arches of the *ciborium*, and a Byzantine touch in the extensive fresco painting above the chancel arch,

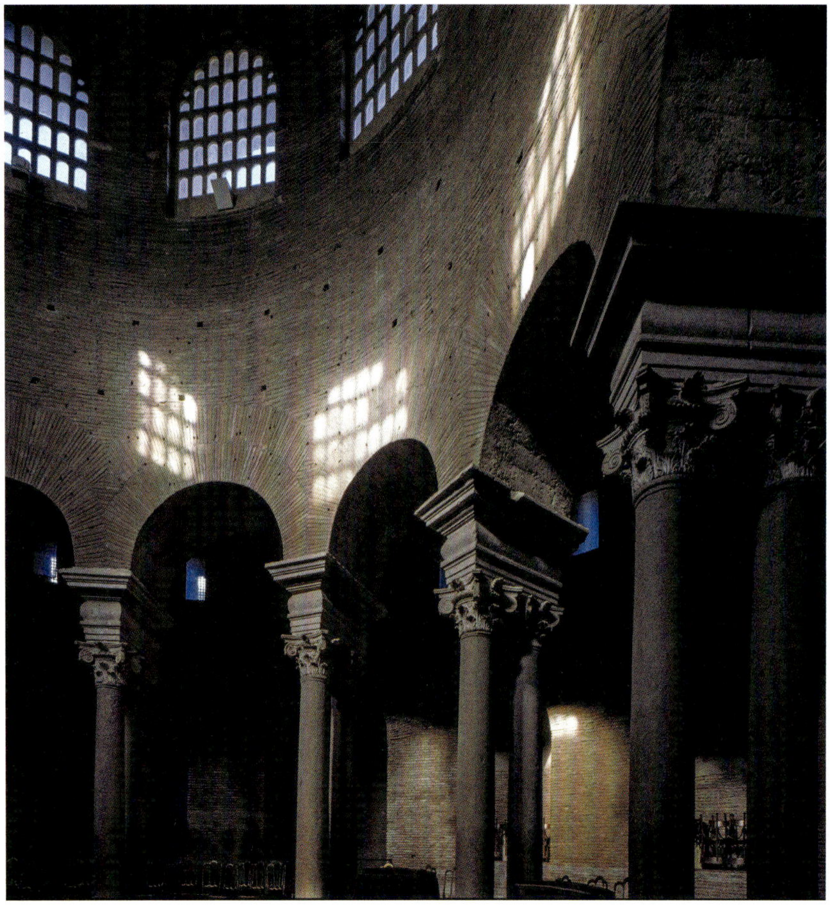

Mausoleo di Santa Costanza. Central space with cylindrical drum and dome above

산타 코스탄자 영묘, 원통형 드럼과 돔이 얹혀진 중심공간

늘어서 있는 것 같지만 건축가는 성단소 방향과 다른 세 주요방위의 아치 간격을 눈에 띄게 넓게 만들고 다른 여덟개의 아치들은 조금 좁게 만드는 획기적 아이디어를 보여주었다. 원통형 벽돌 외벽과 매칭되어 있는 열주 (colonnade) 사이로는 원형 중앙 공간을 에워싸는 안쪽 직경 22.5 미터의 턴넬 볼트 (tunnel vault)로 덮힌 회랑 (ambulatory)이 뻗어있다. 예수의 열두 제자를 상징하는 열두개의 아케이드 (arcade)는 고창 (clerestory)이 배치된 벽돌 원통형을 받쳐주고, 그 위에는 돔이 놓여 있다. 회랑의 턴넬 볼트 표면에는 기하학적 문양과 동식물, 그리고 포도 수확을 하는 평신도들의 삶을 묘사한 후기 로마시대 모자이크가 새겨져있다. 반면 회랑에 배치된 그리 깊지 않은 두개의 앱스에는 양쪽 모두 전능하신 예수의 상이 그려져 있다. 그 중 한쪽에는 천국의 숭고한 존재로서 그리스도를, 다른 쪽에는 부분적으로는 천국의 존재인 동시에 베드로의 탄원을 듣는 제왕적 존재로서의 그리스도를 묘사하고 있다. 산타 코스탄자 영묘에서 가장 중요한 상징을 담당했을 것으로 추론할 수 있는 중앙 돔 천정의 모자이크는 오래 전에 멸실되었다. 현재는 네덜란드의 한 예술가가 16세기에 그린 수채화를 통해 당시 모자이크의 구도를 짐작해볼 수 있을 뿐이다.

로마의 치르쿠스 막시무스(Circus Maximus) 서쪽, 아벤티노 (Aventino) 언덕에 있는 산타 사비나 (Santa Sabina) 바실리카는 주노 사원 (Tempio

Tuscania, Basilica di Santa Maria Maggiore. View from south aisle toward the chancel with *ciborium* adorned with poly-lobed arches

투스카니아, 산타 마리아 마죠레 바실리카, 남쪽 아일에서 조가비 모양으로 도려낸 아치로 장식된 치보리움이 있는 성단을 바라본 광경

which matches the transept arches and thus hints at a centralized scheme. The construction of Santa Maria Maggiore, believed to have been begun in the 11th century, was finished in the early 13th century.

It is immediately apparent in surveying Medieval architecture on the Italian Peninsula and Sicily that survives to this day that the underlying tradition of Byzantine architecture has deep roots: it manifests itself not only in the beloved and awe-inspiring Basilica di San Marco in Venice, but also in Basilica di San Corrado, which is located in the town of Molfetta, in Apulia.

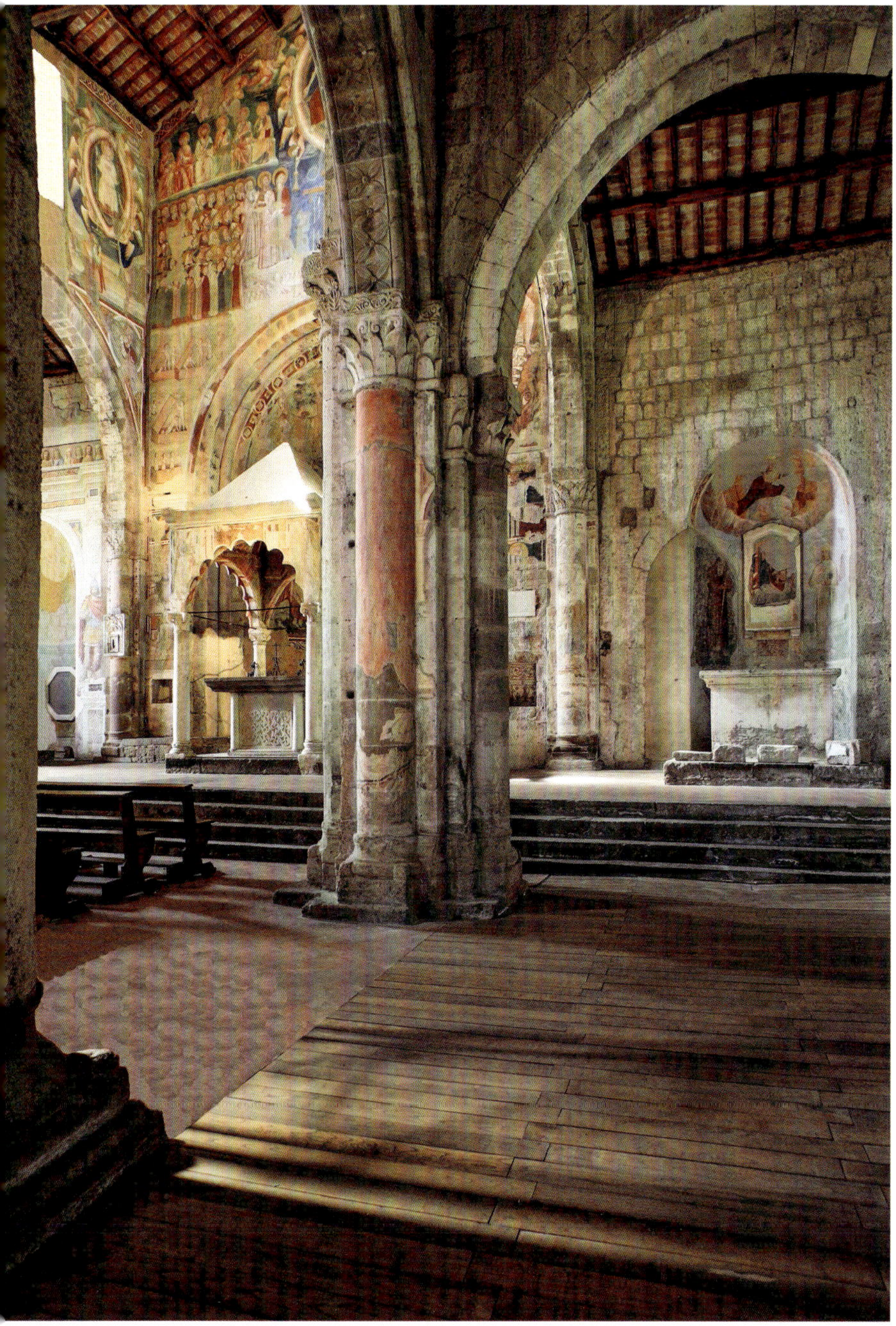

di Juno) 근처의 황실 빌라 터에 세워졌다. 이 바실리카는 로마에 남아있는 가장 오래된 초기 기독교 양식 바실리카로서, 로마의 수많은 동시대 성당중 가장 우아하면서 공간적으로도 훌륭한 구조물이다. 이 성당은 422~432년 사이에 달마티아 (Dalmatia) 출신 성직자, 일리리아의 피에트로 (Pietro di Illyria)가 설계한 작품이라 전해지고 있다. 피에트로는 기둥 간격 및 부재들의 비례와 크기를 정하면서 건축미를 극대화하는 한편 셀레나이트 (selenite)로 채워진 큰 창과 창살 장식은 물론 로마시대 전통에 기반을 둔 섬세한 석공예를 구사하여 성당에 세련미를 더하였다. 높은 천정을 갖춘 넓직한 네이브는 24개의 프로콘네수스 (Proconnesus, 현재 터키의 Marmara 섬) 대리석 기둥으로 구성되었으며, 정확하게 매칭된 코린트 양식 주두와 받침을 갖추고 있다.

성당의 정문에는 5세기초 사이프러스 나무에 성서의 일화들을 조각한 28개 패널중 18개가 보존되어 있다. 앱스의 반개 돔 표면은 16세기 중반 타데오 주카리(Taddeo Zuccari)가 5세기 당시의 모자이크 구도를 재구성하여 제작한 프레스코화로 장식되어 있다. 산타 사비나 성당은 바로크 시대, 즉 16세기말~17 세기초 사이 도메니코 폰타나 (Domenico Fontana), 프란체스코 보로미니 (Francesco Borromini) 등 저명한 건축가들에 의해 동시대 감수성에 부합하는 양식으로 개조되었었다. 그러나 20세기초 이탈리아의 예술사가 안토니오 무뇨즈 (Antonio Muñoz)의 역할에 의하여 중세 당시의 순수한 모습으로 복원되었다. 산타 사비나는 도미니코 수도회의 본부 성당이다.

로마에서 북서쪽 약 100 km 거리에 있는 투스카니아 (Tuscania)라는 도시에는 산타 마리아 마죠레 (Santa Maria Maggiore) 바실리카와 산 피에트로 (San Pietro) 성당 등, 로마네스크 성당을 대표하는 2개의 건축물이 수백년 동안 보존되어 내려오고 있다. 독립되어 서 있는 롬바르드(Lombard) 양식 탑을 갖춘 산타 마리아 마죠레는 성단소, 기둥 표면과 아일 벽면에 그려진 프레스코 벽화로 높이 평가받는다. 서쪽 정면에는 섬세하게 조각된 양 옆의 기둥, 아키볼트 (archivolts)와 팀파눔 (tympanum), 그리고 대리석 살로 장식된 장미창 (rose window) 등으로 구성된 화려한 문루가 방문객을 맞이한다.

이 성당은 아주 넓은 폭의 네이브에 독특한 낮은 천정 트랜셉트 (dwarf transept)가 동쪽에 놓여 있고, 그 동쪽으로 성단소가 놓여 있는 구조로 이뤄져 있다. 성단소는 조가비 모양으로 도려낸 (poly-lobed) 아치로 장식된 치보리움 (ciborium, 성단 위의 돔)이 주는 이슬람적 감각과, 성단소 아치 위의 큰 프레스코 페인팅에서 오는 비잔틴 건축의 느낌이 공존한다. 성단소의 아치가 남쪽과 북쪽의 트랜셉트 아치와 똑같이 구성된 것은 중심지향형 평면을 시사한다. 11세기에 착공된 것으로 추정되는 산타 마리아 마죠레 바실리카는 13세기 초에 완공되었다.

What can one say about San Marco in Venice? Basilica Cattedrale Patriarcale di San Marco was originally built as a shrine to St. Mark the Evangelist when his relics were brought from Alexandria to Venice in the 9th century. The standing building was begun in 1063 and consecrated in 1094. An important distinction for San Marco, however, is that the church was built as the chapel for the Doge's Palace and has been the seat of the Archbishop of Venice only since 1807. This basilica was modeled after the Church of the Holy Apostles in Constantinople, the mausoleum church of Justinian and Theodora, with a five-domed Greek cross, but without galleries. In the first half of the 13th century, a narthex to the west, raised domes with outer shells, and the unique Venetian Gothic

이탈리아 반도와 시칠리아에 남아있는 중세 건축의 저변에는 비잔틴 건축의 깊은 전통이 뿌리내리고 있다. 베니스의 산 마르코 (San Marco) 대성당 뿐 아니라, 아풀리아 (Apulia)에 있는 몰페타 (Molfetta)의 옛 대성당, 지금의 산 코라도 (San Corrado) 바실리카의 예에서 알수 있다.

베니스의 산 마르코 대성당에 대하여 무엇을 말할수 있을까? 산 마르코 대주교구 바실리카 대성당 (Basilica Cattedrale Patriarcale di San Marco)은 본래 9세기에 마르코 성인의 유물이 알렉산드리아로부터 베니스로 옮겨졌을 때에 그를 위한 영묘로 세워졌던 것이고, 현재 대성당은 1063년에 착공되어 1095 년에 봉헌되었다.

산 마르코 대성당은 본래 총독의 궁전 예배당으로 세워졌고, 1807년에서야 베니스 대주교구의 본부 대성당이 되었다. 대성당은 콘스탄티노플의

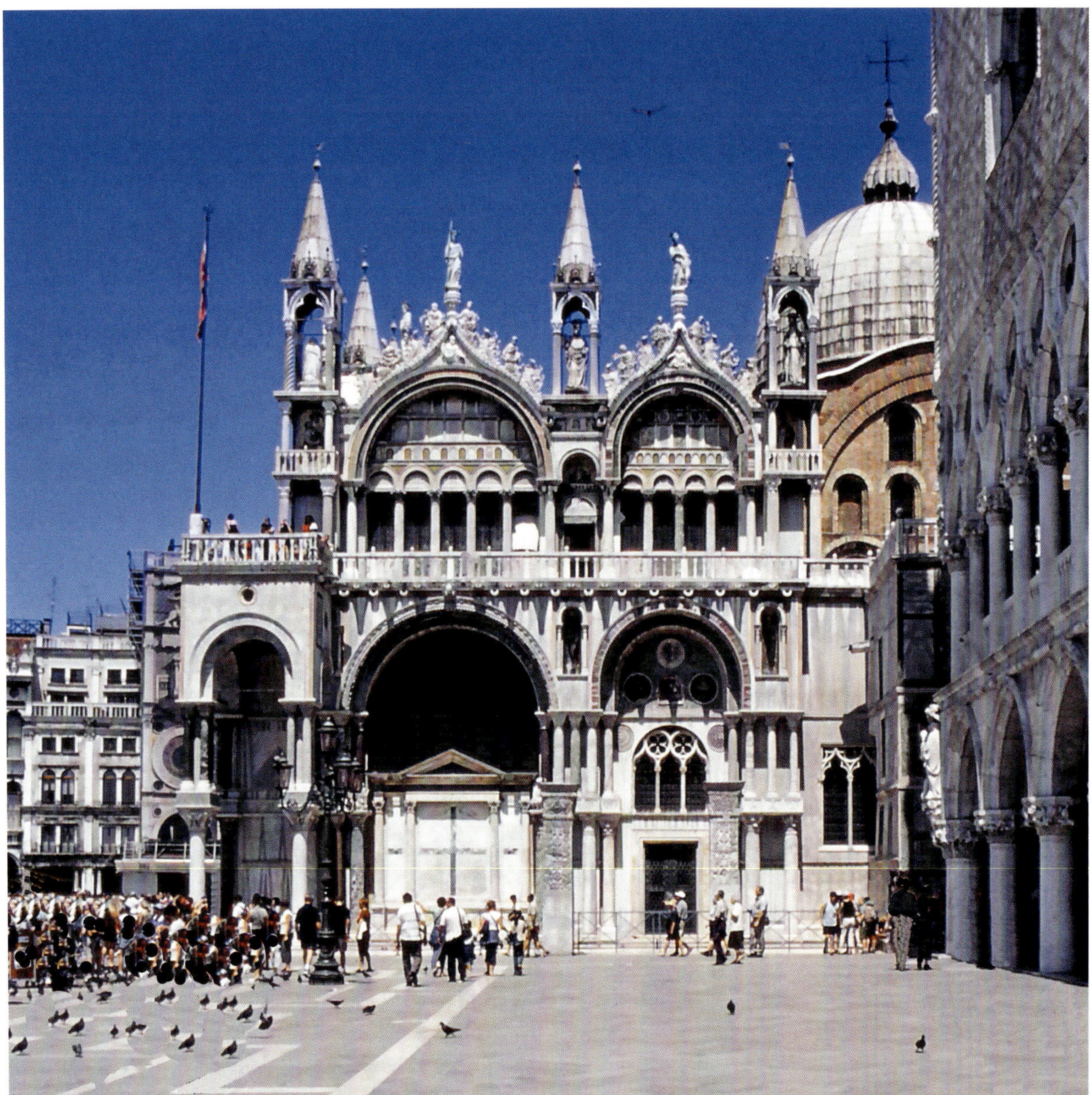

Venice, Basilica Cattedrale Patriarcale di San Marco. East façade

베니스, 산 마르코 대주교구 바실리카 대성당, 동쪽 입면

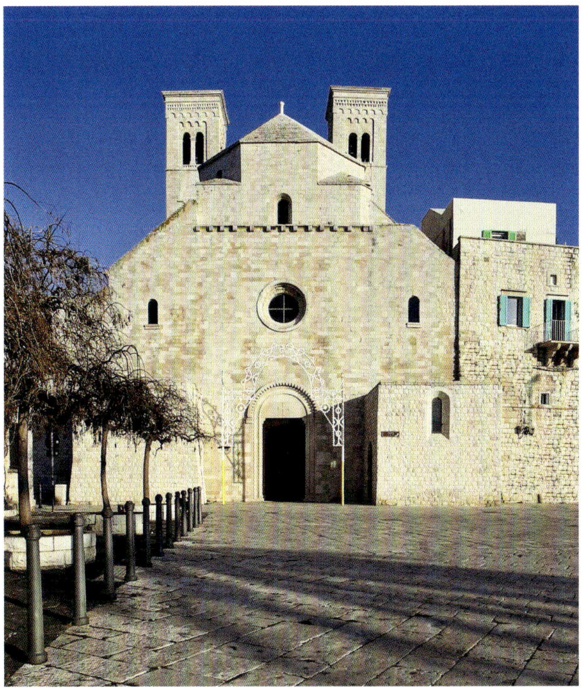

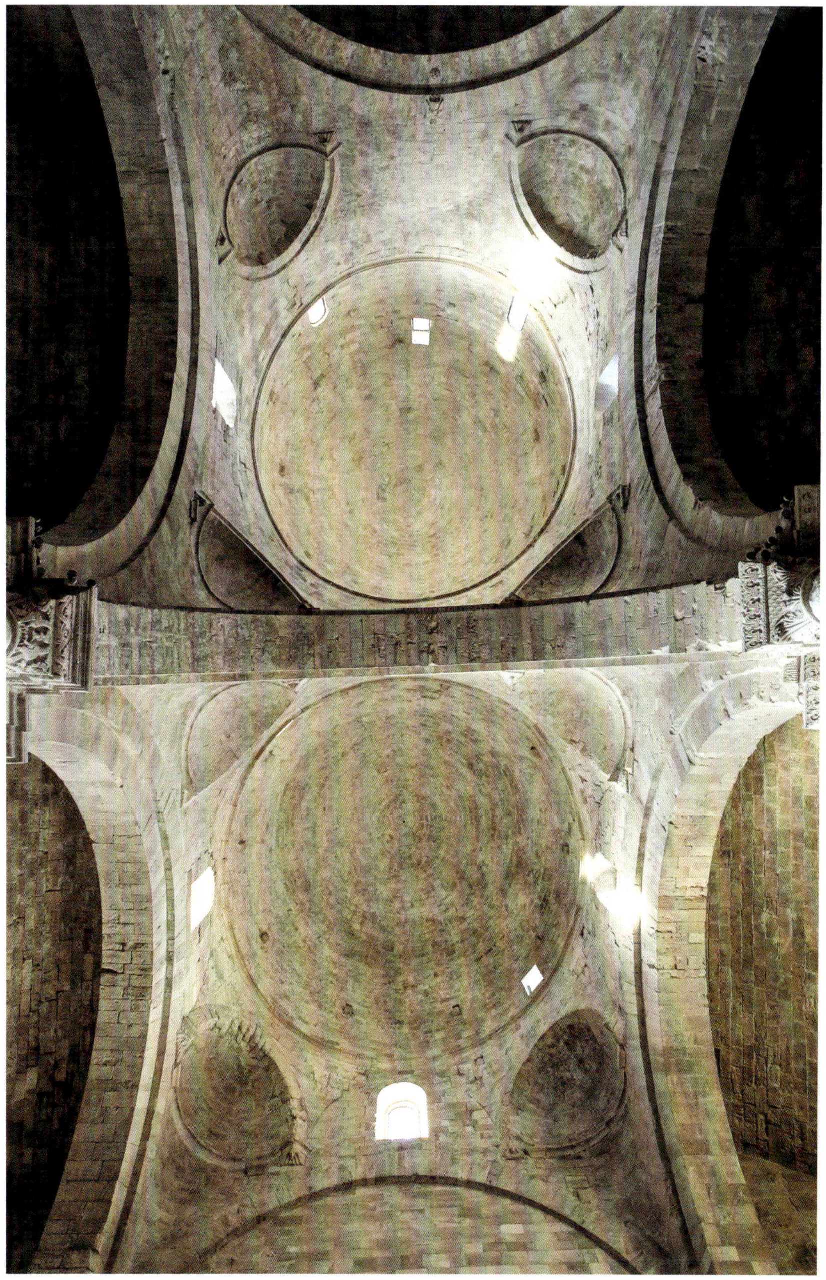

Molfetta, Basilica di San Corrado. West façade (left)

몰페타, 산 코라도 바실리카, 서쪽 정면

View of domed nave vaulting (right)

돔이 얹혀진 네이브 볼팅

façades were built concurrently with a major rebuilding of the Doge's Palace. The gold ground mosaic of San Marco, said to cover over 8,000 m^2, is the focus of the interior of San Marco, and the accumulated labor of centuries of Byzantine, and later, Italian, glass artists. The oldest Byzantine work goes back to as early as 1070 with most of the mosaics in the interior completed by the end of the 13th century. The climax is the *Christ Pantocrator* on the chancel half-dome, a 15th-century recreation of an earlier work damaged by fire.

유스티니아누스 (Justinian) 대제와 황후 테오도라 (Theodora)의 영묘 성당으로 세워진 성 사도 성당 (Church of Holy Apostles)을 모델로 지어졌다. 5개의 돔의 그리스 십자형 평면을 채택했고 갤러리는 만들지 않았다. 13세기 전반 총독궁전의 대규모 재건축 당시 서쪽으로 나르텍스가 증축되었고, 바깥 이중벽으로 돔들의 높이를 올렸고, 베니스 특유 고딕 양식의 서쪽 측면이 증축되었다.

산 마르코 대성당의 초점은 8,000 m^2가 넘는다고 전해지는 금빛 바탕 모자이크이다. 이 모자이크는 수 세기에 걸친 비잔틴 시대를 포함하여 이탈리아 유리 장인들의 노력의 결실이다. 초기 비잔틴 모자이크는 1070년으로 거슬러 올라가며, 대부분의 내부 모자이크는 13세기말 까지 완성되었다.

As Byzantine influences lingered longer and deeper in the southern part of the Italian Peninsula and Sicily, it was only natural that the patron bishop and the master builder of Basilica di San Corrado, otherwise known as the Old Cathedral of Molfetta, should turn to the Byzantine model. This church, which, until 1785, held the status of cathedral as the seat of the diocese of Molfetta, was designed with three domes in line as the nave and quadrant-vaulted aisles, an unusual organization for a cathedral. Construction was begun in the mid 12th century, with some rebuilding done around 1300. Small and elegant, San Corrado, on the one hand, emanates Byzantine spatial ambience while, on the other hand, as architecture is bound to the traditions of its own era. The exterior design, with its ashlar masonry and sheer surfaces, is Norman-

그 절정을 이루는 것이 화재로 소실된 모자이크를 15세기에 재구성한 성단소 반구 돔의 장엄 예수 (Christ Pantocrator) 모자이크이다.

이탈리아 반도 남부와 시칠리아 섬에는 비잔틴 건축의 영향이 더 깊이, 더 오래 뿌리박혀 있었다. 몰페타 (Molfetta) 옛 대성당의 창건에 나선 교회와 건축가가 비잔틴 모델을 찾은 것은 당연한 일이었을 것이다. 몰페타의 옛 대성당은 3개의 돔이 네이브를 형성하고, 사분할된 (quadrant) 볼트가 아일을 이루는 특이한 구성을 하고 있다. 대성당의 공사는 12세기 중반에 시작되어 세기말에 추가 공사로 매듭되었다.

규모가 아담하고, 우아하게 지어진 산 코라도 (San Corrado, 영어 Conrad) 바실리카는 비잔틴적 공간 분위기를 자아낸다. 반면, 건축은 언제나 지어지는 시대의 전통에 묶이는 것이기 때문에, 정밀한 애슐라 (ashlar) 석조 외벽과 요철없이

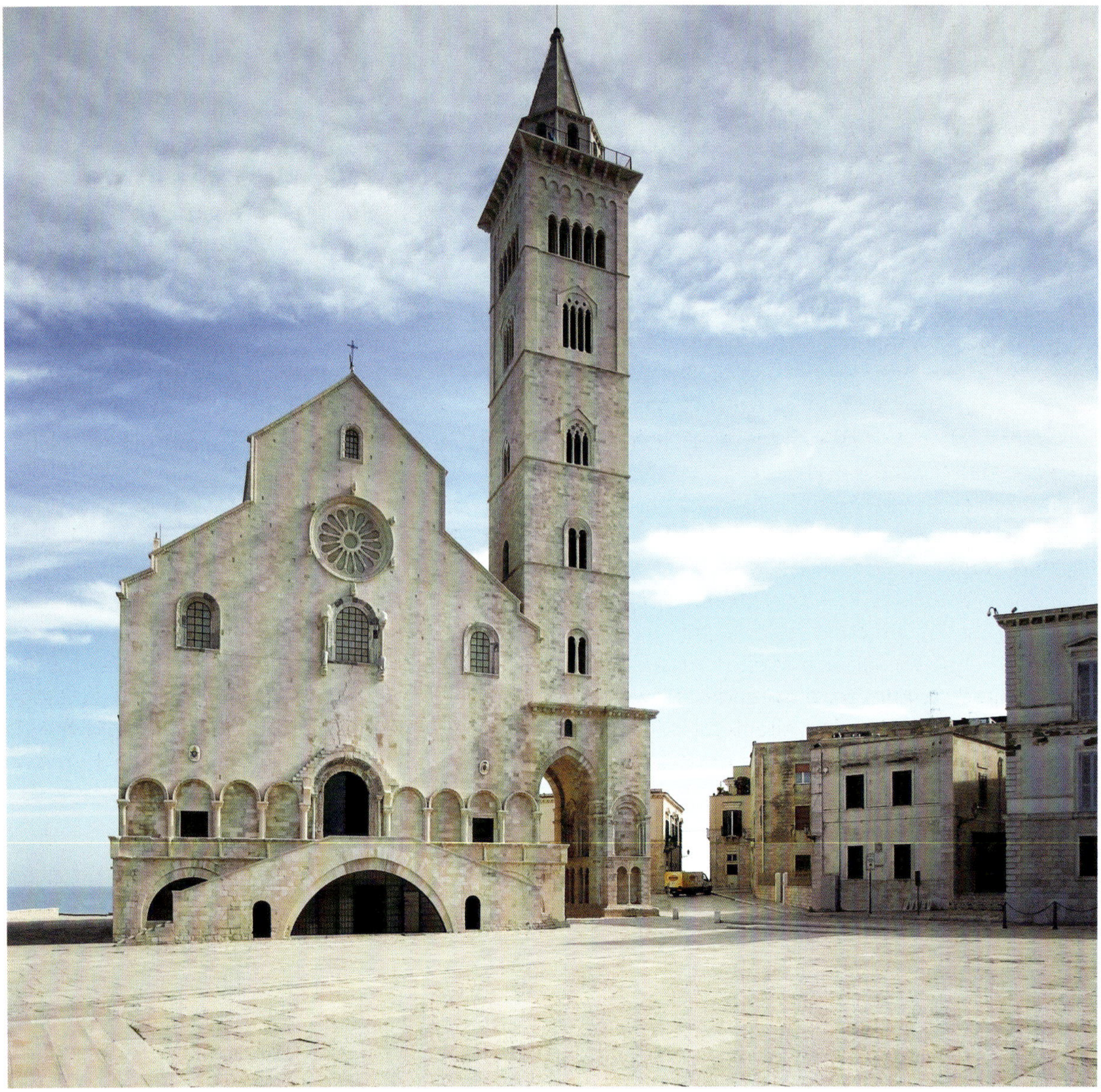

Trani, Cattedrale di San Nicola Pellegrino. West façade with *campanile*

트라니, 산 니콜라 펠레그리노 대성당, 종탑이 옆에 놓인 서쪽 정면

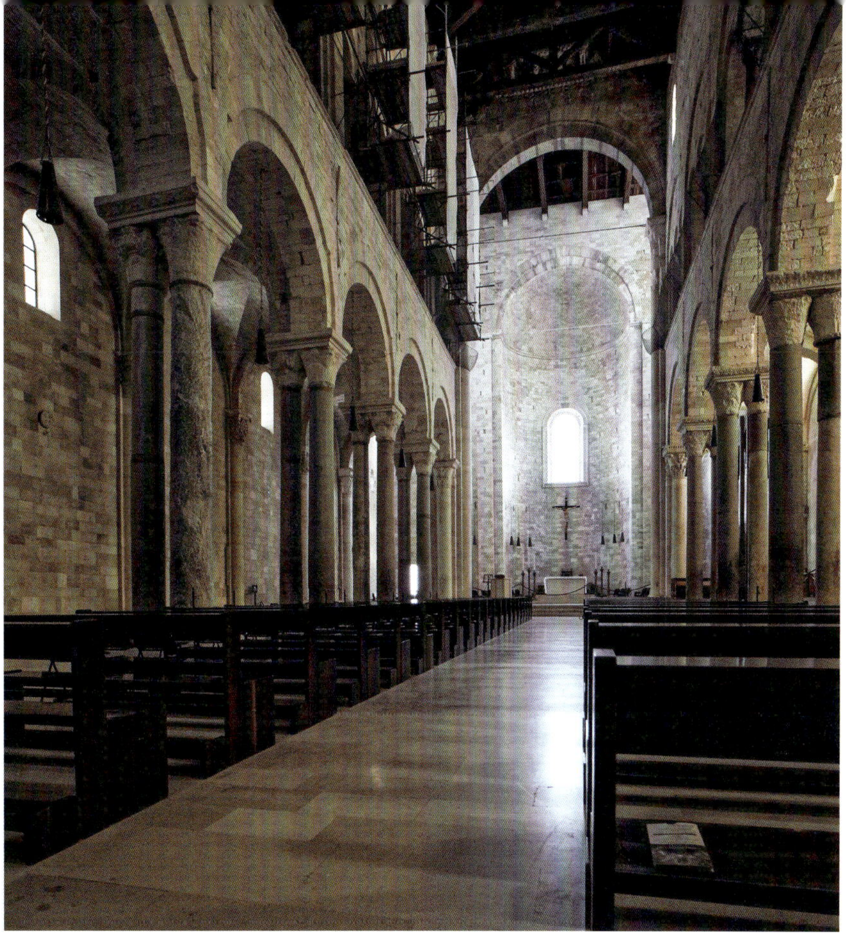

Trani, Cattedrale di San Nicola Pellegrino. Nave Interior looking east

트라니, 산 니콜라 펠레그리노 대성당, 동쪽으로 본 네이브 전경

Apulian in spirit, and the details largely Lombardian. The basilica's pair of slender eastern towers projects a picturesque skyline on the Adriatic shore.

A short distance of 20 kilometers from Molfetta, northwest along the shoreline, lies the small seaport town of Trani. Cattedrale di San Nicola Pellegrino, begun in 1098, is built in the architectural language whose genesis may be said to be Basilica di San Nicola in Bari. This pilgrimage church features a complete crypt, which was fully constructed and consecrated earlier than the church itself, a wood-roofed nave, and an included transept which is built higher than the nave. In the nave itself, the master builder made use of paired columns for the arcade. The western façade exudes Lombard architectural influence in its beautifully weathered ashlar masonry and a fine 'Lombard porch' leading to the main portal with bronze doors. There is a single bold western tower. The east end is a simple geometrical mass with three projecting round apses. The detail on much of the exterior is largely Lombardian.

In order to provide a fuller view of Italian Medieval building art, the synoptic sketches of these six churches are included as a complement to the more detailed texts which describe the 14 structures being the primary subject of this volume.

수직으로 구성된 산 코라도의 외관 디자인은 노르만-아풀리아적 (Norman-Apulian) 기질을 표현한다. 또한 디테일은 대부분 롬바르드 기법으로 보인다. 산 코라도 성당의 날씬한 동쪽 타워 한쌍은 아드리아해에 아름다운 스카이라인을 투영한다.

몰페타에서 해안선을 따라 북서쪽 20km 거리에 작은 항구 도시 트라니 (Trani)가 있다. 산 니콜라 펠레그리노 (San Nicola Pellegrino) 대성당은 1098년에 공사가 시작되었고, 바리(Bari)의 산 니콜라 (San Nicola) 대성당의 건축 디자인 언어에서 그 기원을 찾을수 있다. 이 순례자 성당은 네이브보다 먼저 완성되어 봉헌된, 성당 평면과 같은 너비를 가진 크립트와, 목재 천정으로 덮힌 네이브보다 높게 마감된 '포함된 (included)' 트랜셉트가 있다. 네이브에서 건축가는 네이브 아케이드를 한 쌍으로 된 기둥으로 지지하도록 디자인하였다. 이 성당의 서쪽 정면은 오랜 세월 아름답게 풍화된 애슐라 석벽과, 정교하게 만들어진 롬바르드 포치 (Lombard porch)를 지나서 청동 정문으로 이어지는 롬바르드 양식 로마네스크 건축의 계보를 보여준다. 서쪽 정면에는 듬직한 타워 하나가 서있는 반면 동쪽년은 순수한 기하학적 매쓰에 세개의 앱스가 돌출되며, 디테일은 대부분 롬바르드 양식으로 되어있다.

위에서 묘사한 6개 성당의 개요는 따로 따로 기술한 14개의 로마네스크 성당건축을 보충하여 이탈리아 반도와 그 너머 중세시대 건축예술의 실체를 좀더 충실하게 전하고자 한 것이다.

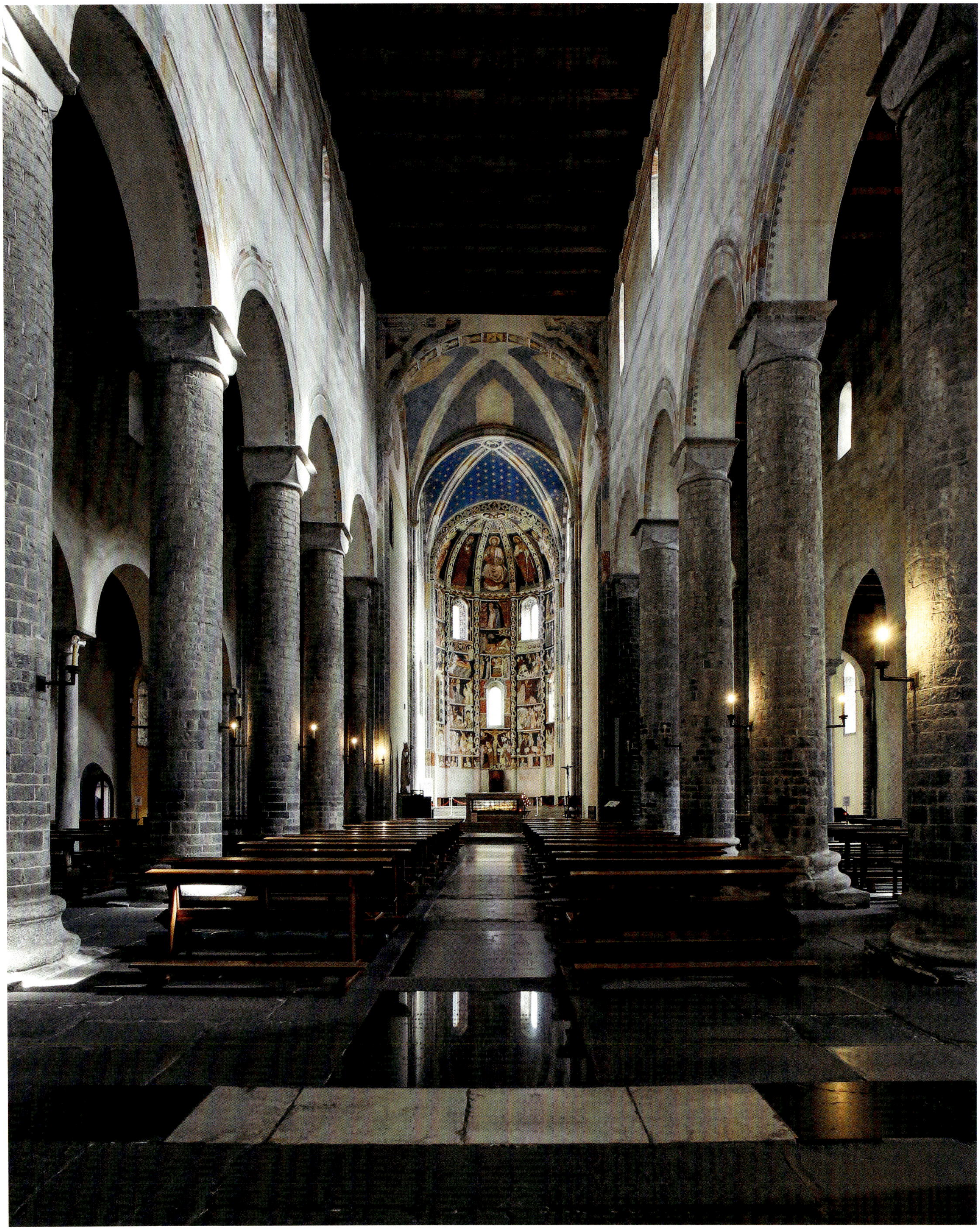

Basilica di Sant'Abbondio
Como

산타본디오 바실리카
코모

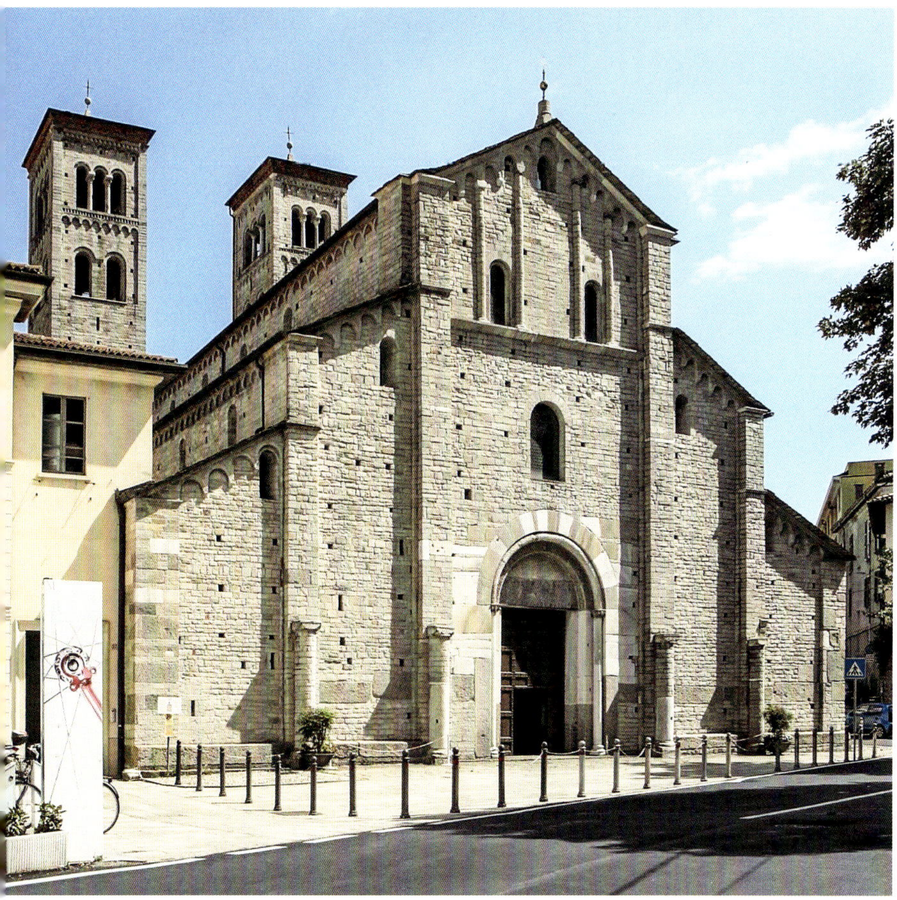

West façade from northwest

서북쪽에서 본 서쪽 정면

← Nave interior looking east

동쪽으로 본 네이브 전경

Como is located at the southwestern end of Lake Como, rimmed by mountains. It was conquered by the Romans in 196 B.C. and became a Roman colony under Julius Caesar as *Comum*. It was made a bishopric in A.D. 379. In the 11th century, after struggles with the Lombards and Franks, it became a free commune.

Basilica di Sant'Abbondio is situated on a plateau west of the city center of Como, facing a modestly hilly Monte Croce to the west across a slightly angled Via Regina Teodolinda, which turns south as Via Sant'Abbondio, a sloping street highlighting the

코모 (Como)는 산으로 둘러 싸여서 코모 호수의 남서쪽 끝에 있다. 이곳은 기원전 196년에 로마에게 정복되어 율리우스 시저 (Julius Caesar) 치하에 코뭄 (Comum)이라 부르는 로마의 식민지가 되었고, 서기 379년에 주교구가 생겼다.

산타본디오 (Sant'Abbondio) 바실리카는 코모의 도심 서쪽의 평지에, 약간 구부러지는 비아 레지나 테오돌린다 (Via Regina Teodolinda) 거리 서쪽으로 완만한 경사의 몬테 크로체 (Monte Croce) 산을 면하여 배치되어 있다. 그 길은 남쪽을 향하여 왼쪽으로 돌면서 경사진 비아 산타본디오 (Via Sant'Abbondio)가 되어 바실리카의 남쪽 입면을 부각시킨다. 지금 서있는 성당은 시의 성 밖에 5세기에 성자 베드로와 바울에 헌정된 초기 기독교 양식 성당 터에 세워졌는데, 이는 코모 시의 세번째 주교였던 성 아만티우스 (St. Amantius)가 로마로부터 가져온 두 성자의 유물을 안치하기 위하여 그의 주관 아래 지어졌다. 바실리카는 11세기 초에 알베릭 (Alberic) 주교가 주교 본부를 성 안으로 옮길 때까지, 시의 본부 성당이었다.

바실리카는 베네딕토회 수도승들을 위한 수도원으로 바뀌어, 반세기 후에 수도원 주관으로 1063년부터 로마네스크 양식으로 개축되기 시작하여, 1095년 교황 우르반 2세 (Urban II)에 의하여 봉헌되었다. 새 성당은 아만티우스의 후계자인 성 아분디우스 (St. Abundius)에게 헌정되어서 새로운 이름으로 불리게 되었다. 1863년 보수를 위한 굴착 조사 때에 발견된 초기 기독교 양식 성당의 구조는 오늘날, 바실리카의 바닥에 검은 대리석과 밝은 빛 대리석 바닥에 표시되어 있다. 산타본디오 성당과 연결되었던 중세 수도원은 1960년대부터 인수브리아 (Insubria) 대학교의 법학부로 사용되고 있다.

산타본디오 바실리카의 건축가에 대해서는 알려진 바가 없으나, 현존하는 성당은 네이브와 4개의 아일, 트랜셉트는 없는 바실리카 형 평면으로 지어졌다. 새 성당은 옛 성당의 네이브 기둥 기초 위에 세워졌다. 옛 성당 앱스의 현은 새 성당의 네이브와 동쪽 부분 경계와 일치하고, 옛 나르텍스는 새 성당 네이브의 석조 볼팅으로 지어진 제일 서쪽

south elevation of the basilica. The present church was constructed on the site of an Early Christian church dating from the 5th century dedicated to Saints Peter and Paul outside the city walls, built under the auspices of St. Amantius of Como, third bishop of the city, for the purpose of enshrining several relics of the two saints which Amantius had brought from Rome. The basilica was the seat

베이와 일치한다. 새 바실리카의 디자인은 알프스 산맥 북쪽에 세워진 슈파이어 (Speyer) 대성당 같은 일련의 새로 건설된 성당들의 영향을 보이며, 또 어떤 디자인 요소들은 후에 북부에 신성로마황제 후원으로 건설되는 성당들의 요소를 예견하는 것도 있다. 기둥으로 구성되는 네이브와 이중 아일은 로마의 옛 성 베드로 (Old St. Peter's) 바실리카나, 산 파올로 푸오리 레 무라 (San Paolo fuori le Mura, 성 밖의 성

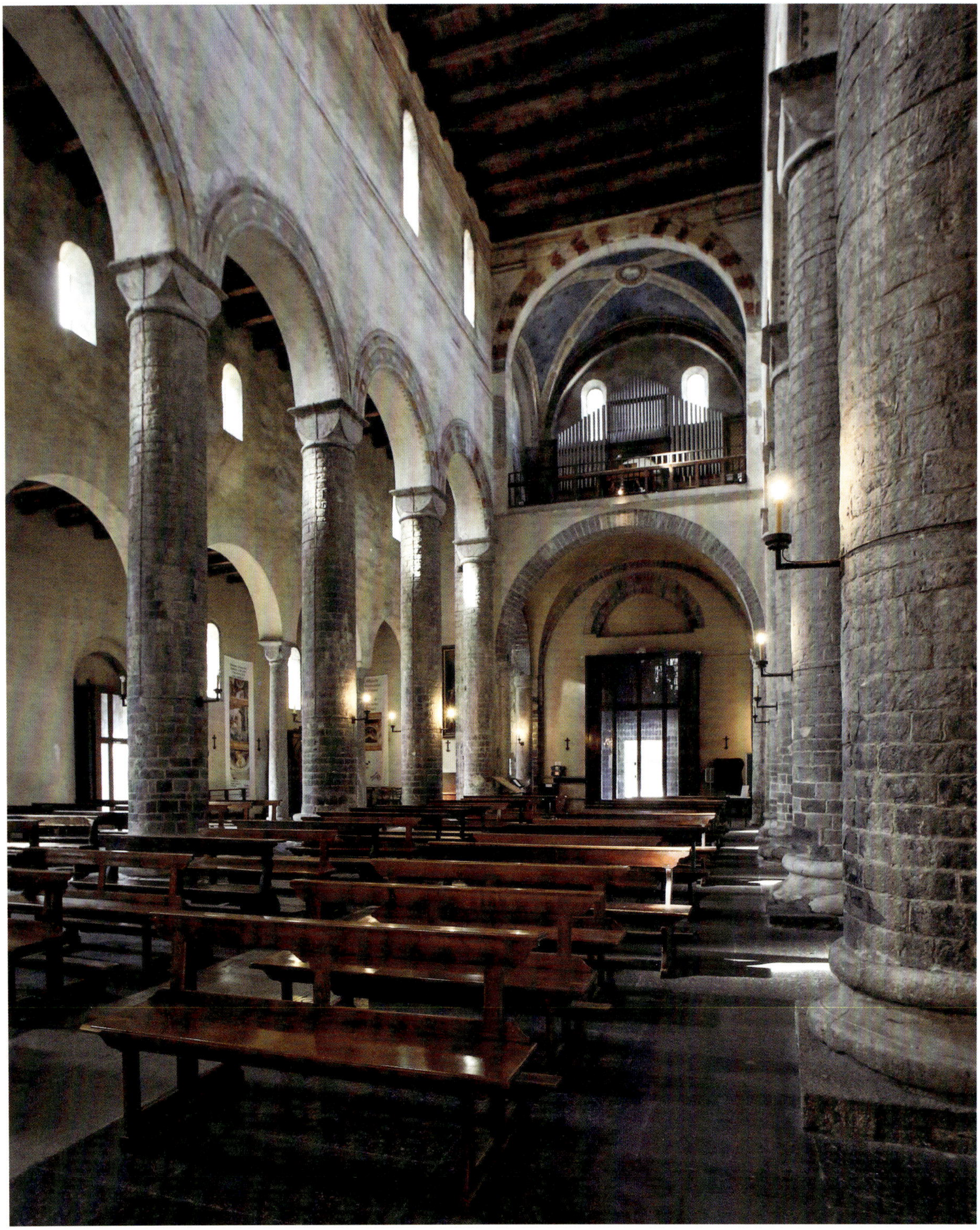

Nave interior from northeast

동북쪽에서 본 네이브 전경

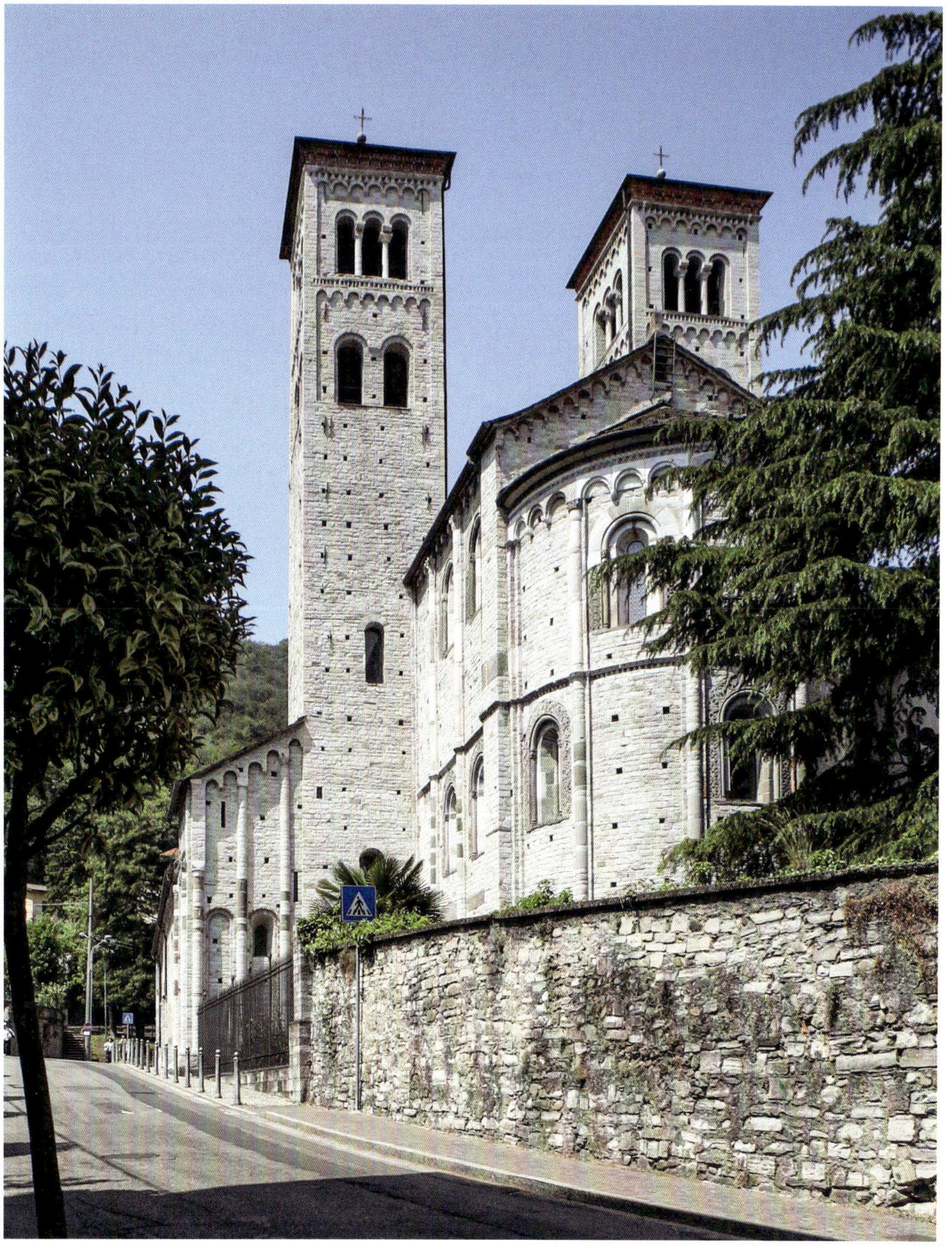

Eastern apse and pair of belfry towers from southeast

남동쪽에서 본 동쪽 앱스와 한쌍의 종탑

of the bishop of the city for several centuries until the early 11th century, when Bishop Alberic moved the seat within the walls. The basilica was then turned into a monastery for Benedictine monks who, half a century later, rebuilt it in Romanesque style between 1063 and 1095, the year of its consecration by Pope Urban II. The new church was dedicated to St. Abundius, Amantius' successor, hence its name. The structures of the Early Christian church, discovered in 1863 during an excavation for restoration, are today marked by black and pale marble in the floor paving of the basilica. The medieval monastery connected of Sant'Abbondio has been home to the Faculty of Jurisprudence of the University of Insubria since the 1960s.

바오로) 를 연상시킨다. 그러나 수직적 또는 공간적 디자인에 있어서, 산타본디오의 네이브는 로마의 두 대성당처럼 폭이 넓고 낮은 대신, 폭은 좁고, 높으며, 네이브와 바로 바깥 아일, 그리고 두 아일 사이의 높이 차이는 더 눈에 띈다.

방문객이 서쪽 정문에서 위에 낮은 천장이 있는 그로인 볼트로 마감된 나르텍스를 지나서 바실리카 안으로 들어서면, 4개의 전형적 베이가 있고, 그 동쪽으로 복합 피어로 표식된 좀 큰 베이가 있나. 네이브 공간은 넓은 고창 (clerestory)으로 스며드는 빛으로 인하여 명상적 분위기를 자아낸다. 네이브의 아치들은 다듬은 돌로 쌓은 기둥 위에 얹혀졌고, 두 줄의 아일은 수거된 로마시대 원통 기둥으로 구획되어 있으며, 네이브와 아일 모두 목재 천장으로 덮여 있다. 성단소를 이루는 동쪽 부분은, 반원 샤프트가

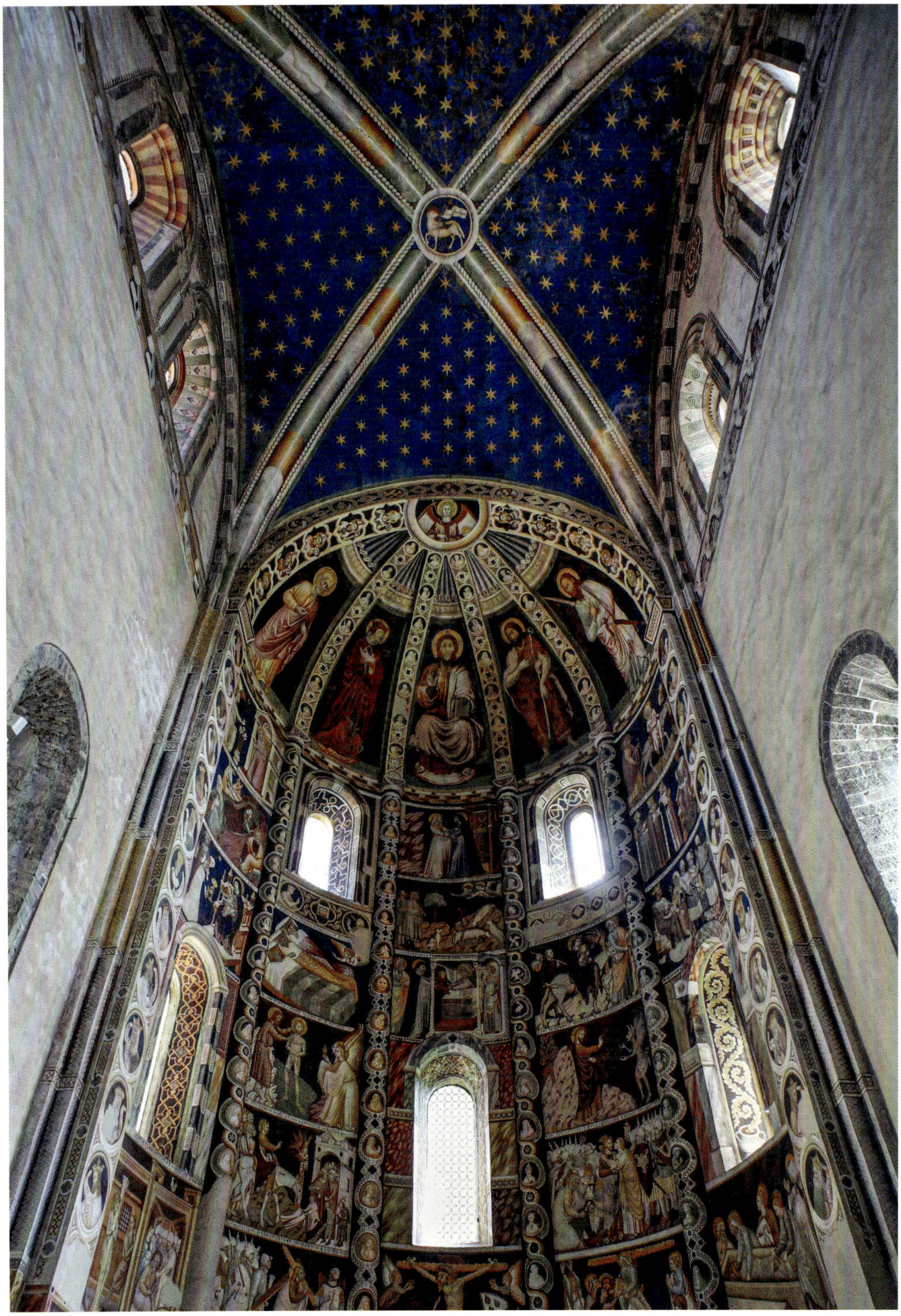

View of vaulting at crossing and chancel ceiling. Apse is adorned with fresco cycle depicting life of Christ

크로싱과 성단소 천정 위의 볼팅. 앱스 벽면은 그리스도의 생애를 묘사하는 프레스코로 장식되어 있다

It is not known who the master builder of Basilica di Sant'Abbondio was, but the standing church is built on a basilica plan with a nave and four aisles, without transept. The new structure is built upon the foundation of the previous church in the nave column points; the chord of the old apse coincides with the division between the east arm and the nave; and the old narthex is overlaid by the west bay of the nave with its vaulted inter-

접합된 필라스터로 구획되고, 그로인 볼트로 덮인 정방형 베이 2개가 있고, 직각 단면의 방사방향 리브로 구축된 앱스가 있다. 이 리브들은 모두 쿠션 주두 (cushion capital)가 위에 배치된 반원 샤프트로 연결된다. 앱스에는 아주 높이 평가 받는, 성수태 고지에서 매장까지 예수의 생애를 묘사하는 14세기 중반의 프레스코 사이클이 벽면 대부분과 앱스 천정을 장식하고 있다. 성 아분디우스의 유물은 주 제단 아래에 안치되어 있다.

ior narthex. The design shows a kinship with the then newly constructed series of churches north of the Alps such as Speyer Cathedral, while certain elements anticipate those in churches built later under imperial auspices in the north. The plan organization of columnar nave and double aisles echoes those of the great St. Peter's Basilica and San Paolo fuori le Mura in Rome. In its vertical, or spatial, organization, however, the nave of Sant'Abbondio is narrow and high, rather than broad and low, and the difference in height between the nave arcades and those separating the pairs of aisles is more pronounced than at either of the two churches in Rome.

네이브 공간에 사용된 그로인 볼트는 롬바르디아의 네이브에 쓰인 가장 앞선 예의 하나이고, 앱스의 리브도, 11세기 후반에 건설된 점을 감안할 때에 비슷하게 이른 경우이다. 롬바르디아 에서의 리브 볼팅의 기원에 관하여는, 약 1050년부터 아르메니아 (Armenia)에서 근동지역을 가로 질러서 이탈리아, 스페인, 프랑스를 망라하는 많은 지역에서 여러 형태의 리브 볼트 - 리브 턴넬, 돔 모양의 리브, 그로인과 복합 볼트구조 에 대한 관심이 높았고, 롬바르디아의 건설공방들은 항상 건축 예술의 기술적 발전의 선봉에 있었다. 성당 동쪽 부분의 첫번째 베이는 정사각형 평면이고, 그 초입에 양 옆, 즉 남쪽, 북쪽으로 그로인 볼트로 덮인 베이가 두 개씩 있다. 양쪽 모두 한 쌍의 작은 앱스가 벽의 두께 안에 놓여 있고, 이 앱스 안에

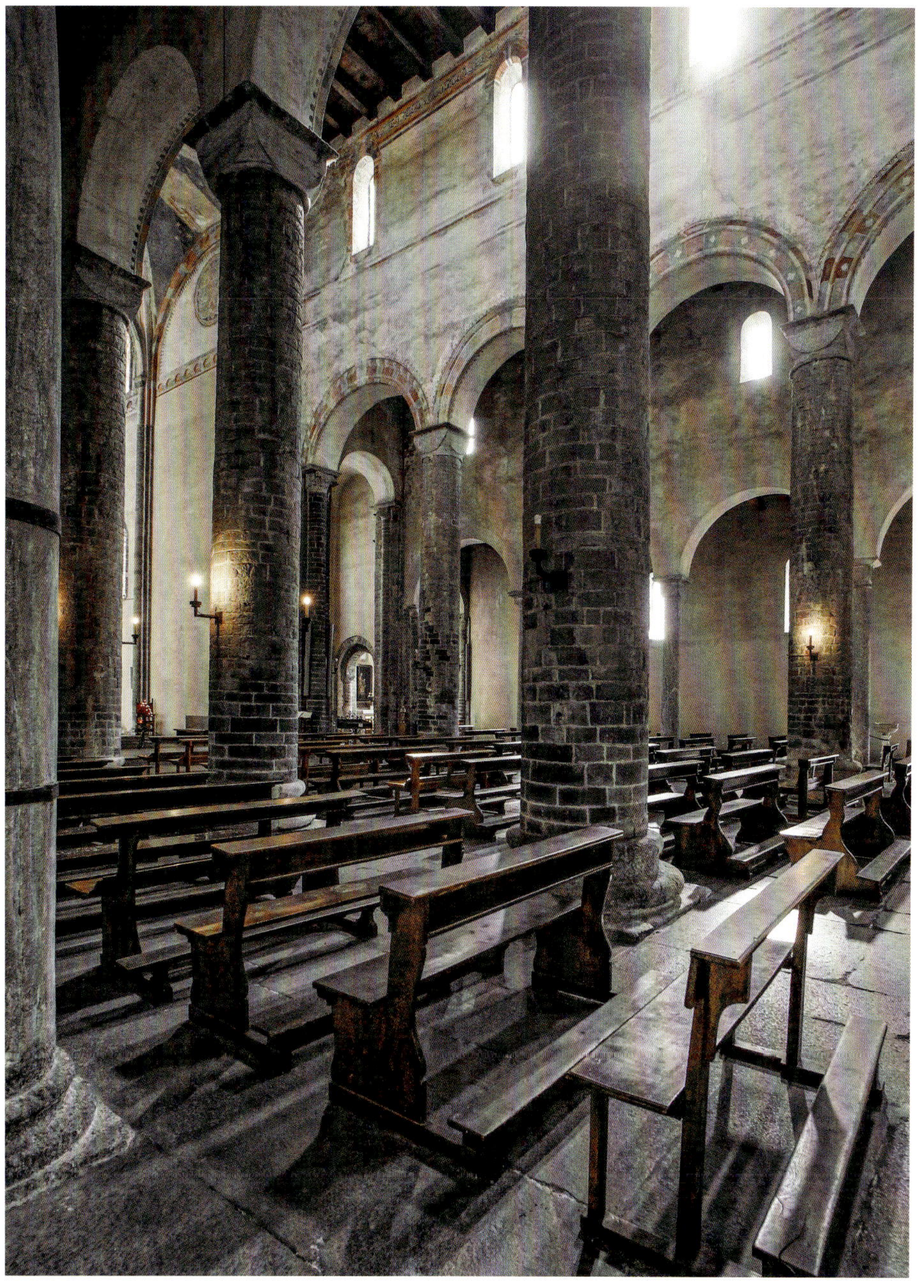

Oblique view of nave from north aisle toward southeast

북쪽 아일에서 남동쪽으로 본 사선방향 광경

As a visitor enters the basilica from the west portal into the vaulted narthex with tribune above, four typical bays and a slightly larger bay marked by compound piers follow. The nave becomes a truly contemplative space by the light which pours in from generous clerestory windows. The nave arcades are set above ashlar columns, and double row of aisles are demarcated by recycled cylindrical columns, all covered with a wooden roof, while the deep eastern arm for the sanctuary has two square bays with groin vaults, defined by pilasters with half-shafts, and an apse vaulted with radial ribs of square sections, the ribs supported on half-shafts with cushion capitals set above. In the apse a notable cycle of mid-14th-century frescoes depicting the life of Christ from the Annunciation to his burial adorns most of the wall and all of the ceiling surface. Relics of Abundius rest under the high altar.

The groin vaults may be among the earliest built over a nave space in Lombardy, and the ribs in the apse are similarly precocious, considering it dates from the latter part of the 11th century. As for the genesis of rib vaulting in Lombardy, from about 1050 there was great interest in it in a wide region stretching all the way from Armenia through the Near East to Italy, Spain, and France, it was an interest in rib vaults of various types – ribbed tunnel, domical, ribbed groin and compound vaults –, and building workshops in Lombardy were among the vanguard in exploiting technical advances in this building art. The first bay of the eastern arm is square in plan, and at its entrance, there are two groined bays to each side; each has a pair of apses in the thickness of the wall; and over this set of small apsidal chapels on either side, a pair of tall, notable belfry towers rise. The towers seem to be among the latest in the sequence of those at a series of Lombard churches. Their positions – flanking and at the west end of the east arm – recall the towers of Speyer Cathedral, built between 1030 and 1061.

Looking at the austere yet elegant stone façade, we find that it expresses the interior spatial composition faithfully. Ashlar buttresses create five bays the width of the church, first marking the central bay for the nave, then double-aisle flanks. Four inner buttresses have columns coming up to an entrance height terminated by capitals. In the axial bay the gable has stepping Lombard molding with a small window at the apex and two tall windows at the tribune level; a corbel

배치된 소예배실 위로 눈에 띄게 높은 종탑이 올라간다. 이 종탑은 롬바르디아에 건설된 일련의 성당들 건설 순서에서 가장 나중에 지어진 것으로 간주된다. 성당 양 옆으로, 동쪽 부분의 서쪽 끝에 서 있는 이 두 종탑의 위치는 1030년 에서 1061년 사이에 세워진 슈파이어(Speyer) 대성당을 연상케 한다.

간결하고도 우아한 서쪽 석조 정면을 볼 때에, 우리는 그 입면이 내부의 공간 구성을 충실하게 표현하는 것을 본다. 다듬은 돌의 버트레스(buttress)들이 정면 폭을 다섯 베이로 나누며, 먼저 중앙의 네이브를 표시하고, 다음으로 양 옆의 이중

View of vaulting at crossing and forebay to chancel
크로싱과 성단소 앞 베이의 볼팅

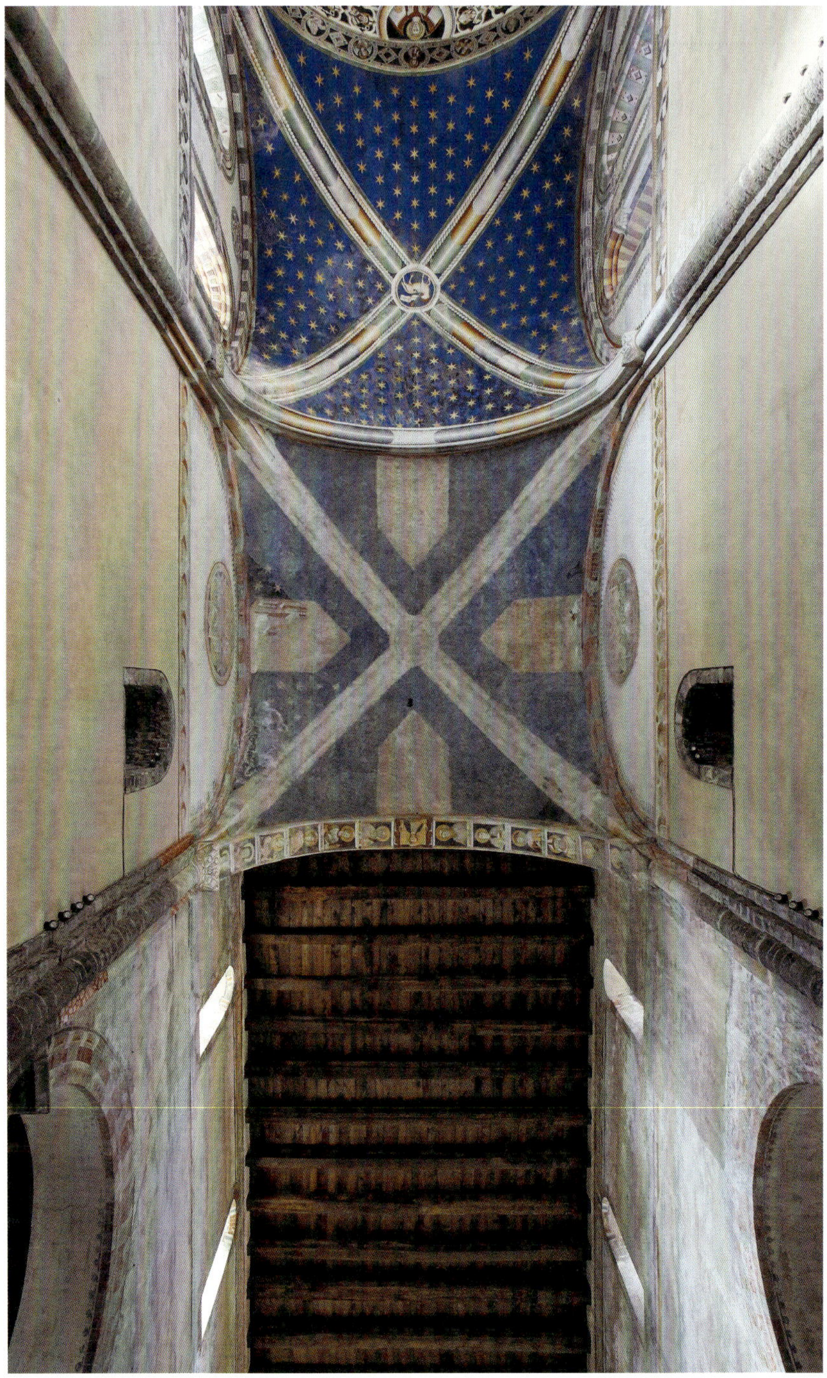

table is introduced at the plane where the inner aisles intersect with the nave; above the corbel two pairs of slender shafts are placed with fairly large windows in the middle; and finally, the portal is simply composed by slender shafts on either side and a semi-circular frieze. The façade is exemplary in its use of decorative applied shafting, pilaster strips and corbel tables for articulation of the design and enrichment of the wall surface. Basilica di Sant'Abbondio employs the brick-shaped blocks of stone used in other early Romanesque buildings in the area, though at Sant'Abbondio they are cut to a much higher standard and include many medium to large blocks. The church also possesses, in addition to ashlar dressing, mature Romanesque elements that include sculpture, bas-reliefs, and groined and ribbed vaults in the east arm, as mentioned earlier. Notable are the shallow carvings around the windows of the eastern arm. They are one of a kind, and some scholars believe that their origins may be traced to the period of Byzantine rule on the Italian Peninsula, dating as far back as the 7th century, and that the carvings, in turn, may be the source of those on the jambs of the late 11th-century addition to Speyer Cathedral.

It may be said that Basilica di Sant'Abbondio represents an important milestone in the development of Lombard Romanesque architecture, judging by its role as a bridge between developments in the Germanic lands north of the Alps and what would eventually blossom on the Italian Peninsula.

아일을 보여 준다. 네 개의 안쪽 버트레스들은 앞에 기둥들이 배치되어 정문 높이까지 올라 가서, 주두로 매듭지어진다. 축상에 놓인 중앙 베이는 경사를 따라서 롬바르드 몰딩 (Lombard molding)으로 장식되었고, 제일 꼭대기에 작은 창, 그리고 트리뷴 레벨에 두 개의 수직창이 있으며, 네이브와 안쪽 아일의 경계선에 받침(corbel table)이 놓여서 그 위에 가는 원통 기둥 한쌍씩이 양쪽에 배치되어, 가운데에 제법 큰 창이 뚫리고, 마지막으로 문루는 양 옆에 가는 기둥들이 반원 모양의 프리즈 (frieze)를 받쳐 준다. 서쪽 정면은 기둥 (shafting), 필라스터 쪽 (pilaster strip), 받침 (corbel table)을 도입하여, 외벽 표면의 디자인적 분절과 다채로움을 달성하는 모범적 예라 할 수 있다. 산타본디오 바실리카는 이 지방의 다른 초기 로마네스크 건축과 같이 벽돌 모양 돌 블록을 사용하고 있으나, 단지 산타본디오의 경우에는 돌이 훨씬 더 정교하게 세공되었고, 중간 크기와 큰 돌도 사용된 점이 다르디. 이 성당은 이미 앞에 언급한 대로 애슐라 석조벽 외에도 원숙기 로마네스크 건축 요소들 - 조각, 얕은 돋을새김 (bas-relief), 그리고 성당 동쪽에 사용된 그로인 볼트와 리브 볼트가 활용된 것이 주목할 만하다. 성당 동쪽 부분의 창 둘레에 새겨진 음각도 그 전례가 없고, 일부 학자들은 그 음각의 기원이 이탈리아 반도가 비잔틴 치하에 있을 때인 7세기까지로 거슬러 올라가고, 한편 이 음각이 슈파이어 대성당이11세기 후기에 증축된 부분의 창 틀 새김의 원천이라 추정한다.

산타본디오 바실리카는, 알프스 산맥 북쪽 게르만 세계의 건축 발전과정과 나중에 이탈리아반도에서 개화한 로마네스크 건축의 다리 역할을 한, 롬바르디아 로마네스크 건축의 발전과정의 중요한 이정표라 말할 수 있다.

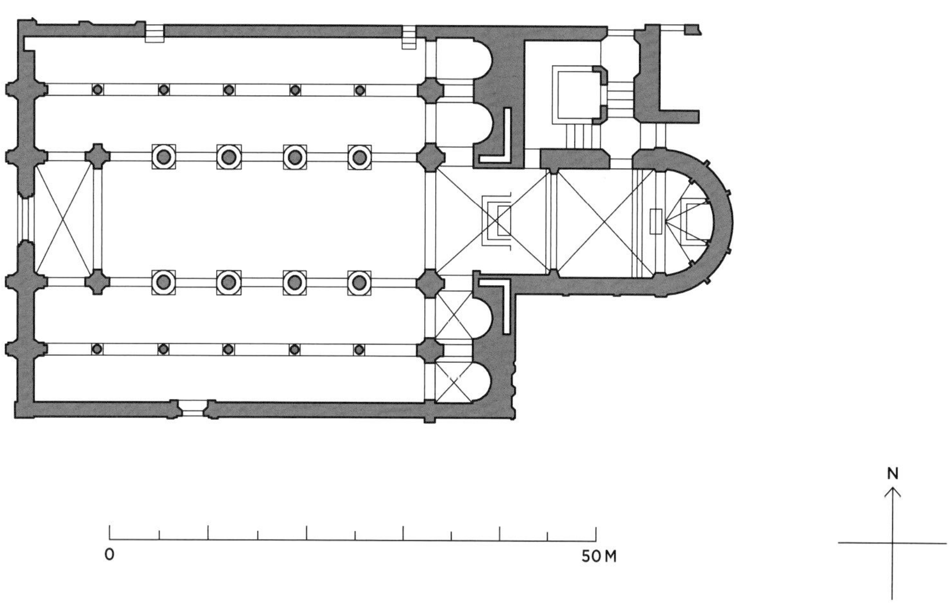

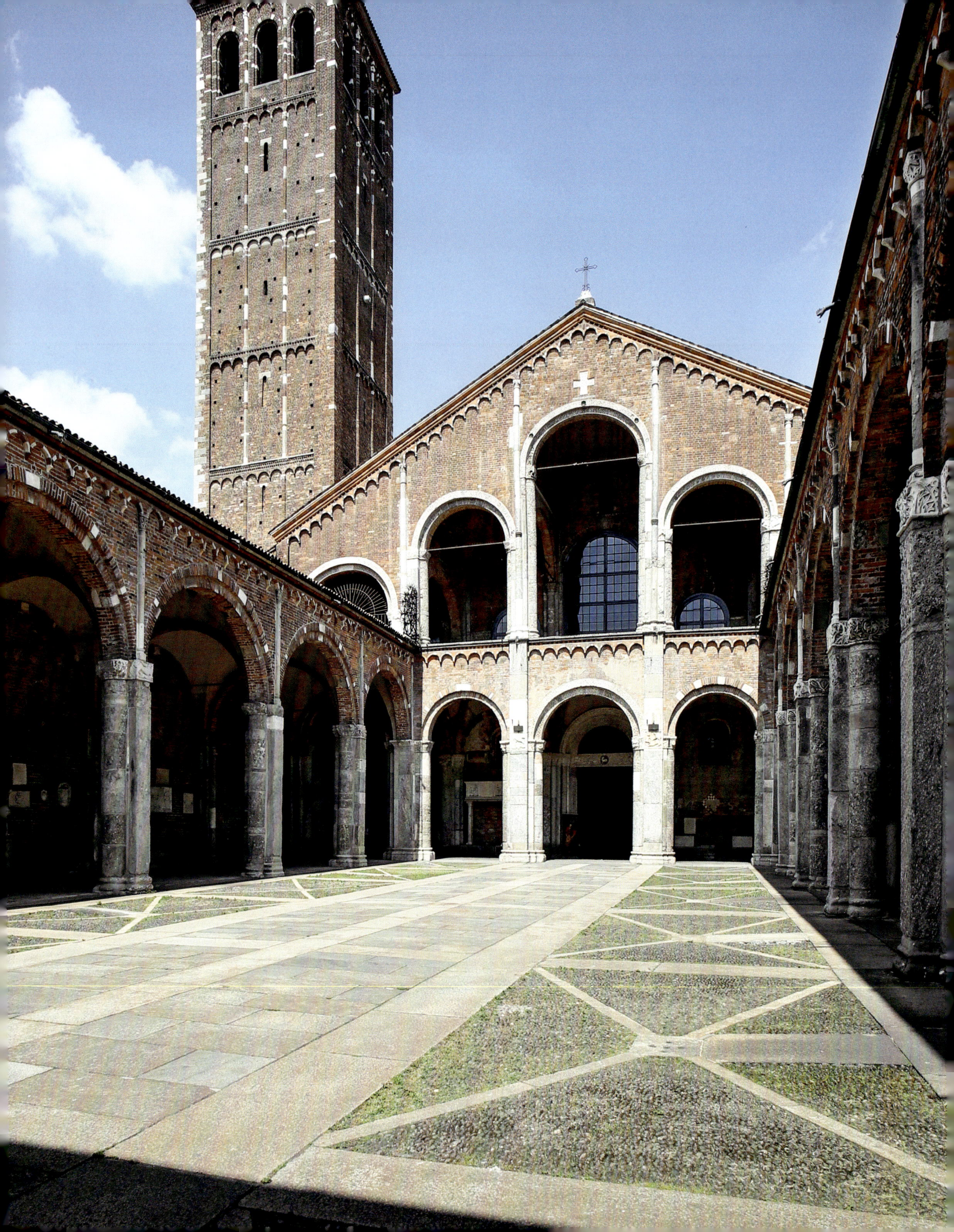

Basilica Sant'Ambrogio
Milano

산탐브로죠 바실리카
밀라노

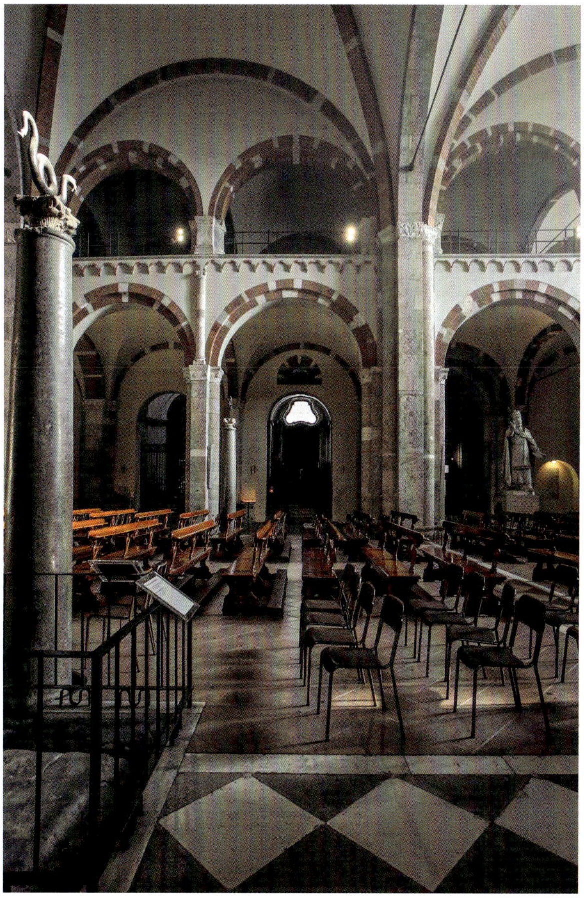

Nave elevation scheme of south arcade

남쪽 아케이드의 네이브 입면 디자인

← West façade from southwest across atrium

아트리움 건너 남서쪽에서 본 서쪽 정면

The Basilica of Sant'Ambrogio in Milan, one of the largest-scale and most important of the churches that fused Lombard Romanesque construction with forms utilized in the old St. Peter's Basilica in Rome, was founded by Ambrose, who would become the first archbishop and patron saint of Milan. It was constructed between 379 and 386 as a burial church to house the remains of the martyred saints Protasius and Gervasius. Upon his death in 397, St. Ambrose himself was buried in the church, giving it its current name. In 784, Archbishop Peter of Milan established a Benedic-

밀라노의 산탐브로죠 바실리카는 로마의 옛 성 베드로 대사원에서 활용된 형태에 롬바르디아 로마네스크 건축의 기법을 융합한, 가장 규모가 크고 중요한 성당의 하나이다. 초대 밀라노 대주교이자 훗날 밀라노의 수호 성인이 된 암브로시오 (Ambrogio)에 의하여 창건되었다. 이 대성당은 원래 프로타시우스 (Protasius)와 제르바시우스 (Gervasius) 등 순교성인들의 유물을 봉안하기 위한 장묘 성당으로 379년 에서 386년 사이에 지어졌다. 397년에 선종 후 성 암브로시오 자신이 이 대성당에 안장되면서, 현재의 이름으로 불리게 되었다. 784 년에 밀라노의 피에트로 (Pietro) 대주교가 이 바실리카에 베네딕토회 수도원을 설립하였는데, 789 년에 샤를마뉴 대제에 의하여 비준되었고, 대제는 수도원에 신도 평의회 (College of canons)를 추가로 설립하는 것을 재가하였다.

현존하는 대성당은 12세기에 지어졌으며, 10 세기 또는 11세기 초에 지어진 로마네스크 구조물의 많은 동쪽 끝 부분을 포함하고 있고, 성당 기능들의 배분은11세기 말엽에서 12세기에 널리 쓰이던 건축 프로그램에 준하여 지어졌다. 학술적 발굴조사에 의하여, 먼저 서 있던 성당은 전통적인 바실리카 형이었던 것으로 판명되었다. 먼저 성당의 동쪽 끝 전부에 같은 높이로 연결된 바실리카의 신축 부분은 네이브와 아일들, 트랜셉트는 없이 트리포리움 갤러리 (triforium gallery)와 고창 (clerestory) 으로 구성되어 있다. 네이브는 1126년에 공사가 시작되었고, 그 길이는 세개의 큰 베이 (major bay) 로 구성되었는데, 반원통 기둥이 접합되어 있는 메이저와 마이너 복합 피어가 교대로 배치되어 있다.

리브를 지지하는 주두와 받침들이 직각이 아니고 사각으로 놓인것으로 미루어, 이 건축은 처음부터 리브 볼드로 지어지도록 디자인되있던 것으로 추정된나. 약 15 미터 X 16 미터, 거의 정방형 베이를 단숨에 십자 모양으로 건너 뛰는 리브 볼트는 1140년대에 건설된 것으로 전해진다. 이는 역사적으로 파리 생 드니 (St. Denis)의 리브 볼트가 올라간 것과 정확히 같은 시점이다. 세개의 전형적 베이의 동쪽으로 앞 베이 (forebay)가 놓여 있고, 그것이 먼저 성당의 앱스와

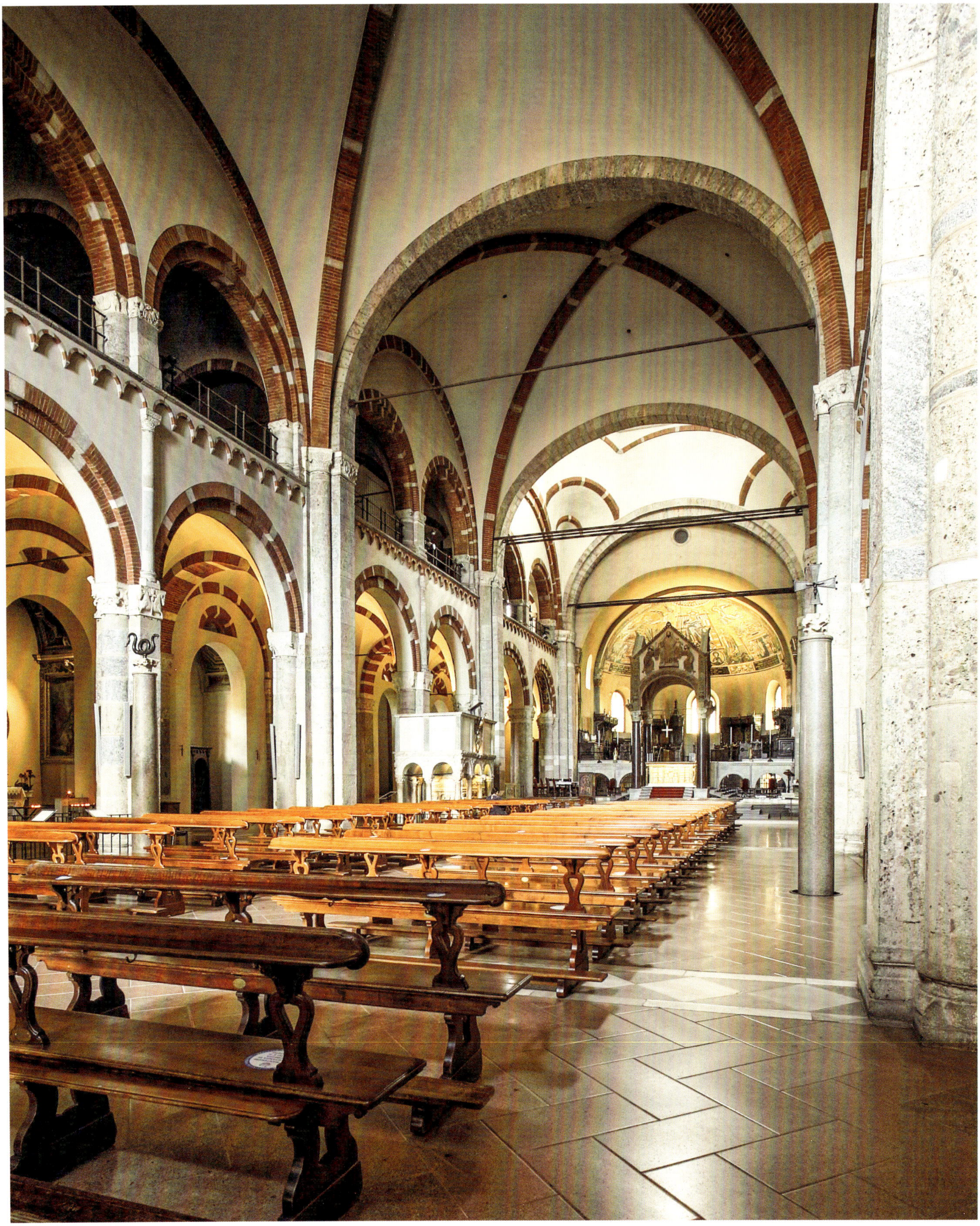

tine monastery at the basilica, which was confirmed in 789 by Charlemagne, who also added to the establishment a college of canons.

The standing church, incorporating a good part of the eastern end of the first Romanesque building of the 10th or early 11th century, was built in the 12th century based on the prevailing building program of the late 11th to early 12th centuries. It was determined from excavations that the preceding church there was a basilica of the traditional type. The newer part of the basilica, joined to the entire east end of the earlier church to its full height, consists of a nave with aisles but without transept, large triforium galleries, without a clerestory. The nave, which is three major bays long and believed to have been built starting in 1126, is composed of alternating major and minor compound piers with half-columns (see plan).

As the bases and capitals of the shafts supporting the ribs are angled, it is reasonable to assume that the building was designed to have rib vaults from the start. These rib vaults, which span the squarish bay by about 15 meters by 16 meters in a single cross, are said to have been built in the 1140s. This is the precise moment in history when the rib vault at St. Denis in Paris went up. To the east of three typical bays is located the forebay, which is joined to the apse from the earlier church. A slightly elongated octagonal lantern is placed above this forebay. Instead of the crossing it marks the *chorus*, the chancel area. The altar, with a contemporary canopy above, is also placed in this bay, and the steps to the elevated chancel and down to the crypt are located behind. The apse, unfortunately, suffered great damage during World War II. The 13th-century mosaic of *Christ Pantocrator*, on the curved oven vault surface, has been painstakingly repaired. The aisle bays are groin-vaulted, suggesting that the ribs were used in the nave space only to visually accord higher significance to the nave.

In looking at the nave elevation scheme, visitors find a grand wall of the nave with a succession of bays, where the alternating major and minor compound piers create a powerful rhythm. The minor piers reach only to the springing of nave arcades; a small colonnette continues the line of support; then finally, short columns set on the gallery floor level support the triforium gallery arches. They, in turn, are embraced by a single wall arch above, supported by major piers with diagonally attached shafts reaching to the spring-

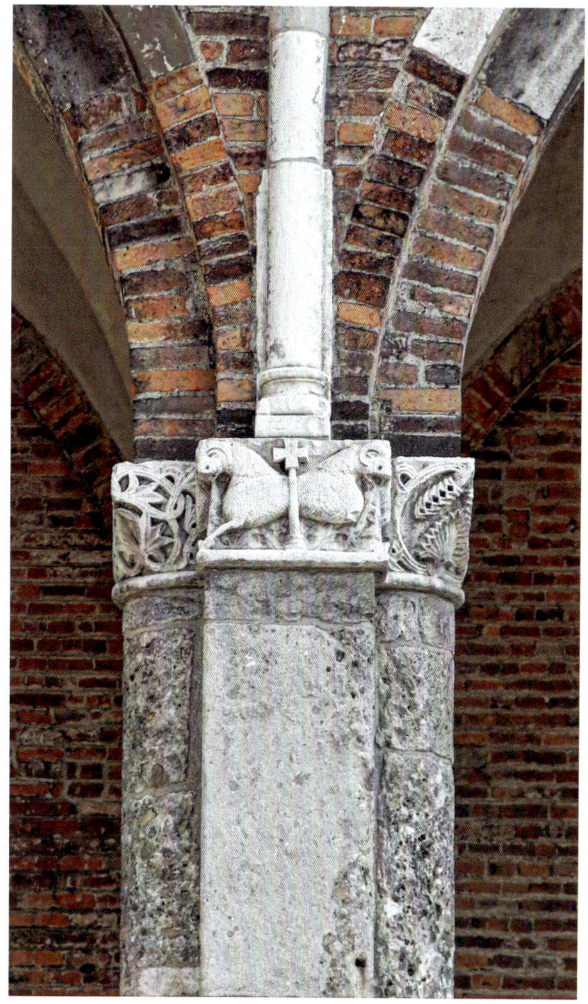

Detail of brick arch on stone pier in atrium

아트리움의 돌 기둥 위에 얹혀진 벽돌 아치 디테일

이어진다. 이 앞 베이 위로 약간 장방형 팔각형 랜턴 (lantern, 정탑)이 놓여 있다. 이 앞 베이는 크로싱을 표시하는 것이 아니라, 성가대석 (chorus), 즉 성단소 영역을 표시하며, 현대에 제작된 캐노피가 위에 있는 제단도 이 베이에 놓여 있으며, 높이 배치된 성단소로 올라가는 계단과, 크립트로 내려가는 계단이 그 뒤에 배치되어 있다. 불행하게도, 앱스는 2차 세계대전 중 커다란 손상을 입었다. 곡면의 4분 구면을 차지하는 13세기 장엄 예수 (Christ Pantocrator) 모자이크는 정성스레 복원되었다. 아일 베이들은 그로인 볼트로 지어졌고, 이는 리브 볼트는 네이브 공간에 더 높은 의미를 부여하기 위하여, 그 곳에만 쓰여졌다는 것을 시사한다.

네이브 입면 구성을 관찰해보면, 방문객은 베이들이 연결되어 만들어 내는 웅장한 네이브 벽을 보게 되며, 교대하는 메이지와 마이니 복합 피어들이 강력한 리듬을 자아내는 것을 발견한다. 마이너 피어들은 네이브 아케이드의 시발점까지만 올라가는 반면, 가는 소기둥들 (colonnettes)이 하중을 지지하는 선을 연결하고, 마지막으로 갤러리 바닥에 놓인 짧은 기둥들이 트리포리움 갤러리 아치들을 받쳐준다. 이 트리포리움 아치 두개씩은, 대각

← Nave interior from southwest

남서쪽에서 본 네이브 전경

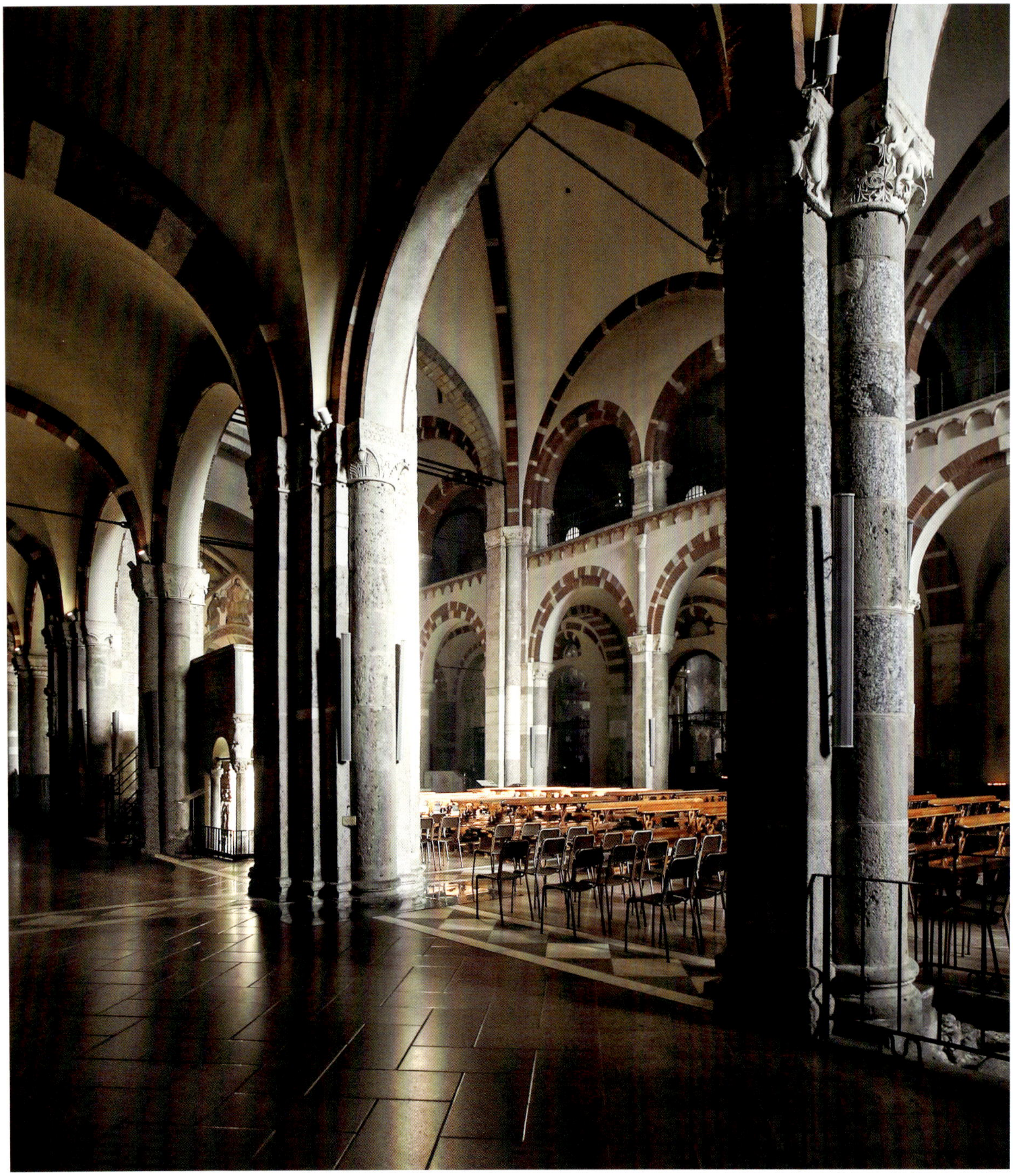

Oblique view of nave from north aisle toward southeast

북쪽 아일에서 남동쪽 으로 본 사선방향 네이브 광경

ing, visually supporting the ribs. The effect is reminiscent of the galleried interiors of southwestern Europe, but entirely transformed in breadth and weightiness, and the vaulting system is quite different, composed exclusively of cross vaults.

Passing through the gateway at the central bay of brick wall with deeply inset blind arcades, and facing Piazza Sant'Ambrogio, a visitor faces in its longitudinal axis a long atrium which is eight bays by five bays, about 60 meters long and half as wide, surrounded by vaulted passages. This

방향으로 샤프트 들이 연결된 메이저 피어가 지지하는 큰 벽 아치 하나로 엮여 지고, 네이브 천정 크로스 리브의 시작선 까지 샤프트는 올라가서 시각적으로 리브를 '받아주는' 형식을 하고 있다. 결과는 남서 유럽의 갤러리가 있는 성당 내부를 연상시키나, 그 너비와 중량감에서 전적으로 변환되어, 볼팅 기법이 크로스 볼트로만 이뤄진 새로운 기법을 보여준다.
피아짜 산탐브로죠 (Piazza Sant'Ambrogio)를 면하여, 깊게 파여진 블라인드 아케이드 (blind aecade)가 배치된 벽돌 벽의 중앙 베이에 있는 정문에 들어서면, 방문객은 긴 쪽으로 여덟 베이와

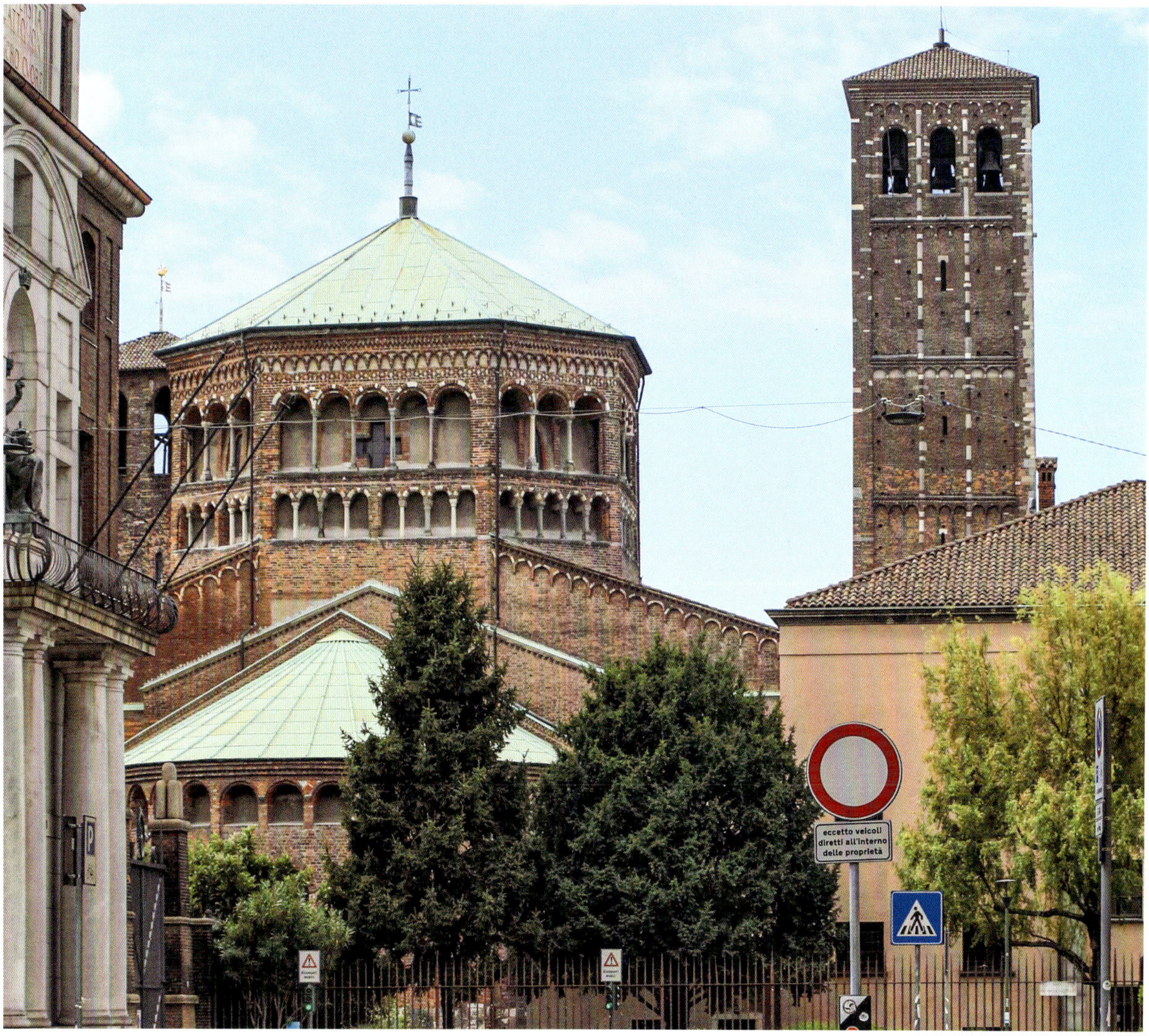

View of eastern apse, crossing tower and bell tower on the right
동쪽 앱스, 크로싱 타워와 오른쪽의 종탑 전경

forecourt, which is a highly unusual feature at this date, marks a return to the axiality of Roman buildings and the atria of Early Christian architecture, and almost certainly derives from the same construct in Ambrogio's building of the 4th century. The arcades are composed of piers of stone and arches built of stone and brick, and they are groin-vaulted, except for the easternmost bay next to the basilica, which is rib-vaulted. This area may be considered an outdoor narthex. The articulation of the nave arcade is closely continued in the piers, carved decorations, and arch friezes, and emphasizes the relationship between the atrium and the nave. Arched corbel tables decorate the eaves. The entire building is done in handsome, glazed red brick, and only the bases, shafts and capitals of the columns are constructed of light-colored hewn stone, as are the ribs of the vaults. The atrium dates to approximately 1098 according to an inscription, although it has

짧은 쪽 다섯 베이를 합쳐 약 60 미터 길이에, 폭은 그 절반 정도의 긴 아트리움 (atrium)을 마주 보게 되는데, 아트리움은 볼트로 덥힌 통로에 둘러쌓여 있다. 이 전정은 대성당이 건설된 시기로는 대단히 특이한 요소이고, 로마시대 건축의 축성 (axiality)과 초기 기독교 양식의 아트리움으로의 회기를 의미하고, 거의 확실하게, 4세기 암브로시오의 성당에 있던 같은 구성요소로부터 유래 한다고 추정된다. 아트리움 둘레의 아케이드는 돌 피어와 돌과 벽돌로 구축되는 아치로 구성되어 있고, 통로의 천정은 그로인 볼트로 덮혀 있는데, 바실리카에 연결되는 제일 동쪽 베이는 예외로 리브 볼트로 지어졌다. 이 부분은 옥외 나르텍스 (narthex)로 간주된듯 하다. 네이브 아케이드에서 볼수 있는 세분한 니사인은 피어, 조각된 상식, 아치의 프리즈 (frieze)에서도 연속되어서, 아트리움과 네이브 디자인의 동질성을 강조하고 있다. 처마 (eaves)는 아치로 된 받침 (corbel table)으로 장식되어 있다. 대성당 대부분은 유액으로 마감된 보기 좋은 붉은 벽돌로 지어졌으나 기둥의 받침, 샤프트, 주두는 밝은 색의 깎은 돌로 구성되고, 볼트의 리브들도 돌로

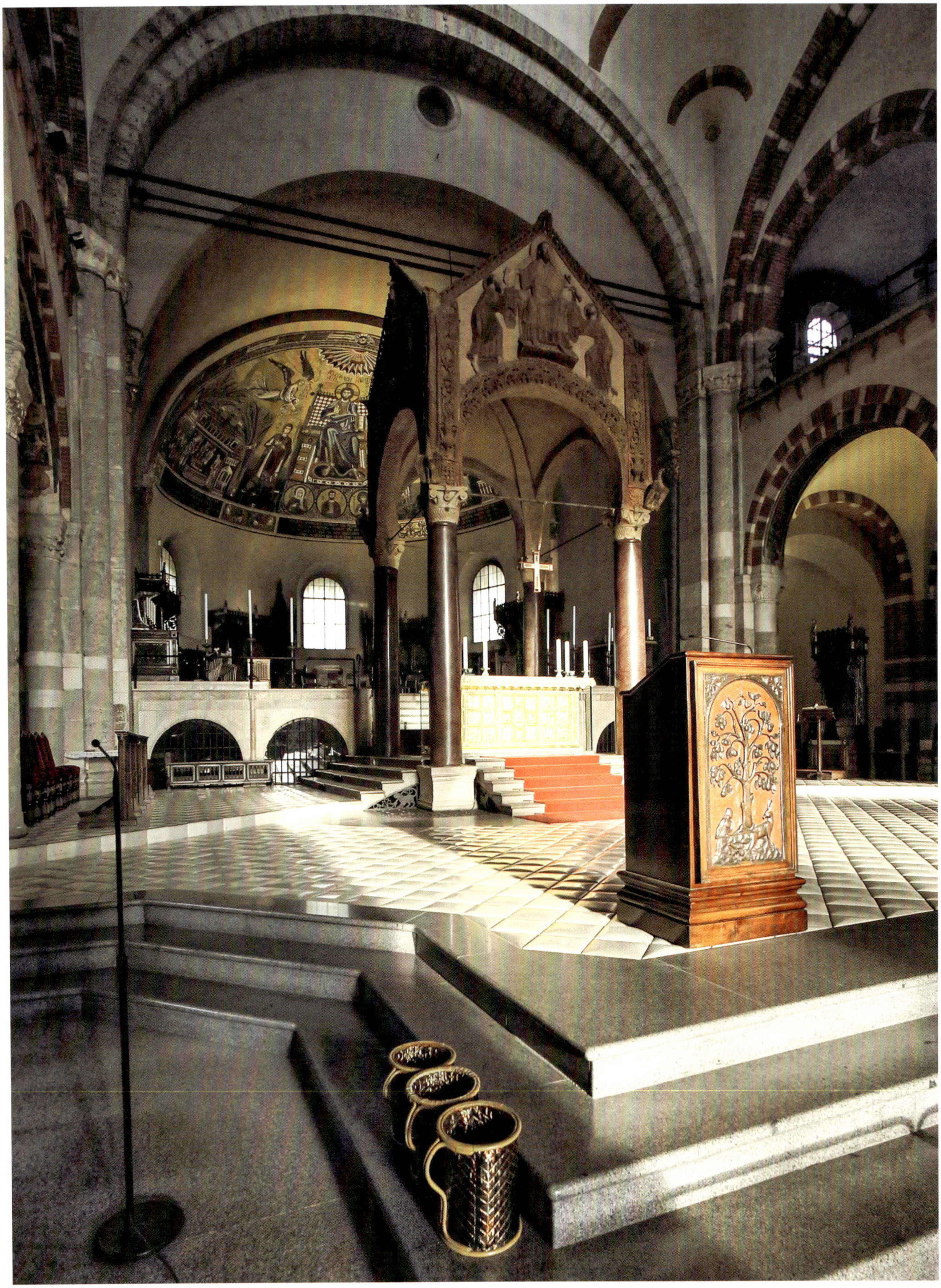

← View of chancel with *Christ Pantocrator* mosaic on the curved half dome

성단소와 사분구면에 놓인 장엄 예수 모자익 진경

been rebuilt to a certain extent. The splendid northwest bell tower, the Campanile dei canonici (*The Canon's bell tower*), ornamented on every story with pilaster strips and a frieze of blind arcades, was built in 1128, concurrently with the nave, and it appears that the nave wall was added to it.

The main façade of the basilica at the eastern end of the atrium is defined by a magnificent, sweeping gable mirroring the unusual cross-section of the church, which is a single roof over nave and galleries without a clerestory. Here, the east wing of the atrium is developed into two stories, and its upper story, with an impressive tribune gallery with arches of varying heights, is set into the gable like a huge loggia.

With its ambitious and daring vaulting system with ribbing arising from shafts placed diagonally to the compound pier, and an impressive atrium reminiscent of Early Christian building art, Basilica di Sant'Ambrogio is the most important of an extensive group of Lombard Romanesque churches to have survived; most of the others are known only through old illustrations.

만들어졌다. 아트리움은 한 명각에 약 1098년에 건설된 것으로 표시되어 있으나, 부분적으로는 나중에 다시 지어졌다. 훌륭한 서북 모서리의 토레 데이 카노니치(Torre dei canonici, 성직자 평의원 타워)라고 이름붙여진 종탑은 각 층 마다 좁은 폭의 필라스터 쪽과 블라인드 아케이드 프리즈로 디자인되었으며, 1128년에 네이브와 동시에 건설되었고, 네이브의 외벽이 타워에 연결되어 지어진 것으로 보인다.

아트리움 동쪽 끝에 있는 바실리카의 정면은, 성당의 특이한 단면구성을 반영하는 웅장한 박공지붕으로 구성되었으며, 네이브와 고창 (clerestory)이 없는 남쪽과 북쪽 갤러리를 모두 연결하는 거대한 경사지붕으로 디자인되었다. 여기에서 아트리움의 동쪽 날개, 즉 바실리카의 얼굴은 이층으로 디자인되어, 다섯개의 다른 높이의 아치가 놓인 웅장한 트리뷴 갤러리 (tribune gallery)가 이층을 형성하고, 거대한 로지아 (loggia)처럼 경사지붕 안에 놓여 있다.

복합 피어에 대각 방향으로 부착된 샤프트에서 위로 솟아 오르는 야심적이고, 과감한 볼팅 기법과, 초기 기독교 양식 건축 예술을 떠올리게 하는 훌륭한 아트리움을 갖춘 산탐브로죠 바실리카는 많은 롬바르디아 로마네스크 성당들 중 오늘날까지 보존되어 내려오는 가장 중요한 건축이다. 대부분의 다른 건축은 옛 도판을 통해서나 우리에게 알려져 내려온다.

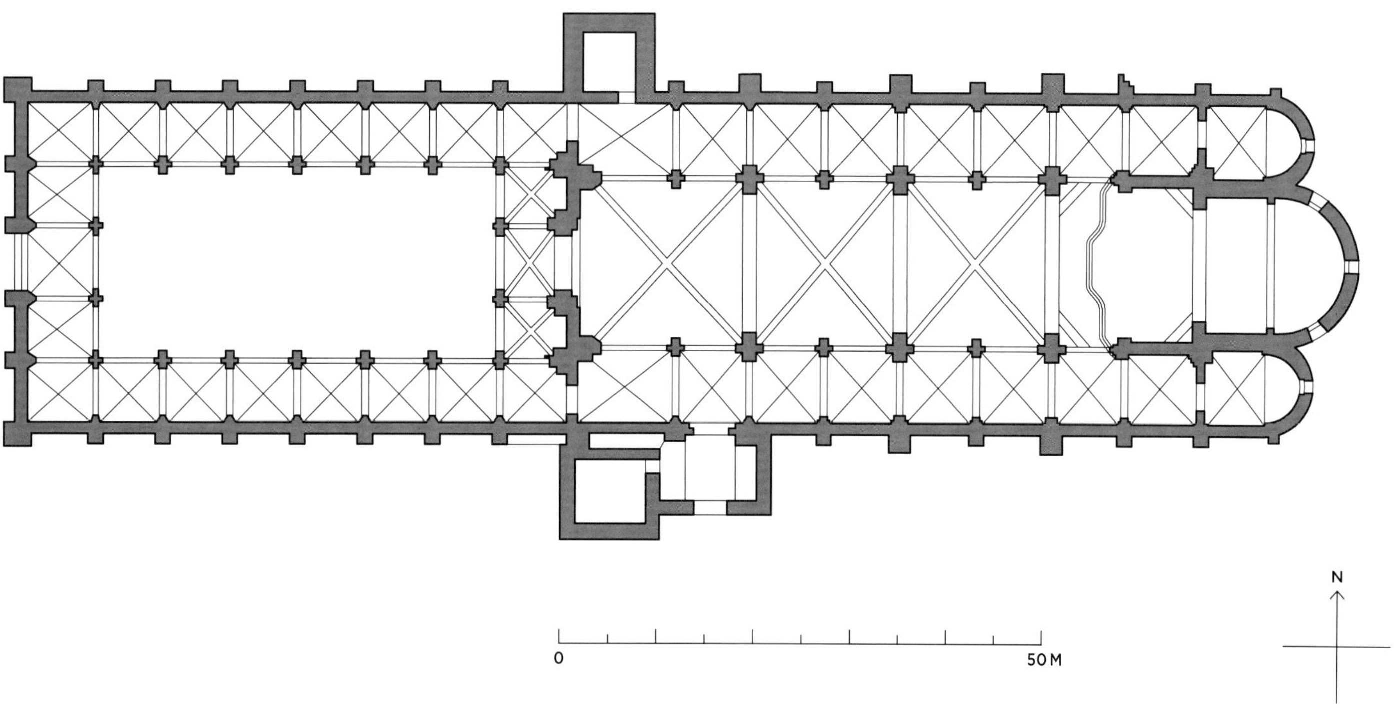

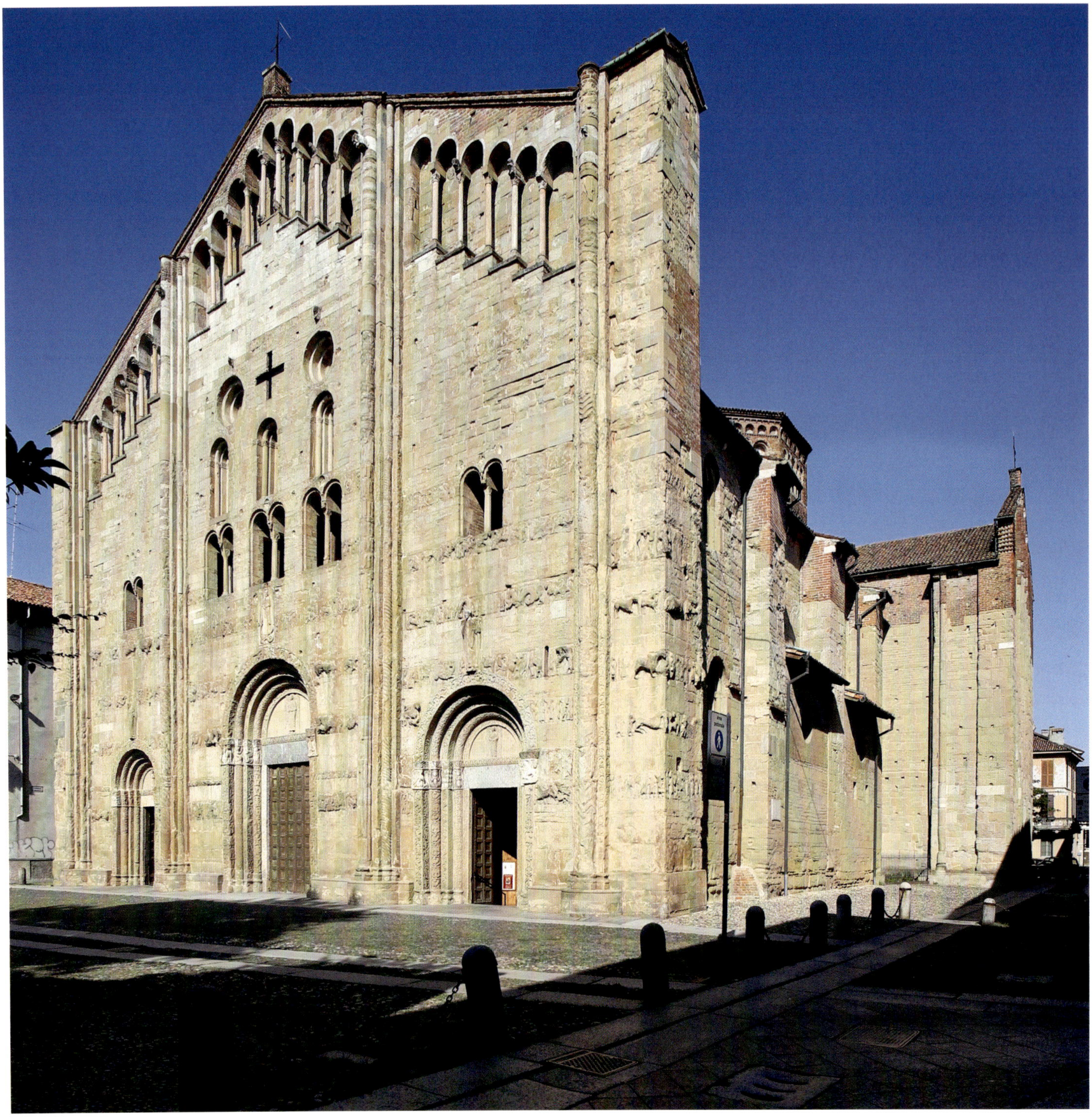

West façade from southwest

남서쪽에서 본 서쪽 정면

Basilica di San Michele Maggiore

Pavia

산 미켈레 마죠레 바실리카

파비아

Pavia, located on the left bank of the Ticino River above its confluence with the Po River, was settled in Roman times as *Ticinum*. A military *castrum* (fort) was established for defense of a wooden bridge over the Ticino in the 3rd century B.C. Pavia was the capital of the Lombard kingdom from 572 to 774, when Charlemagne vanquished the Lombards, and Pavia became part of the Frankish empire.

There is no record of who the master builder of the standing church was, but the Basilica di San Michele Maggiore was built on the site of the Lombard Palace chapel which was destroyed by fire in 1004. Construction was slow, beginning around 1100; in 1155, although still not fully built, the coronation of Frederick "Barbarossa" of Hohenstaufen as king of Italy took place here. San Michele Maggiore is built on a cruciform plan with a nave and aisles, north and south transept arms which are almost as wide as the nave, and an eastern apse. The north and south aisles each feature two chapels, built in later periods. The church is 55 meters long and 38 meters wide from the northern transept façade to the southern transept.

The nave of the church is composed of two large bays defined by major compound piers, and a minor pier at the center of each bay. The alternation of major and minor piers indicates that the original church was most likely built with two large square bays roofed by cross-vaults. What stands today is a set of four quadripartite bays in tandem, forming the nave in the French manner. Looking up at the nave vaulting, we find that very sharp profile ribs are framed into slender shafts attached diagonally at the corners of the major compound piers whereas on the minor pier at the center of each bay, ribs from both arches are simply joined to the inside corners. The present nave vaulting was begun by Iacopo da Candia and fin-

티치노 (Ticino) 강과 포 (Po) 강이 합류하는 지점의 상류, 티치노 강 왼쪽 강변에 있는 파비아 (Pavia)는 로마 시대에 정착되어 티치눔 (Ticinum) 이라 불리었고, 기원전 3세기에 티치노 강을 건너는 다리를 방어하기 위한 군용 요새 (castrum)기 파비아에 설립되었다. 파비아는 572년에서 774년까지 롬바르디아 왕국의 수도였다가, 샤를마뉴가 롬바르드 족을 정복하면서, 파비아는 프랑크 제국의 일부가 되었다.

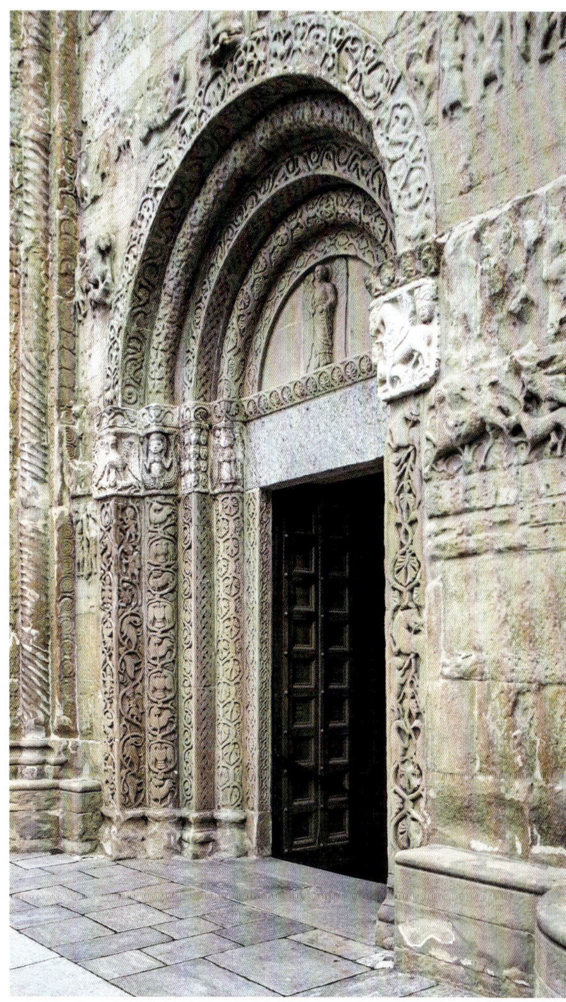

Detail of south portal
남쪽 입구의 디테일

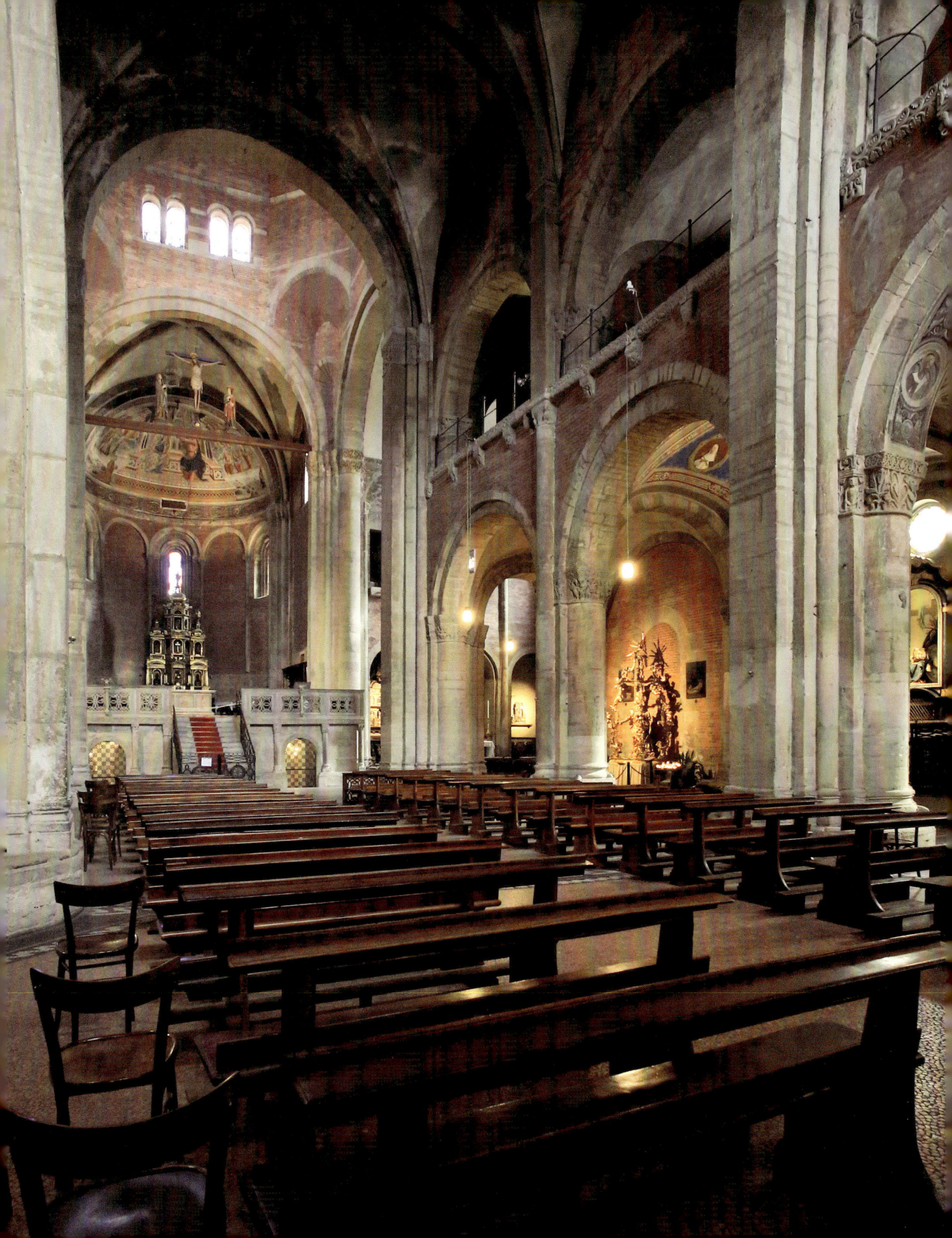

ished by his son, Agostino da Candia, in 1489. Remains of a groin vault over each of the two double bays survive above the 15th-century vaults indicating that the original church had large square bays. Original plaster on parts of the groins makes it clear that there were no ribs. The transept arms are covered by tunnel vaulting without transverse arches and have substantial east walls, which encase apsidal chapels with flat outer surfaces. The aisles and galleries are covered by groin vaulting.

현존하는 성당의 건축가가 누구였는지는 기록이 없으나, 산 미켈레 마죠레 바실리카는 1004년 화재로 멸실된 롬바르디아 궁전 소예배실 자리에 세워졌다. 공사는 1110년 경에 시작되어 느리게 진행되었고, 1155년에 미처 완공이 안 된 상태에서 프레데릭 바르바롯사(Frederick Barbarossa) 의 이탈리아 왕 대관식이 거행되었다. 산 미켈레 마죠레는 네이브, 두 아일, 네이브 폭과 거의 비슷한 폭의 남쪽과 북쪽 트랜셉트 날개들, 그리고 동쪽 앱스가 있는 십자가 평면으로 지어졌다. 북쪽과 남쪽의 아일들에는 나중에 추가로 지어진 두 개씩의 소예배실이 있다. 성당은 길이가 55

Oblique view of nave from north aisle toward southeast

북쪽 아일에서 남서쪽으로 본 사선방향 네이브 광경

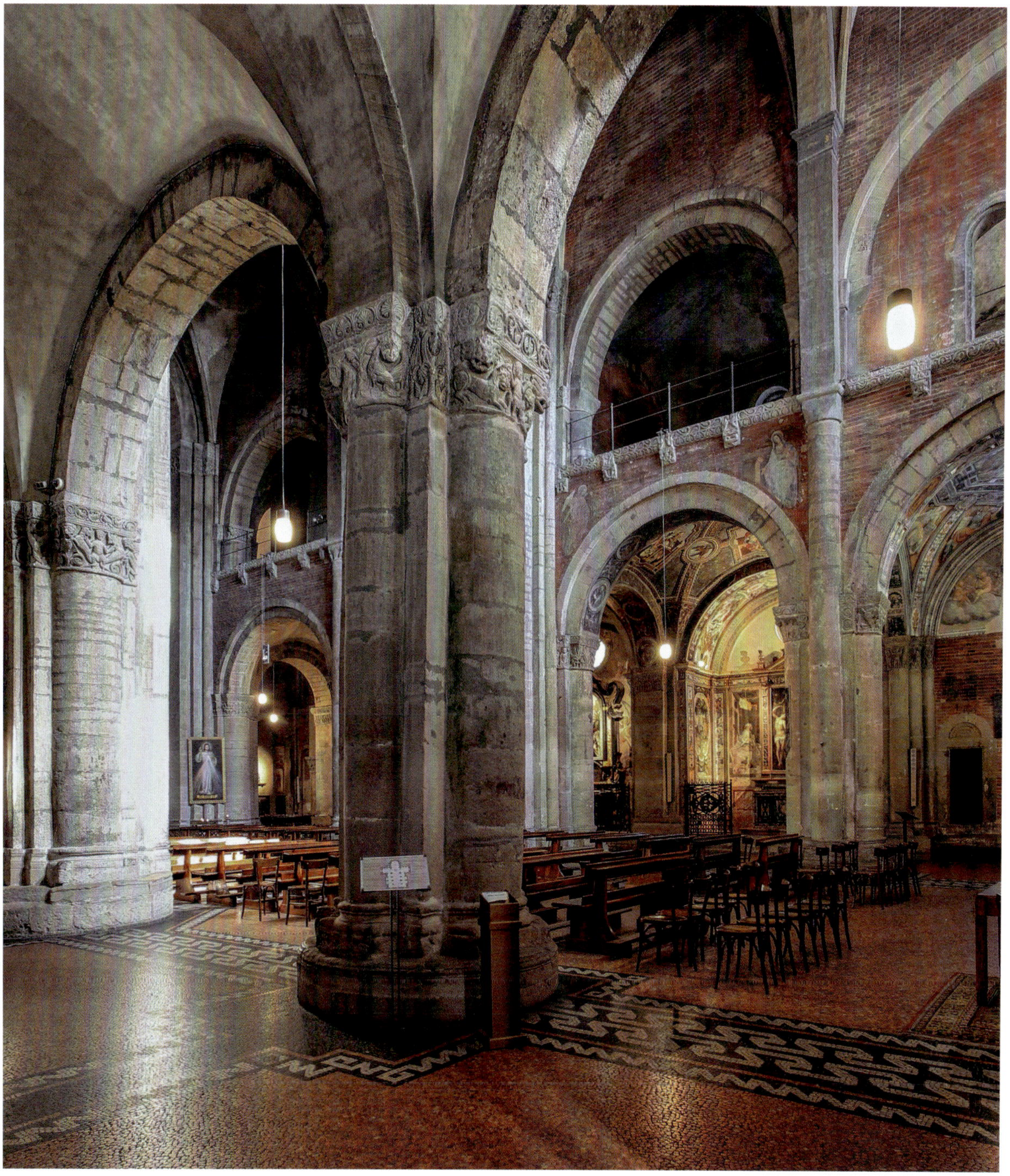

← Nave interior from northwest

북서쪽에서 본 네이브 인테리어 전경

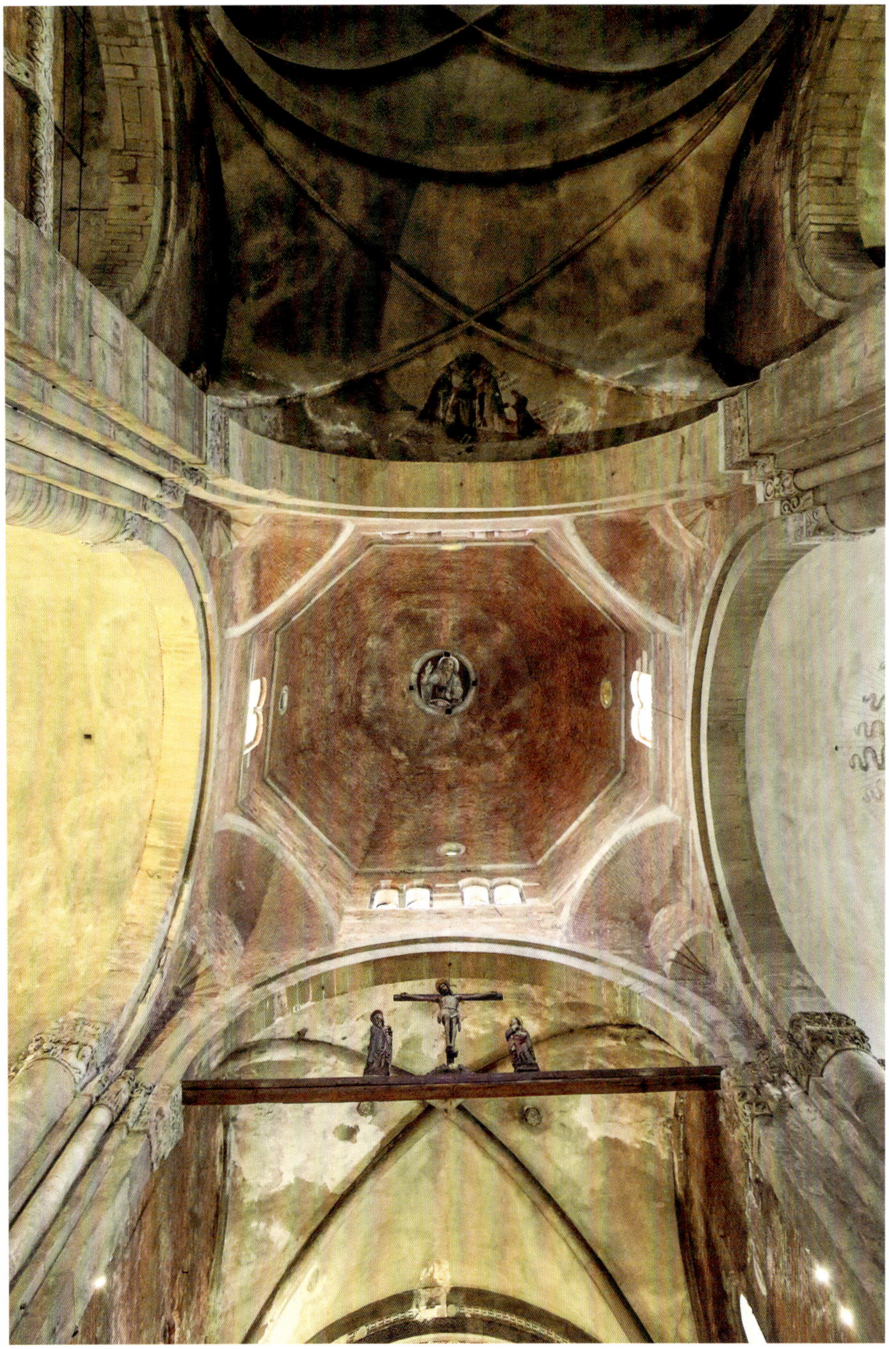

View of vaulting at crossing tower

크로싱 타워 볼팅 모습

In looking at the nave elevation scheme we find that one large bay is framed by two major compound piers with one minor compound pier in the center, the triforium gallery above, and a restricted clerestory. The major piers with wide, square-edged pilasters reach up to the springing of substantial transverse arches, while the minor pier reaches only to the triforium gallery level with a small capital. A slender column continues the line of support to the springing of the nave vaulting and picks up a narrower transverse arch of the same curvature as the main arch. The minor

미터이고, 북쪽 트랜셉트의 정면에서 남쪽 정면까지 폭이 38미터이다.

성당의 네이브는 복합 피어로 구획되는 두 개의 큰 베이로 구성되었으며, 각 베이의 가운데에는 작은 피어가 놓여 있다. 큰 피어와 작은 피어의 엇갈림은 원래의 성당이 크로스 볼트로 덮인 두개의 정방형 베이로 구성되었던 것으로 보인다. 오늘날 존재하는 성당에서는 4부분 (quadripartite) 볼트 베이 네 개가 일렬로 배치된 프랑스 방식의 네이브를 형성한다. 네이브 볼팅을 올려다 보면, 큰 복합 피어에 대각 방향으로 연결된 양 옆의 가냘픈 샤프트가 예리한 프로필의 리브를 받아주는 반면, 각 베이의 중앙에

pier also supports two nave arcades with the column above supporting the smaller arches over the triforium gallery.

The crossing is surmounted by a dome on squinches which is an elongated octagon in shape, 30 meters tall. The chancel is placed relatively high over the crypt. The oven vault above the chancel features a 16th-century fresco painting. The high altar of 1383 houses the remains of St. Ennodius, Bishop of Pavia, and St. Eleucadius, Archbishop of Ravenna. The crypt is composed of a nave and two aisles, with exquisitely carved capitals. The original plan, spatial with the distribution of parts, and proportion of San Michele Maggiore appear to have completely survived, except for its vaults.

The magnificent stone façade, with a single sweeping gable fronting both nave and aisles, is sited facing a shallow square with Via San Michele to the west while another swath of green with the fences of a public edifice defines the space on the other side. The façade is subdivided into a center bay and two flanks by shallow buttresses formed by three layers of square shafting with a semi-column at the center, adorned at the top by a fine arcaded stepped gallery. In the cen-

Nave elevation scheme at south arcade
남쪽 아케이드의 네이브 입면 디자인

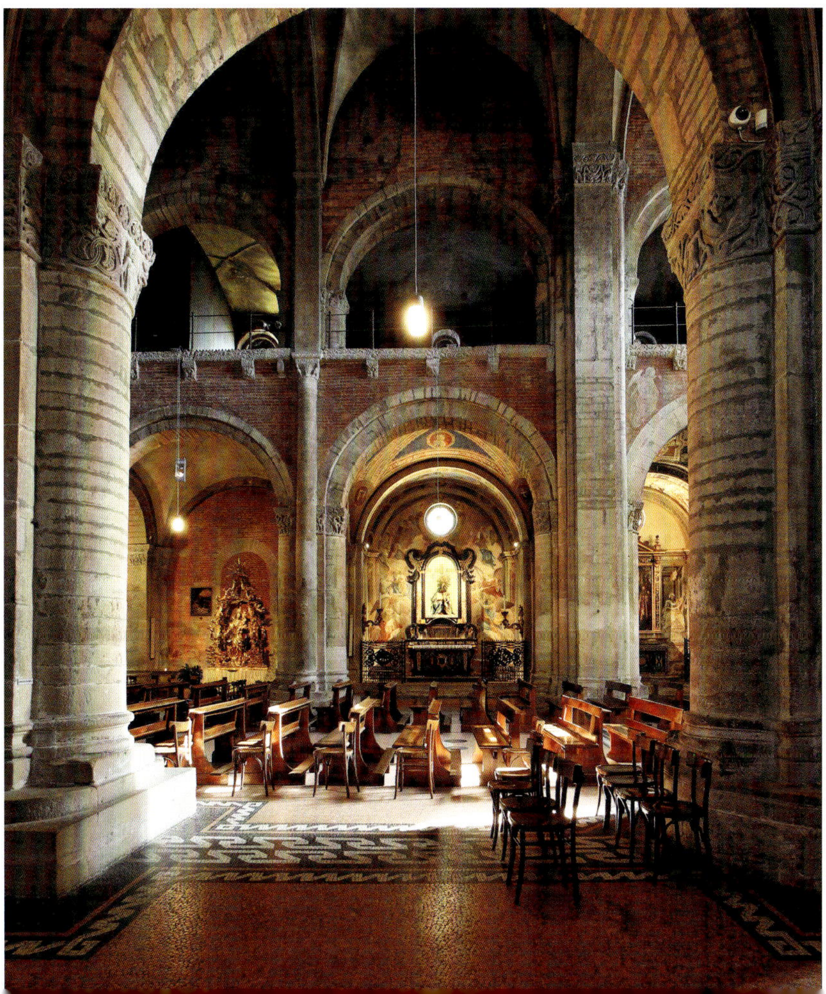

있는 작은 피어는 두 개의 리브를 단순히 피어 안쪽에서 연결하고 있다. 현존하는 네이브 볼팅은 야코포 다 칸디아 (Iacopo da Candia) 에 의하여 시작된 것을 그의 아들 아고스티노 다 칸디아 (Agostino da Candia)가 1489년에 완공하였다. 이 15세기의 볼트 상부에, 두 개의 큰 이중 베이마다 그로인 볼트의 남아 있는 부분이 있으므로, 원래의 성당은 그로인 볼트로 덮인 정방형 베이로 짜여졌다는 것을 보여준다. 그로인 볼트의 흔적 일부에 남아있는 회반죽이 리브로 활용되지 않았던 것을 분명히 보여준다. 트랜셉트 날개들은 횡경 아치가 없이 턴넬 볼팅 (tunnel vaulting) 으로 덮여 있으며, 두꺼운 동쪽벽이 앱스 소예배실들을 평평한 외벽으로 마감하고 있다. 아일과 갤러리는 그로인 볼팅으로 마감되었다.

네이브 입면 디자인을 보면, 큰 베이 하나가 두 개의 큰 복합 피어와 중앙에 작은 복합 피어 하나로 구성되는 것을 볼 수 있고, 그 상부로 트리포리움 갤러리 (triforium gallery)가 놓이고, 작은 고창 (clerestory)이 배치되었다. 직각 모서리의 넓은 벽기둥 (pilaster) 이 접합된 큰 복합 피어는 듬직한 횡경 아치의 시작점 까지 올라가며, 작은 복합 피어는 트리포리움 갤러리 레벨 까지 올라가서 작은 주두로 마감된다. 가는 기둥이 구조의 지지선을 연결히여 네이브 볼팅의 시발점까지 올라가서, 좀 폭이 좁으나 넓은 폭 아치와 같은 곡선의 횡경 아치를 받아준다. 작은 복합 피어는 두 개의 네이브 아케이드를 받들고, 그 위의 기둥은 트리포리움 갤러리의 작은 아치를 지지한다.

크로싱은 스퀸치 (squinch)에 지지되는 돔이 위에 놓여 있으며, 그 돔은 약간 장방형 팔각형 모양이고 높이가 30미터이다. 성단소는 크립트 위로 비교적 높이 배치되었다. 성단소 천정 볼트의 곡면은 16세기 프레스코 페인팅으로 한층 돋보인다. 1383년에 제작된 대제단 (high altar)는 파비아의 주교였던 성 엔노디우스(St. Ennodius) 와 라벤나 (Ravenna)의 대주교 성 엘레우카디우스 (St. Eleucadius)의 유물이 안치되어 있다. 크립트는 정교하게 세공된 주두를 갖춘 기둥들로 네이브와 두 아일로 구성되었다. 산 미켈레 마죠레의 원래의 평면, 부분, 부분의 공간적 배분, 그리고 비례는 모두 완전히 남아 있는 것으로 보이며, 단지 위에 설명한 바와 같이 볼팅만은 변경되었다.

하나의 큰 박공지붕이 네이브와 아일을 융합한 얼굴을 이루는 돌로 지은 훌륭한 정면은, 좁은 폭의 비아 신 미켈레 (Via San Michele)를 서쪽으로 면한 자그만한 광장을 앞에 두고 배치되어 있고, 길 서쪽으로 낮은 철책 너머로 넓은 풀밭이 또 전개되어 그 끝에 한 공공건물이 성당과의 공간을 한정한다. 정면은 세 겹의 직각 샤프팅 (shafting) 앞에 반원통 기둥이 부착된 버트레스로 중앙 베이와 두 개의 바깥 베이로 구획되며, 위에 경사를 따라 단이 지며

tral bay, above the main portal with the bas-relief of the Archangel on the tympanum, there are three prominent double-arched windows which open up to a shallow gallery. Three tall windows with five layers of archivolts are placed above them, and finally, there is a crisply chiseled cross with round windows on either side, a 19th-century reconstruction of what was thought to be the original design. The façade features sculpture which is quite varied in subject matter: while the figures of angels in the tympana are appropriate to the memory of St. Michael and the function

올라가는 아치로 구축된 멋진 갤러리로 꾸며져 있다. 중앙 베이의 얕은 돋음 새김 (bas-relief) 으로 대천사를 새겨 넣은 팀파넘 (tympanum)이 놓인 정문 위에, 두 개 아치들로 이루어진 세 개의 눈에 띄는 창들이 깊이가 얕은 갤러리로 연결된다. 다섯 겹의 아키볼트로 장식된 세 개의 높은 창이 그 위에 배치되어 있고, 최종적으로, 예리하게 도려낸 듯한 십자가가 동그란 창을 양 옆에 두고 자리잡고 있는데, 이것은 원래 디자인이라 추정되는 것을 19 세기에 재구성한 것이다. 정면은 다양한 주제의 조각들을 보여 준다. 팀파나 (tympana)에 새겨진 천사들은 천사장 미가엘을 기리는 성당의 기능과

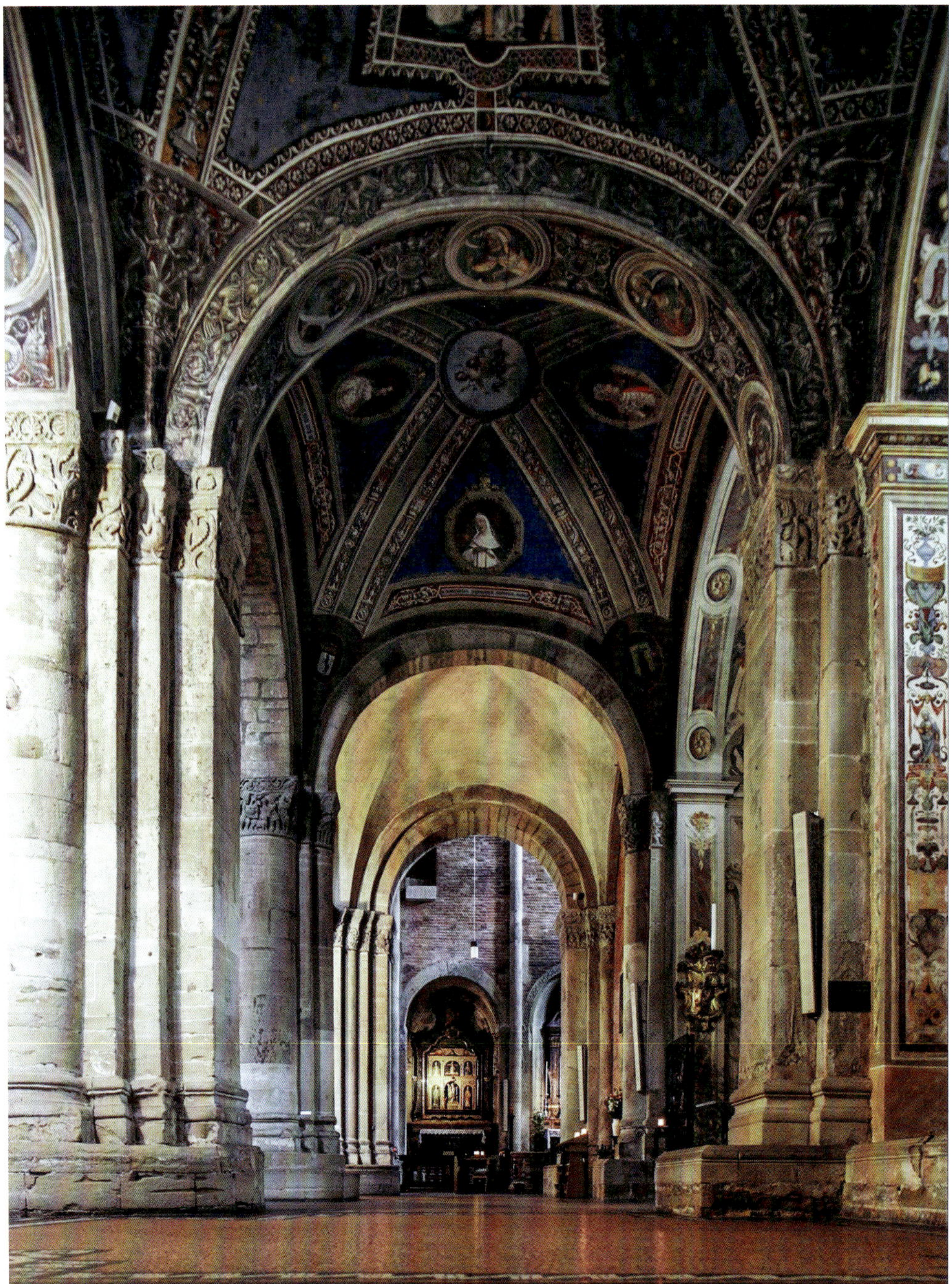

South aisle looking east

동쪽으로 바라본 남쪽 아일

and dignity of the building, the rather randomly placed friezes contain a lively cross-section of events from everyday life, including the profane.

One of the unusual aspects of San Michele Maggiore in terms of urban design is its siting facing three streets. It is reasonable to surmise that the great length of the basilica's transepts in relation to its nave was due to the site context as the façade and portal of the north transept provide a conclusion to the street running from the north and create a bend to meet Piazzetta San Michele.

San Michele Maggiore is perhaps the most important among several distinguished churches found in Pavia and the only building dressed in sandstone, whereas the other churches were built of brick and stone. From the perspective of broad Lombard Romanesque building art, it may be said that the architectural style in Pavia began converging with that of Milan by the beginning of the 12th century with many structures closely related in concept, even when visually different in the details.

위엄에 적정하나, 무작위로 배치된 프리즈 (frieze) 들은 불경스러운 주제를 포함한 일상 생활의 경쾌한 면면을 묘사한다.

산 미켈레 마죠레 바실리카의 도시 디자인 관점에서의 특기할 점은 이 성당이 세 도로에 면하여 배치되었다는 것이다. 바실리카의 네이브에 비하여 트랜셉트의 길이가 긴 것은 대지의 맥락에서 기인한다고 추정하는 것이 합리적으로 보이며, 북쪽 트랜셉트의 정면과 문은 북쪽에서 뻗어 오는 도로의 종점을 이루고, 피아쩨타 산 미켈레 (Piazzetta San Michele)와 만나는 도로로 꺾어지는 커브를 만든다.

산 미켈레 마죠레 성당은 파비아에 남아 있는 저명한 성당 중 아마도 가장 중요한 건축이며, 다른 성당들이 벽돌과 돌로 마감된 것과 다르게, 전부 돌로 마감된 유일한 건물이다. 넓은 의미의 롬바르드 로마네스크 건축 예술의 시각에서 볼 때에, 파비아의 건축 스타일은 12세기 초부터 밀라노의 스타일과 합쳐지기 시작하였으며, 많은 성당들이 세부 내용에 있어서 시각적으로는 다른 경우에도, 개념적으로는 아주 동질의 건축이 많았다.

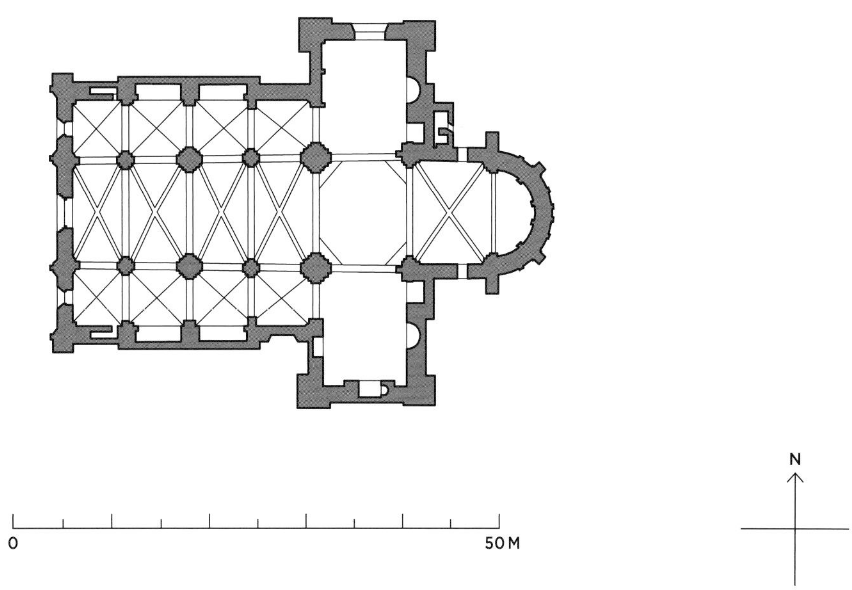

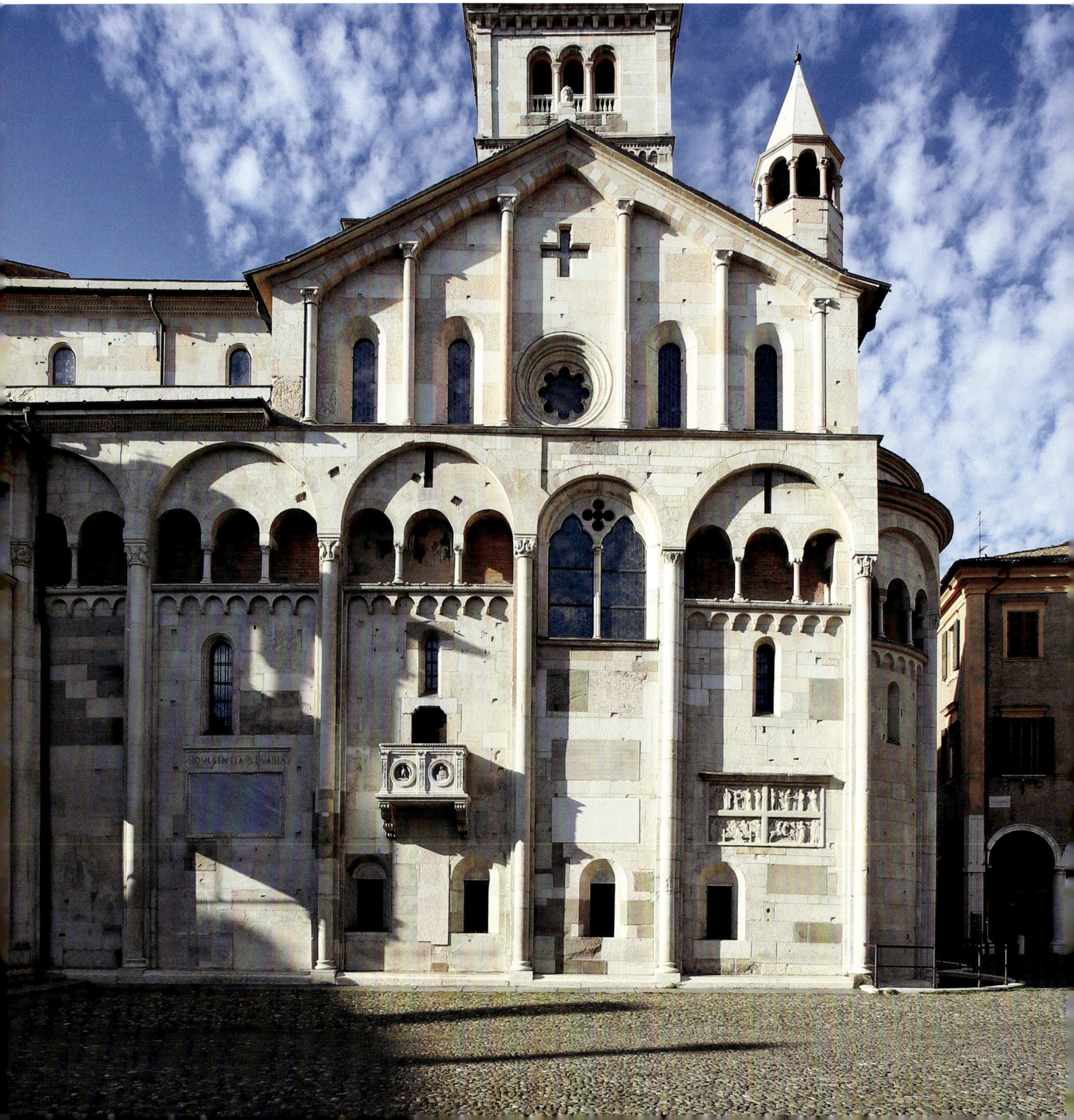

Cattedrale Metropolitana di Santa Maria Assunta e San Geminiano

Modena

산타 마리아 아순타 에 산 제미냐노 (성모 승천 및 산 제미냐노) 대주교구 성당

모데나

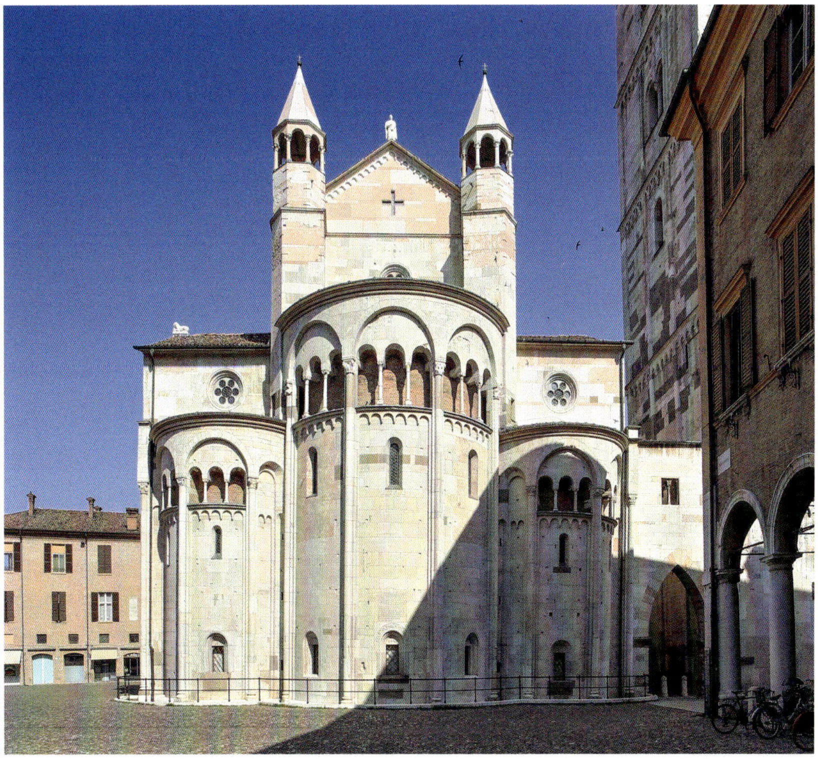

East façade with central apse and side apses

중앙 앱스와 측면 앱스들을 갖춘 동쪽 정면

← Exterior view of south transept

남쪽 트랜셉트의 외관

The Cathedral of Saint Mary of the Assumption and Saint Geminianus is a Roman Catholic cathedral in Modena. Since the 5th century, two churches have stood on the site of the cathedral. The discovery of the burial site of St. Geminianus, Modena's patron saint, necessitated building a new church as a shrine to the saint on the site of the former church. The cathedral of Modena is one of the best documented and preserved churches of the Romanesque period. It is written in an account that may date to the 13th century that in 1099, a master builder named Lanfranco was put in charge of building the new church. In 1106, work had progressed sufficiently for the enshrinement of the remains of St. Geminianus in the new building in the presence of Matilda of

성모 승천 및 성 제미냐노 대성당은 모데나 (Modena)에 있는 로만 카톨릭 대성당이다. 5세기부터 대성당 자리에는 두 개의 성당이 있었다. 모데나의 수호 성인인 산 제미냐노의 매장 장소의 발견으로 인하여, 먼저 성당 자리에 새로운 성당을 성인의 영묘로서 건설해야 하게 되었다. 모데나 대성당은 로마네스크 시대의 가장 잘 기록되고, 잘 보존된 성당 중 하나이다. 13세기로 추정되는 한 문서에 1099년에 랑프랑코(Lanfranco)라는 건축가가 새 성당을 건설하는 사업의 책임을 맡았다고 적혀 있다. 1106년에 행사를 열 수 있을 정도로 공사가 진척되어서, 이탈리아 북부의 강력한 세력을 보유한 봉건 영주였던, 토스카나 (Toscana)의 카놋사의 마틸다 (Matilda of Canossa) 참석 하에 산 제미냐노의 유물을 새 성당에 안치하였다. 마틸다의 참여가 개연성이 있는 이유는, 11세기 후반 거의 전부와 12세기 초까지 모데나가 소재하는 포 강 유역 (Po Valley)의 중부와 하류 지역은 토스카나 영토의 일부였기 때문이다. 현존 대성당은 1184년에 교황 루시우스 3세 (Lucius III)에 의하여 봉헌되었다.

대성당은 네이브, 두 개의 아일과 앱스가 세 개 있는 동쪽 단부 구성의 바실리카 형 평면으로 건설되었다. 네이브는 복합 피어 (Compound pier)에 의하여 분절되는 큰 베이(major bay) 넷으로 형성되며, 각 베이의 가운데에는 작은 기둥 (minor column)들이 배치되었다. 복합 피어들은 네이브 면을 향하여 샤프트 (shaft)들이 부착되었으며, 이것은 천장 볼팅을 시공할 때에 추가된 것으로 간주된다. 네이브의 동쪽 끝에 연결된 성단소는 넓은 크립트 위로 높게 배치되어 있다. 모데나 대성당의 평면 윤곽과 복합 피어는 그 자리에 서 있던 먼저 성당의 기초를 따랐다고 추정하는 것이 합리적이나, 후원자로서 마틸다의 역할이, 비록 기둥의 수는 다르더라도, 피어와 기둥의 엇갈림이 피렌체의 산 미니아토 알 몬테 (San Miniato al Monte) 성당의 전례를 참조했을 가능성을 시사한다. 횡단 아치, 코린트 주두들, 벽돌 뼈대 외벽에 아름다운 대리석 표피를 씌운 것 역시, 피렌체에 있는 우아한 성당을 본뜬 것으로 보인다. 이 건축은 처음에11세기에

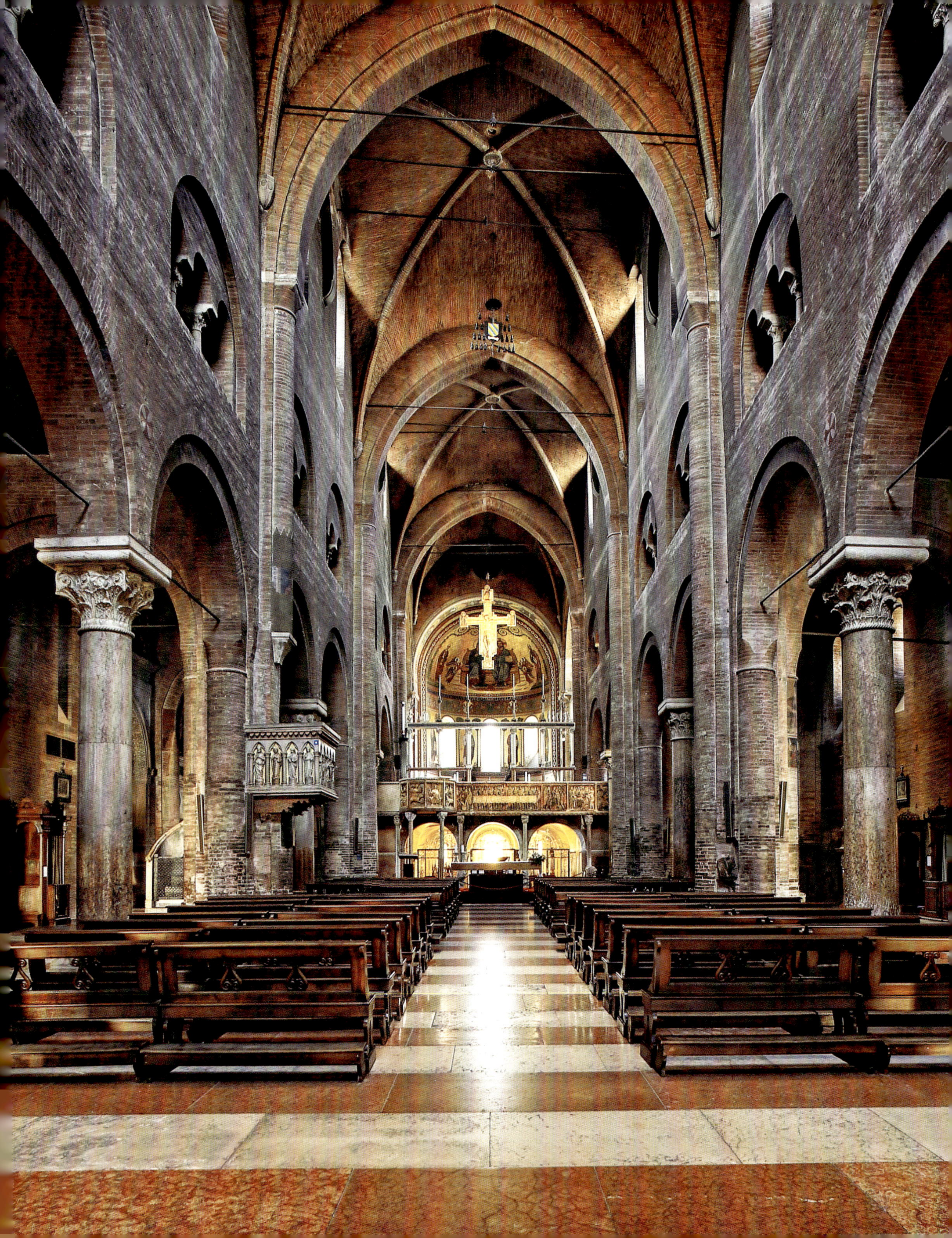

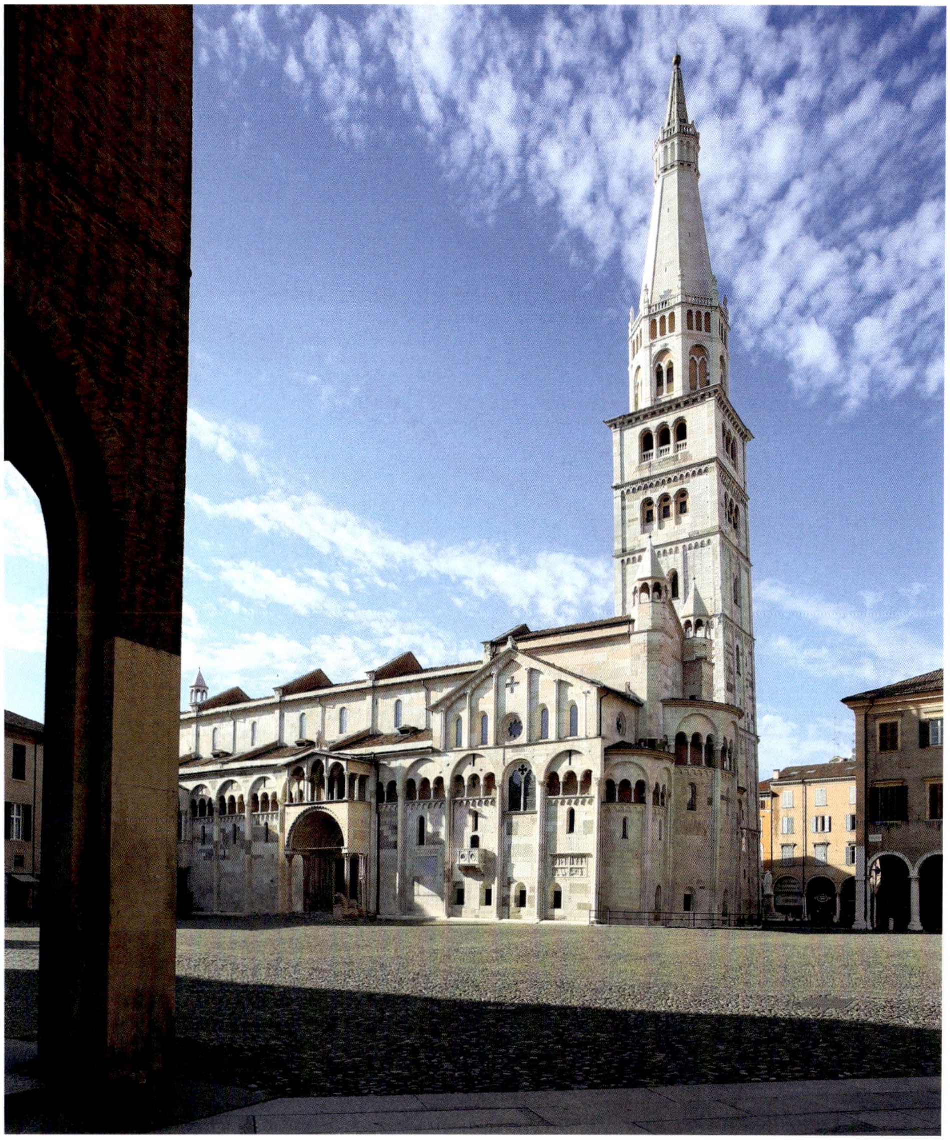

Exterior view from southeast across *piazza*

피아짜 건너 남동쪽에서 본 대성당 전경

Tuscany, the powerful *markgravine* and feudal head of northern Italy. Matilda's presence is plausible as, for much of the second half of the 11th century and the early 12th century, the central and lower reaches of the Po Valley, where Modena is located, formed part of the domain of Tuscany. The present cathedral was consecrated by Pope Lucius III in 1184.

The cathedral is organized as a basilica plan, with nave and two aisles and a three-apse east end (see plan). The nave is made up of four major bays defined by compound piers, with a minor column at the center of each bay. The compound piers have shafts on the nave face, most likely added at the time of vaulting. Joined to the eastern end of the nave is a raised chancel over a spacious crypt. It is reasonable to assume that the plan type and compound piers of Modena

← Nave interior from west

서쪽에서 본 네이브 전경

롬바르디아에서 보편적으로 쓰인 공법인 목재 천정으로 지어졌으며, 원숙기 고딕양식 볼팅은 후에 15세기에 와서 시공되었다.

모데나 대성당은 성단소 층에 '포함된' 트랜셉트 ('included' transept)가 있는데, 이것은 성단소 양옆에 있는 다른 성격의 공간 영역이고, 외벽 밖으로 돌출하지 않고 벽에서 끝나지만, 외관상에서 네이브 및 성단소와 같은 높이로 용마루가 이루어지는 트랜셉트를 말한다. 네이브 입면 디자인을 관찰하면, '트리포리움 (triforium)' 레벨에서, 큰 아치 안에 3개의 작은 아치가 들어가 있는 디자인 주제를 볼 수 있고, 그 위에 배치된 고창 (clerestory)에서 충분한 광선이 인입되는 것을 본다. 이 '트리포리움' 은 랑프랑코 (Lanfranco)가 심미적 효과를 위한 공간적 연출의 수단으로 활용한 디자인 전략이다. 네이브 아케이드 위로 갤러리처럼 보이는 개구부는 남쪽과 북쪽의 아일 상부의 공간으로 관통하며, 갤러리 레벨 바닥은 없이 터져 있다.

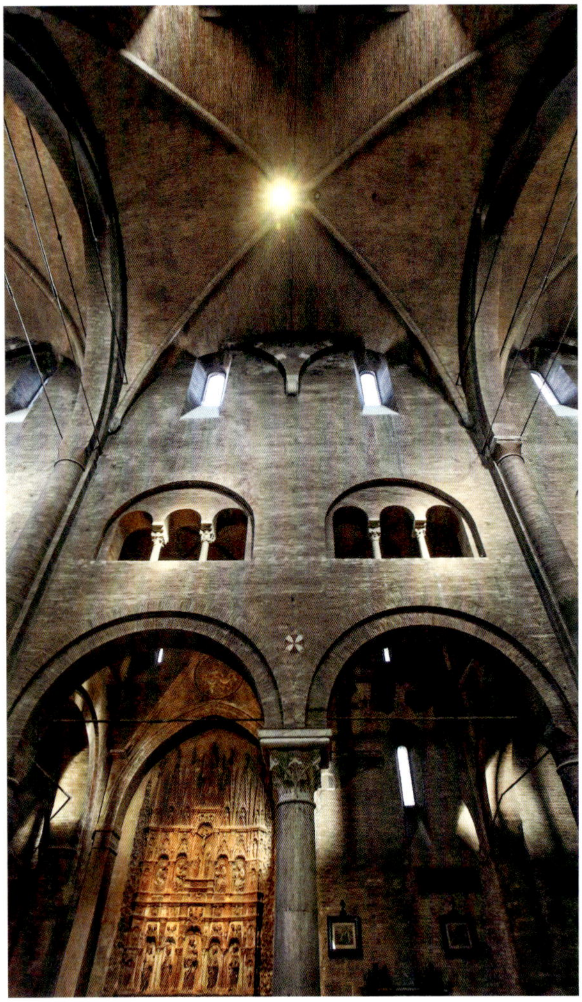

서쪽 정문에서 성단소를 향하여 동쪽을 바라보면, 복합 피어에 지지되어 천장 볼팅에서 많이 낮게 건설된 고딕 횡단 아치들이 네이브 공간의 시각적 구두점을 찍어준다. 큰 아치 속에 3개의 작은 아치가 놓이는 주제는, 서쪽 정문을 제외하고, 대성당 외부와 내부의 구조 전체를 통일한다. 그의 건축으로 미루어 볼 때에, 건축가 랑프랑코는 대단한 창의력을 가진 강한 개성의 인물이었다. 크립트는 틀림없이 그의 지휘 아래 1106년 전에 지어졌고, 그는 전체가 붉은 벽돌로 시공된 대성당 내부 계획 및 구성의 책임을 맡았을 것이다. 우리는 건축가의 디자인 의도가 얼마나 명료하였는지 그 강도를 느낄 수 있으며, 그렇기 때문에 그의 후계자 들에게는 1184년 대성당 봉헌까지, 더 나아가 1209-1221년에 시공된 포르타 레지아 (Porta Regia)를 포함한 전체 사업을 디자인 변경없이 사업을 이끌고 갈 수 있는 명확한 로드맵이 제시되어 있었던 것이다. 13세기에 안셀모 다 캄피오네 (Anselmo da Campione)와 그의 공방에 의한 서쪽 정면 장미창 (rose window)의 도입만이 예외이다. 역시 안셀모의 작품인 '예수 수난' 을 묘사하는 대리석 조각 난간 (parapet)이 네이브와 크립트 사이에 놓여 있다. 구세주의 초상이 가운데에 배치된 14세기에 제작된 금 도색 십자가가 성단소 위에 현수되어, 보는 이에게 강한 인상을 남긴다.

View of ribbed cross vaulting
립 크로스 볼팅의 모습

Cathedral were built on the foundations of the previous building on the site, although Matilda's role as patron might suggest San Miniato al Monte in Florence as a model for the alternation, though not the number, of piers and columns. The diaphragm arches, the Corinthian capitals, and the sheath of fine material over a brick core may also have been modeled after the elegant church in Florence. The building initially had a wooden roof, which was standard in Lombardy in the 11th century. The vaulting in mature Gothic style was constructed later, in the 15th century.

Modena Cathedral has 'included' transepts at the chancel level, which may be described as spatially distinct areas on either side of the chancel, not projecting beyond but flush with the outer walls, expressed on the exterior with a ridge line of the same height as the nave and chancel. Upon examination of the nave elevation scheme, one immediately notices a unique design theme of three arches within a larger arch at the 'triforium' level, above which clerestory

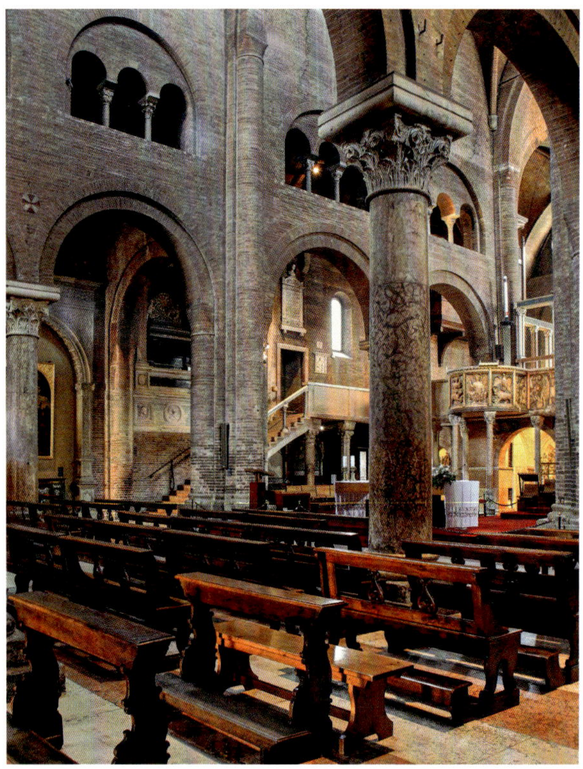

Oblique view of nave from southwest
남서쪽에서 본 네이브의 사선방향 모습

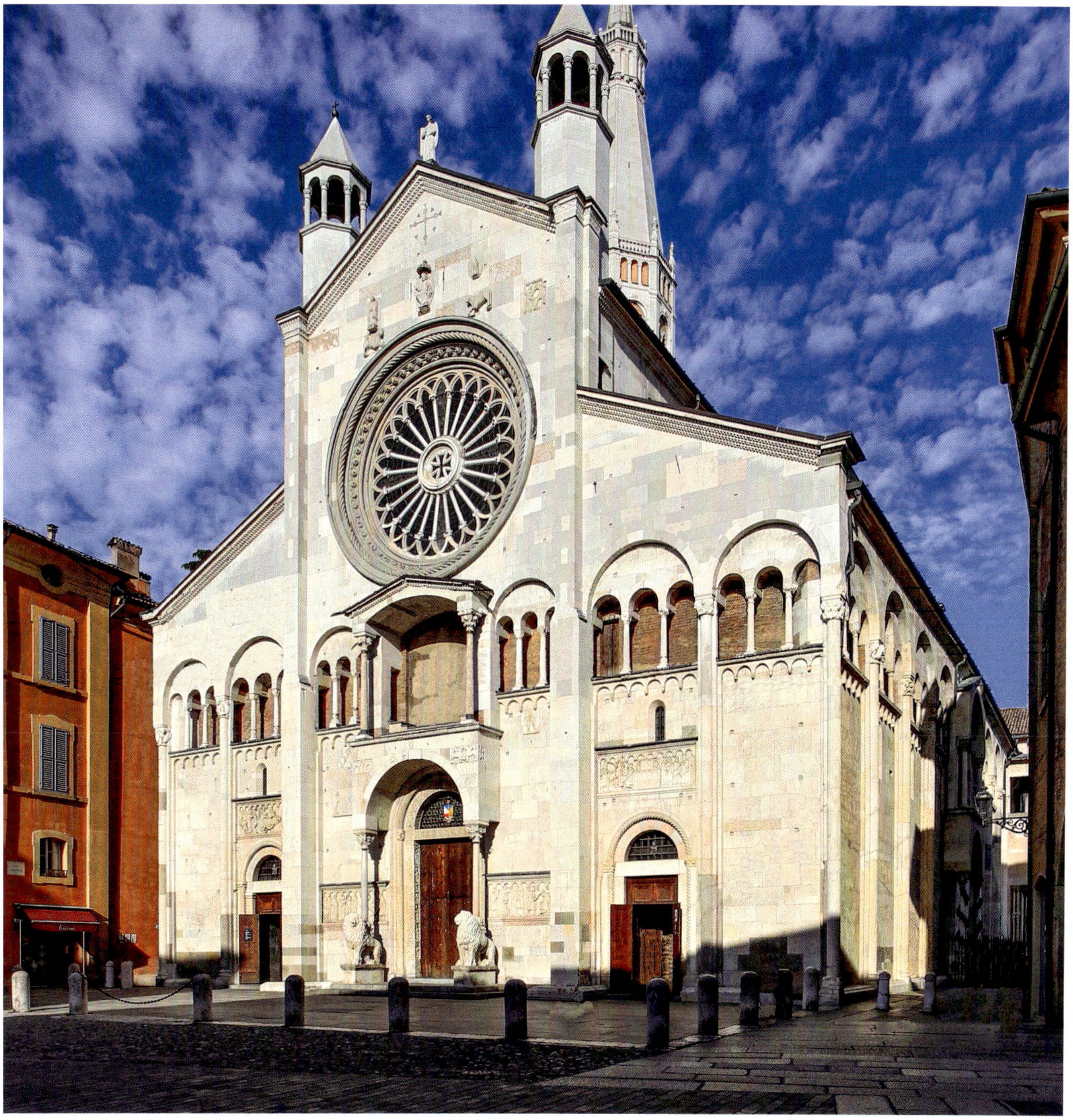

West façade from southwest

남서쪽에서 본 서쪽 정면

windows let in adequate daylight. This 'triforium' is a design strategy which Lanfranco appears to have adopted as a device of spatial play for aesthetic effect. The gallery-like openings over the nave arcades lead to the upper space of the aisles, not the gallery floor.

Looking from the main entrance eastward toward the chancel, the Gothic diaphragm arches, which are built a good distance below the vaulting, supported by compound piers, provide visual punctuation to the nave interior. The theme of three arches within a larger arch unifies the entire structure throughout the entire cathedral inside and out except above the main western portal. Lanfranco, judging by his building, was a strong

모데나 대성당은 조각적인 외관 디자인으로 모든 방문객의 상상력을 사로잡는다. 지붕 갤러리와 사용 할 수 없는 벽 통로 (wall passage)는, 롬바르디아에서 전래된 건축 요소로 간주되며, 구조 전체에 스케일감을 부여하고, 혹 단조로울 수 있는 돌 표면에 활력을 불어넣는 기능을 한다. 이 디자인 요소는 독일과 이탈리아의 원숙기 로마네스크 건축에서 발견할 수 있는 '난쟁이 갤러리 (dwarf gallery)'로 점차 발전하였다고 볼 수 있다. 대성딩 내부의 횡단 아치마다 지붕 위로 용마루 보다 높은 파라펫이 건설되었는데, 이것은 지붕이 목재로 시공되었기 때문에 방화를 위하여 만들어진 것이다. 대성당에는 북쪽 트랜셉트의 북쪽으로 롬바르디아 스타일의 타워 하나가 건설되었고, 그 타워 꼭대기에는 고딕 첨탑이 종지부를 찍어준다.

personality with great originality. The building of the crypt was undoubtedly supervised by him in 1106, and he is supposedly responsible for the composition of the interior, which was done entirely in warm red brick. One feels the definite imprint of the master builder's clarity of design intention, so that his successors had a clear roadmap in carrying it through to the cathedral's consecration in 1184 and the completion of the Porta Regia in 1209–31 with very little change, beyond the introduction of a big rose window in the western façade in the 13th century by Anselmo da Campione and his workshop. A richly sculpted marble parapet portraying the Passion of Christ, also by Anselmo, is located between the nave and crypt. A 14th-century gilded cross with the figure of the Savior at its center, suspended over the chancel, leaves a strong impression.

Modena Cathedral captures the imagination of all who visit with its sculptural exterior composition: the three-apse east end capped by an imposing pediment, the south façade with transept, roof gallery and two portals, and the tower on the north side. The roof gallery and unusable eave wall passages, which are likely from Lombardy, serve to impart a sense of scale to the structure and animate an otherwise monotonous masonry surface. It may be said that this design element gradually evolved into the 'dwarf gallery' that is often found in mature Romanesque architecture in Germany as well as in Italy. Each diaphragm arch inside the nave carries a parapet which has been built well above the ridge level as a precaution against fire, as the roof is constructed of wood. There is only one tower, Lombardian in style, set north of the transept, with a Gothic spire.

Finally, the brick building material of the cathedral is covered by a complete sheath of fine ashlar masonry, which is adorned with architectural sculpture by Wiligelmo, who is identified in an inscription on the façade. Wiligelmo's sculpture is Roman in character, unlike the low-relief work of Byzantine and Lombard origins at Sant' Ambrogio in Milan as well as on the crypt capitals of Modena Cathedral itself.

Modena Cathedral incorporates three portals on the longitudinal façades: Porta Regia *(Royal Gate)* and Porta dei Principi *(Princes' Gate)* facing Piazza Grande to the south, and Porta della Pescheria *(Fish Market Gate)* on the north

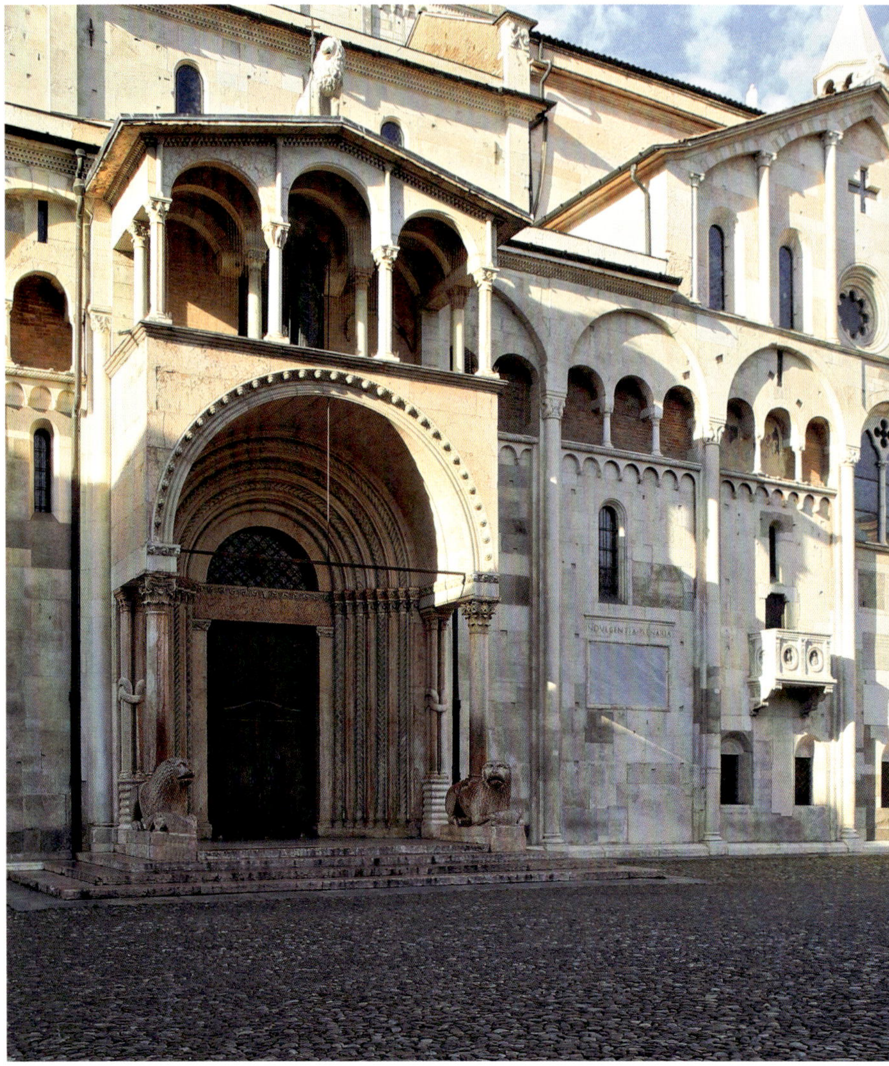

Porta Regia with 'Lombard porch' on the south façade

남쪽 정면에 놓인 포르타 레지아 (왕가의 문)와 롬바르디아 포치

마지막으로, 성당공사의 구조재인 벽돌은 좋은 석재의 애슐라 외벽으로 마감되었고, 성당 정면에 있는 명각에 이름을 새겨 넣은 윌리젤모 (Wiligelmo)의 훌륭한 건축 조각으로 장식되었다. 윌리젤모의 조각은, 밀라노의 산탐브로죠 (Sant'Ambrogio) 바실리카의 비잔틴 양식이나, 롬바르디아 식의 얕은 부조 (low-relief) 작품이나, 모데나 대성당 자체의 크립트에서 보는 주두 조각과 달리, 로마 시대 분위기의 작품들이다.

모데나 대성당의 긴 입면에는 3개의 정문이 배치되었다. 남쪽 피아짜 그란데 (Piazza Grande)를 면하여 포르타 레지아 (Porta Regia, 왕가의 문)와 포르타 데이 프린치피 (Porta dei Principi, 영주의 문)가 있고, 북쪽 긴 입면에 포르타 델라 페스케리아 (Porta façade. Both the main portal at the western entrance and Porta Regia are marked by porches consisting of columns carried by two lions of the Roman period, most likely discovered during the excavation of the foundation; the columns, in turn, carry an arched cover. These are known as 'Lombard porches'.

The primarily civic nature of the building is emphasized by its being entirely free-standing in a square in the historic center of the city, quite similar to configurations which can be found in Roman city planning. Today, Modena Cathedral is the archiepiscopal seat of the Modena-Nonantola Archdiocese. In 1997, the Cathedral, Piazza Grande and Torre Civica were included in the UNESCO World Cultural Heritage register.

della Pescheria, 생선 시장 문)가 있다. 서쪽 정면에 놓인 정문과, 남쪽 면의 포르타 레지아 둘 다, 로마시대의 사자 두 마리가 위에 놓인 기둥을 받치고 있는 포치 (porch)로 장식되어 있는데, 기초를 위하여 굴토 할 때에 발견 됐을 것으로 추정되며, 두 기둥은 아치로 만들어 진 작은 천정을 받치고 있다. 이러한 모양의 문루 구조를 롬바르디아 포치 (Lombard porch)라 일컫는다.

기본적으로 시민 본위인 대성당의 성격은, 로마 시대의 도시계획에서 볼 수 있는 배치와 흡사하게 모데나 시 구 도심에 완전히 따로 서 있는 (free-standing) 입지가 강조하고 있다. 오늘 날, 모데나 대성당은 모데나-노난톨라 추기경 교구 (Modena-Nonantola Archdiocese)의 추기경 본부 성당 (archiepiscopal seat)이다. 1997년에 대성당, 피아짜 그란데 와 토레 치비카 (Torre Civica)는 UNESCO 세계문화유산 목록에 등재되었다.

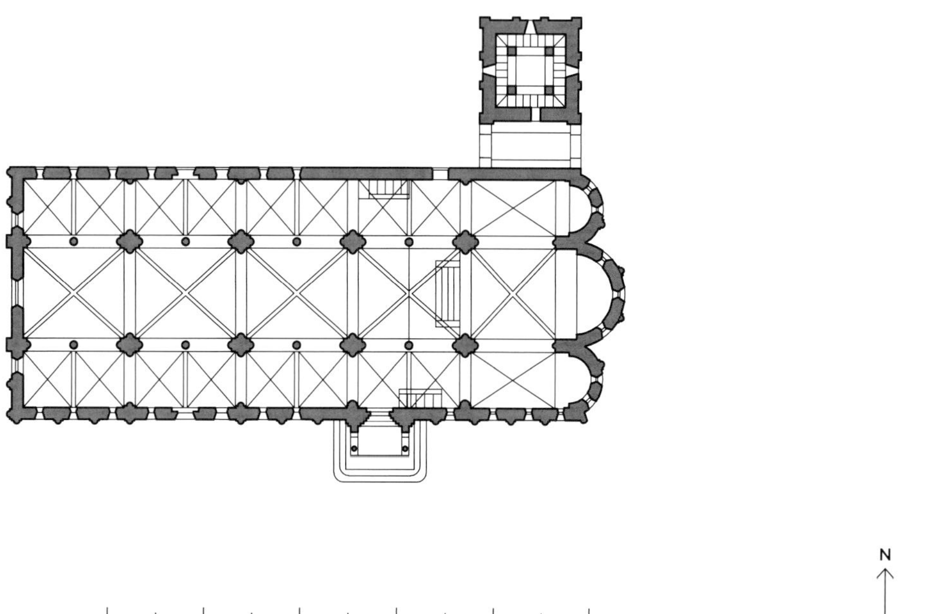

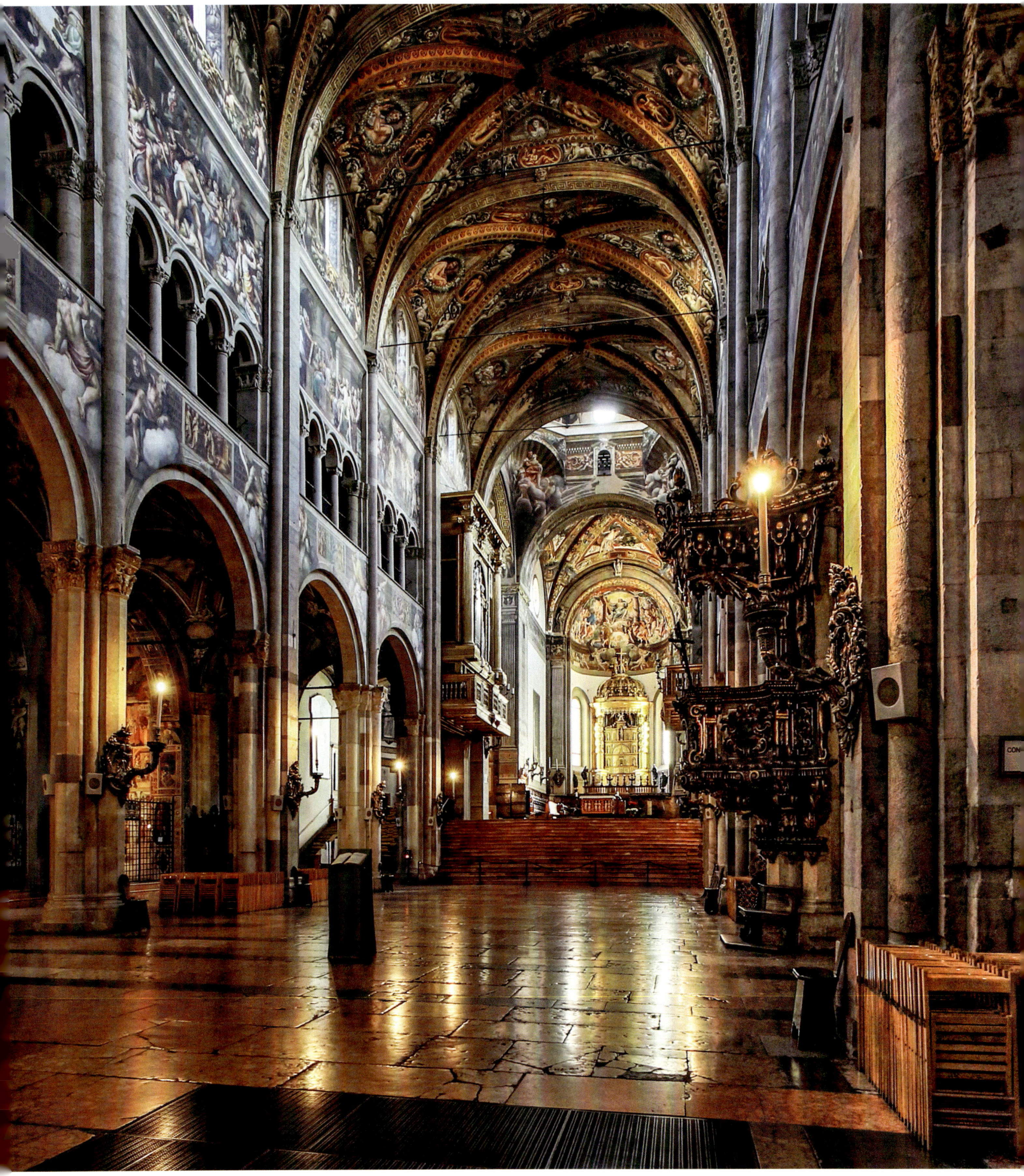

Cattedrale di Santa Maria Assunta e Battistero

Parma

산타 마리아 아순타 에 받티스테로 (성모승천) 대성당 및 세례당

파르마

The Cattedrale di Santa Maria Assunta, known simply as Parma Cathedral, is the episcopal seat of the Diocese of Parma in Emilia-Romagna. The episcopal center of Parma consists of the cathedral, baptistery and palace situated on the east, south and west sides, respectively, of Piazza del Duomo. Two churches previously existed on the site of the present cathedral, one in the 6th century, the other in the 9th century. It is not known who the master builder was, nor precisely when the standing building was begun, but a document from the Italian Ministry of Culture in 2006 states that construction was begun in 1046. The cathedral was consecrated by Pope Paschalis II in 1106, but the earthquake of 1117 wrought great damage, and only a portion of the old work was incorporated into the magnificent rebuilding. The cathedral was likely largely completed by 1196 as construction of the baptistery was underway by that year. This cathedral was built on a greater scale compared to most other churches in Lombardy, not in length but in volume.

The church is built on a Latin cross plan with a nave and aisles, a crossing with a dome on squinches above, an eastern apse and transept arms, each with an apse on the east and end walls (see plan). The nave and transept arms have four-part vaults with square-section ribs, and the aisles are divided into two square bays to one nave bay and have groin vaults. The plan, with an apse at the end of each transept, resembles that of Pisa Cathedral, which was built in the 1060s. Under the main apse is a spacious hall crypt which recalls that of Speyer Cathedral. While the design is that of a longitudinal church, the eastern parts resemble a centralized plan structure, the three arms and their end-wall apses forming a trefoil. On the exterior, this produces a powerful composition of semi-cylindrical and cubical

산타 마리아 아순타 (Santa Maria Assunta, 성모 승천) 대성당, 단순히 파르마 (Parma) 대성당이라 부르는 이 성당은 에밀리아-로마냐 (Emilia-Romagna) 지역에 있는 파르마 주교구의 본부 성당이다. 파르마의 주교구 중심은 피아짜 델 두오모 (Piazza del Duomo)의 각각 동쪽, 남쪽, 서쪽으로 자리잡은 대성당, 세례당 및 주교 공저로 이루어 진다. 6세기와 9세기에 두 개의 성당이 현재의 대성당 자리에 서 있었다. 건축가가 누구였는지, 또는 정확히 언제 현존하는 대성당이 건설되었는지는 알려진 바가 없으나, 이탈리아 정부 문화부의 2006년 문서에 대성당 공사가 1046년에 시작되었다고 기록되어 있다. 대성당은 1106년 교황 파스칼 2세 (Paschal II)에 의하여 봉헌 되었으나, 1117년 지진에 대규모의

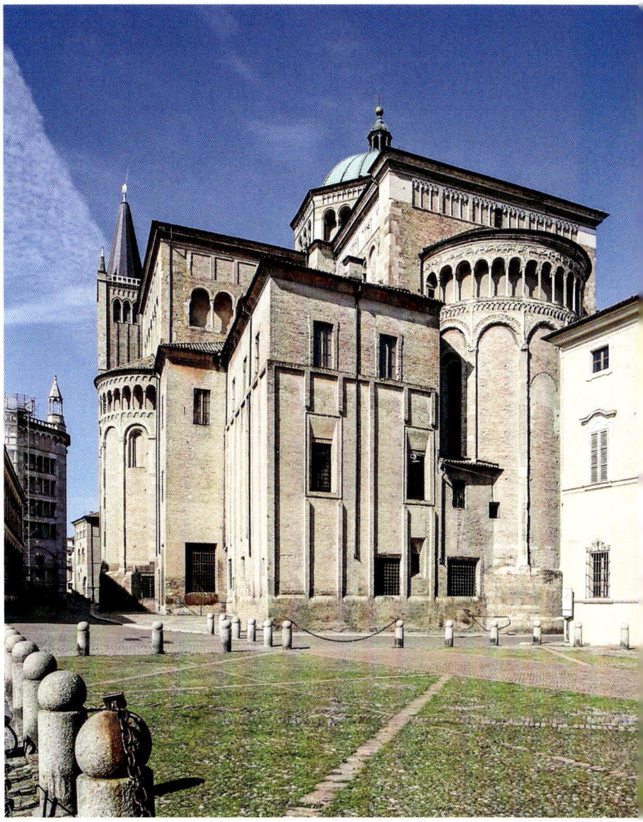

Exterior view with tall apse from southeast
남동쪽에서 본 높은 앱스가 보이는 외관

← Nave interior from southwest
남서쪽에서 본 네이브 전경

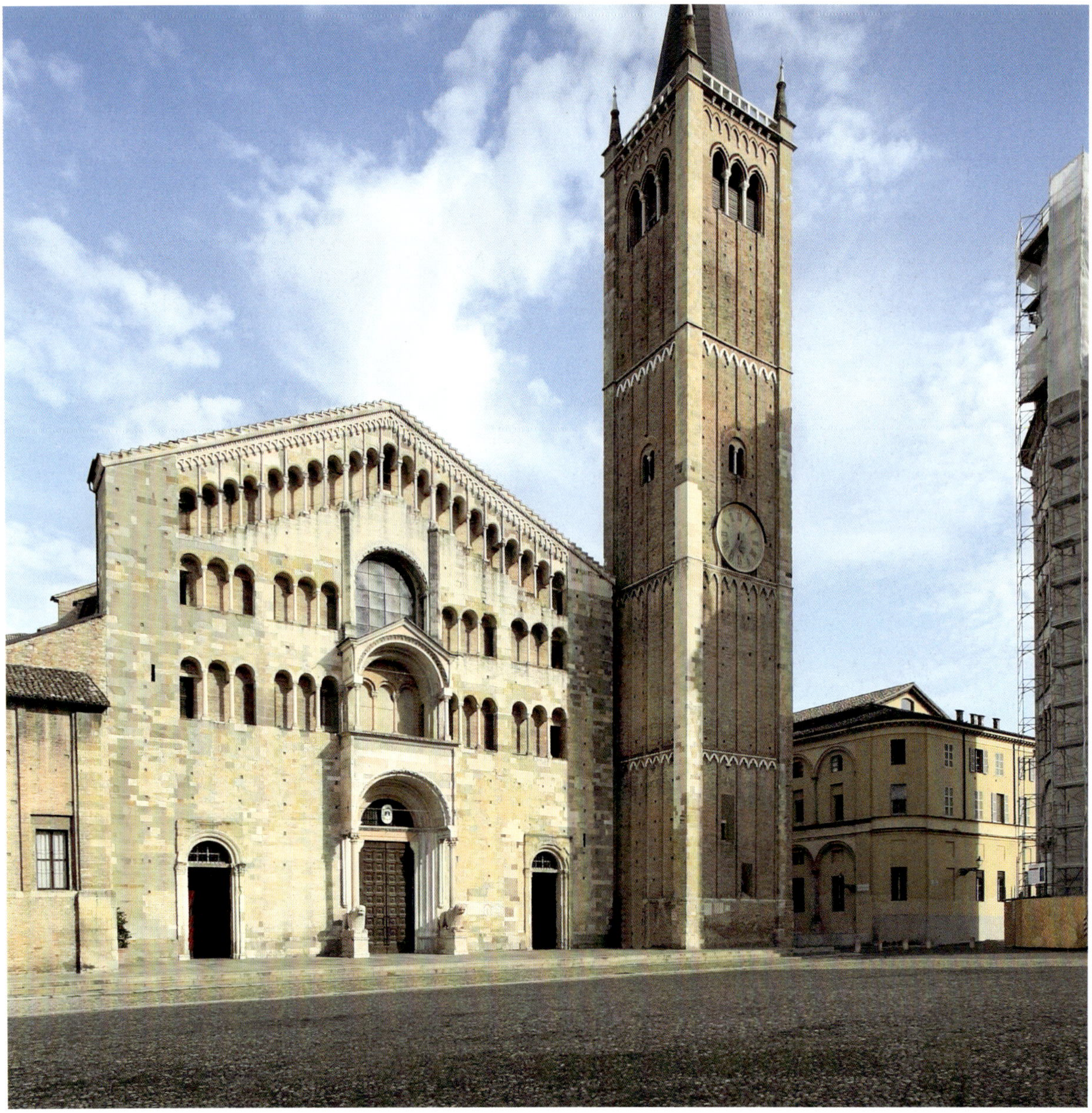

West façade with bell tower from northwest

북서쪽에서 본 서쪽 정면과 종탑

forms building up to an octagonal lantern at the crossing.

The principal façade, built of stone, and completed in 1178, is composed of a steeply sloping single gable boldly accentuated by a rich cornice and a continuous stepped gallery between broad, flush walls at the north and south ends which serve as anchor-like verticals at the corners. The master builder, in a stroke of genius, deftly introduced two horizontal galleries and three portals, while the projecting central portal with its tribunes and buttresses, and the big window pierced between the latter, provide an axial accent. The central portal is a quintessential 'Lombard porch': two lions, sculpted in 1281 by Giambono da Bissone, with columns above, which, in

파괴가 일어나서 옛 건축의 일부만 훌륭한 재건축에 포함되었다. 대성당은 세례당의 시공이 시작되던 1196년까지는 대부분 완공되었을 것으로 추정된다. 이 대성당은 롬바르디아에 지어진 대부분의 다른 성당들에 비해서, 길이는 아니지만 그 부피에 있어서 더 큰 스케일로 지어졌다.

대성당은 네이브와 두 아일, 스퀸치 (squinch) 위에 놓인 돔을 갖춘 크로싱, 동쪽 앱스와 트랜셉트 날개들로 구성된 라틴 십자가 모양 평면으로 지어졌다. 각각의 트랜셉트는 동쪽과, 끝에 앱스들이 있다. 네이브와 트랜셉트 날개들은 직각 단면 리브로 구성되는 4부분 (quadripartite) 볼트로 시공되었고, 아일은 네이브 베이 하나마다, 두 개의 정방형 베이로 나뉘어서 그로인 볼트로 지어졌다. 트랜셉트의 끝에 앱스가 배치된 평면은 1060년대에 지어진 피사 (Pisa) 대성당과 비슷하며, 동쪽 앱스 밑에 배치된 넓은 홀

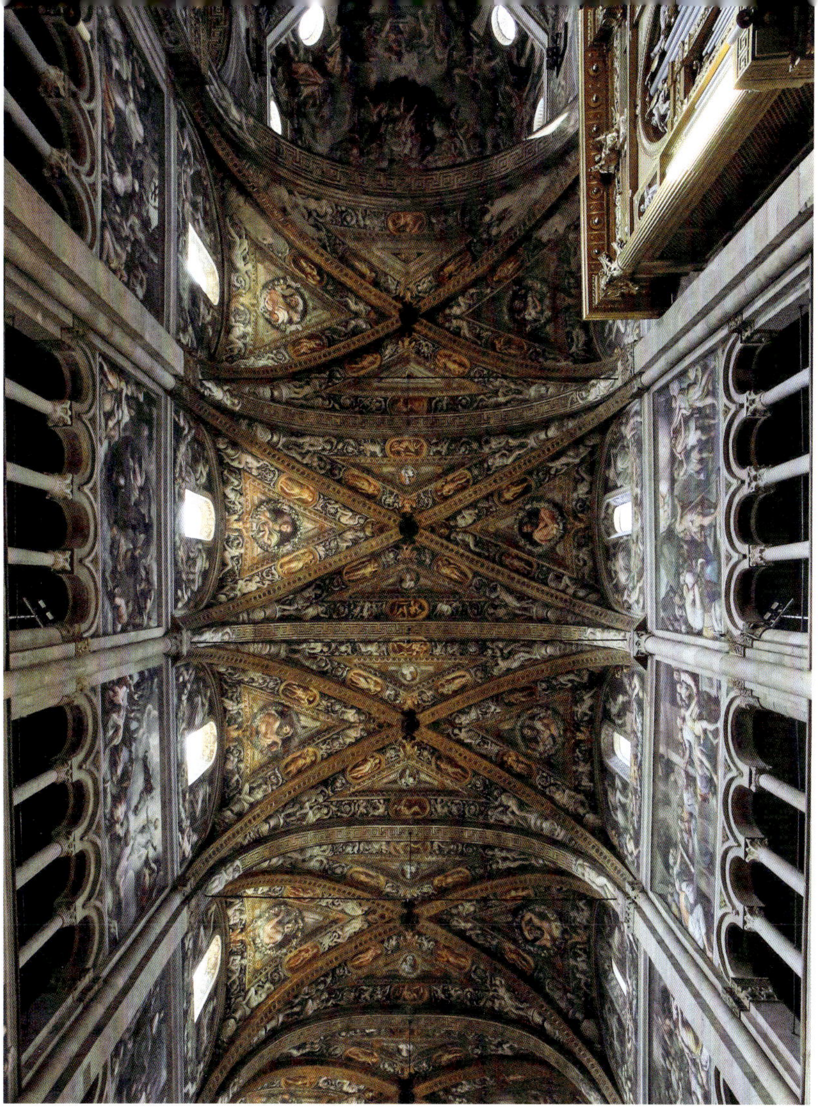

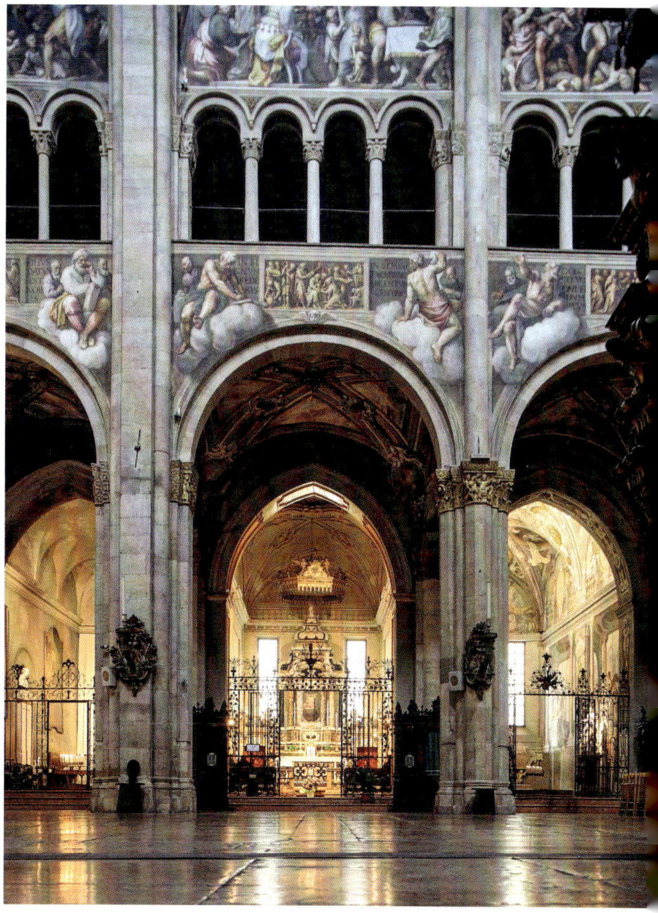

View of nave vaulting with extensive fresco painting (left)

프레스코로 장식된 네이브 볼팅 모습

Nave elevation scheme (right)

네이브 입면 디자인

turn, support the porch. The Lombardian character of the façade design remains intact, while other parts of the cathedral show an awareness, on the part of the unknown master builder and his workshop, of the developing sensibilities from other regions of the continent. The eastern and transept arms and their apses also incorporate external passages, called 'dwarf galleries,' whereas the nave utilizes blind arcading. The building material is brick with stone dressing, with the façade covered entirely in stone. This striking façade was augmented by two towers in the old tradition of the free-standing belfry, since they are not integrated with the nave but situated at a short distance from the church, like the pair at Sant'Ambrogio in Milan. The towers are built of stone and brick. The south tower of four stages is capped by a Gothic belfry in stone built at the end of the 13th century, with pinnacles and a tall pyramidal roof above it, while the north tower extends only to the first stage of the south tower design.

크립트 (hall crypt) 는 슈파이어 (Speyer) 대성당을 연상시킨다. 대성당의 전반적 디자인은 선형 (linear) 성당의 건축이면서, 동쪽 부분은 중심지향적 평면 건축과 비슷하다. 결과적으로, 동쪽의 앱스, 트랜셉트 두 팔의 세 부분과, 그 끝에 배치된 앱스들은 세 잎사귀 (trefoil) 형태를 구성한다. 외관에서, 이것은 반 원통형과 입방체 모양의 조각적인 형태를 만들어내고, 그 결합이 크로싱 위에 배치된 팔각형 정탑 (lantern)으로 매듭지어진다.

1178년에 완성된 돌로 마감된 서쪽 정면은, 잘 조각된 처마 (cornice) 와 계단처럼 층이 지는 갤러리로 과감하게 악센트가 주어진, 급한 경사의 하나의 맞배지붕 (gable)으로 구성되었으며, 대성당의 남쪽, 북쪽 모서리에 배치된 타워들의 넓고, 평활한 벽면들이 닻처럼 양쪽 날개를 구성한다. 건축가는 천재적인 기지로 두 층의 수평 갤러리와 세개의 문루를 능숙하게 도입하였다. 진면으로 돌출하는 문루와, 그위에 놓인 트리뷴, 양 옆에 배치된 버트레스와 가운데에 놓인 큰 창이 중심축을 부각시킨다. 중앙의 정문은 전형적 '롬바르디아 포치 (Lombard porch)' 인데 쟘보노 다 비쏘네 (Giambono da Bissone)가 1281년에 조각한 사자 두 마리 위에 기둥이 놓이고, 그 기둥들이 포치를 받치고 있다. 정면 디자인의 롬바르디아 성격은

Upon entering Parma Cathedral, one is greatly impressed by the grandeur of the space. This important aspect of the cathedral does not appear to derive from the Lombard tradition, namely, the vast, cavernous interior, which could be a reference to Speyer Cathedral. The decades in the mid and late 11th century during which Parma Cathedral was constructed was the historical moment when Europe was split between imperial power and the papacy, and when the first incarnation of Speyer Cathedral, which was begun by Emperor Conrad II, was just finished. Geographically, Parma Cathedral was situated in Imperial Italy, and the bishops in Parma at that time were said to have sided with the imperial powers;

희석하지 않으면서, 알려지지 않은 건축가와 그의 공방이, 대성당의 다른 부분의 디자인에서는, 유럽 대륙의 다른 지역에서 싹 트고 있던 새로운 감수성을 인식하고 있었음을 보여 준다. 동쪽 앱스와 트랜셉트 날개 들에 연결된 앱스에는 '난쟁이 갤러리 (dwarf gallery)'라 부르는 옥외 통로가 활용되었고, 네이브 벽면에는 뚫리지는 않은 아케이딩 (blind arcading) 이 도입되었다. 공사 자재는 벽돌 골조에 돌을 입혔고, 외관 입면은 전부 돌로 마감되었다. 이 인상적인 정면은 두 개의 타워가 배치되었으나, 밀라노의 산탐브로죠 (Sant'Ambrogio)의 두개 타워처럼 성당에 이어서 지은 것이 아니라, 거리가 좀 떨어져서, 독립하여 (free-standing) 세워진 종루 (belfry)의 전통을 표현하고 있다. 타워들은 돌과 벽돌로 시공되었는데, 4층 구성의 남쪽 타워는 13세기 말에 돌로 건설된 고딕 종루로 상단이

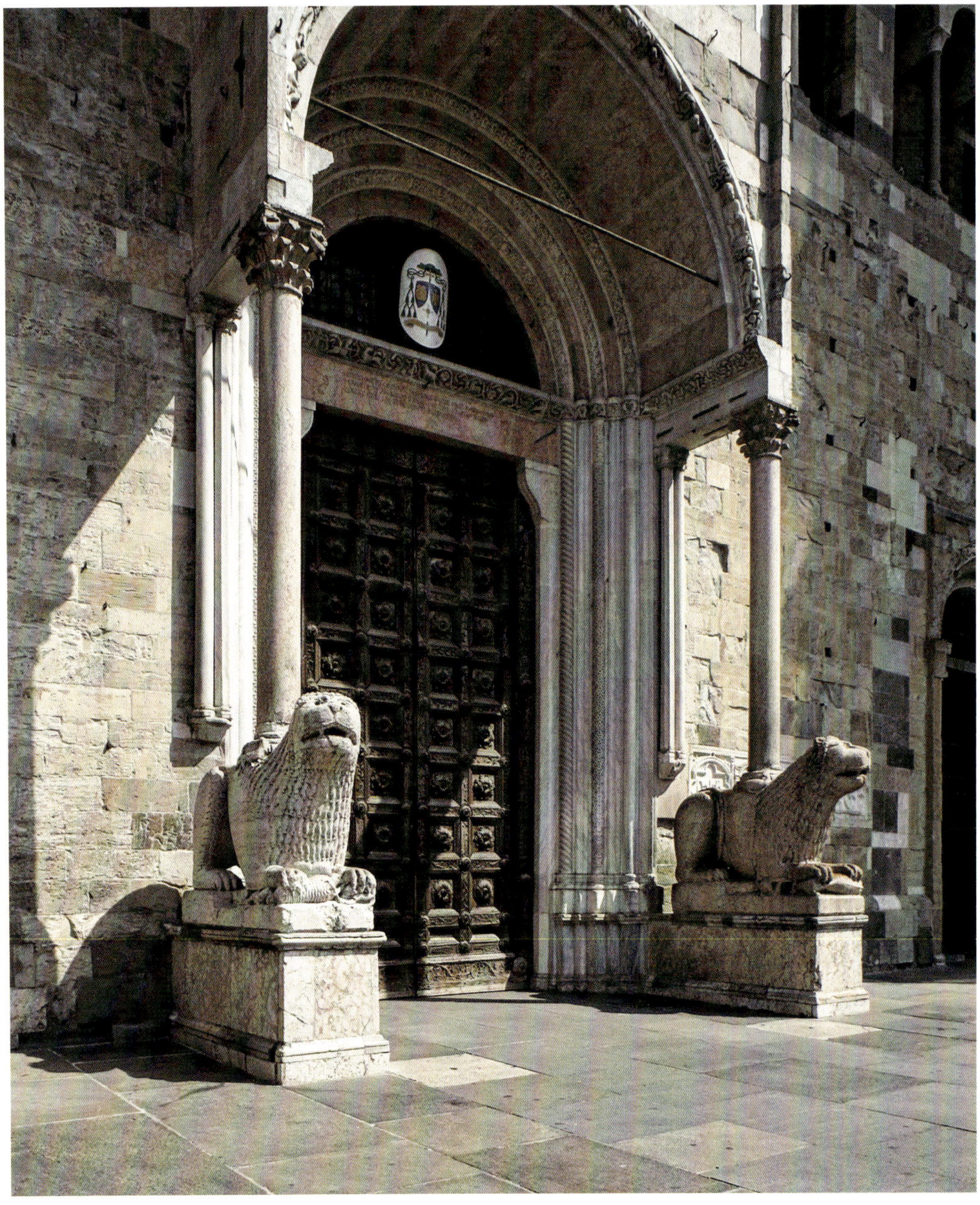

Central portal enhanced with quintessential 'Lombard porch'

훌륭한 전형적 롬바르디아 포치로 위상을 표현한 정문

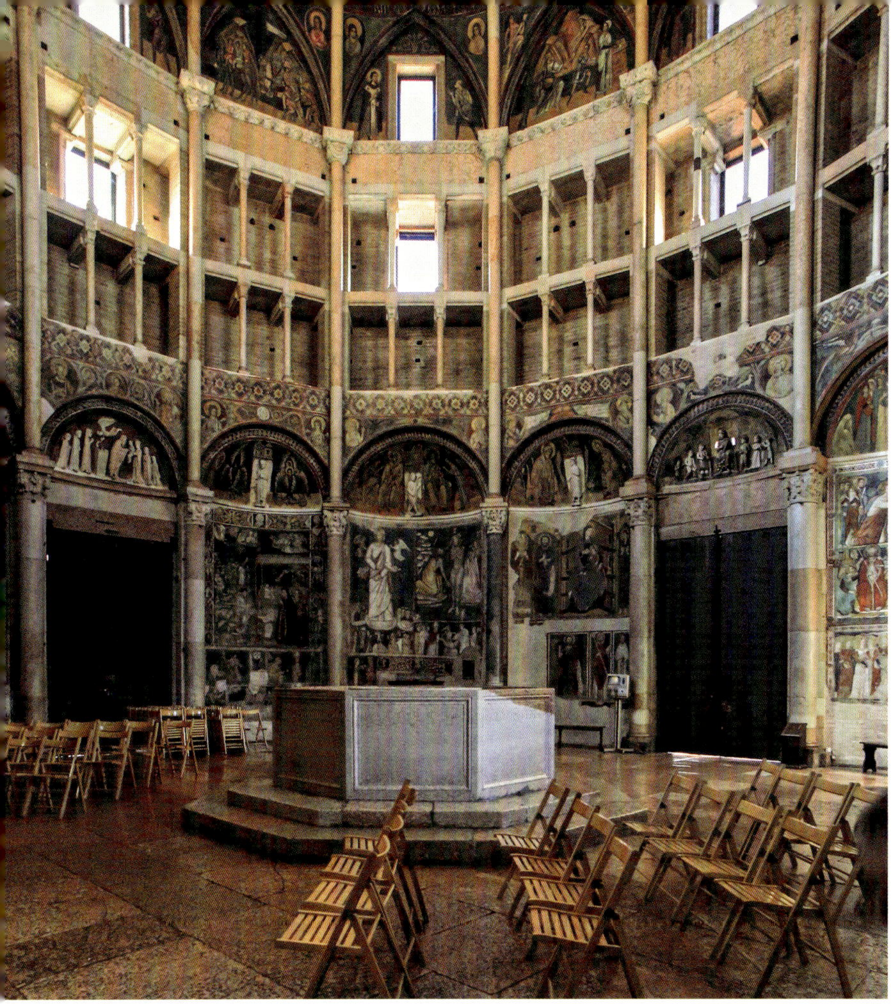

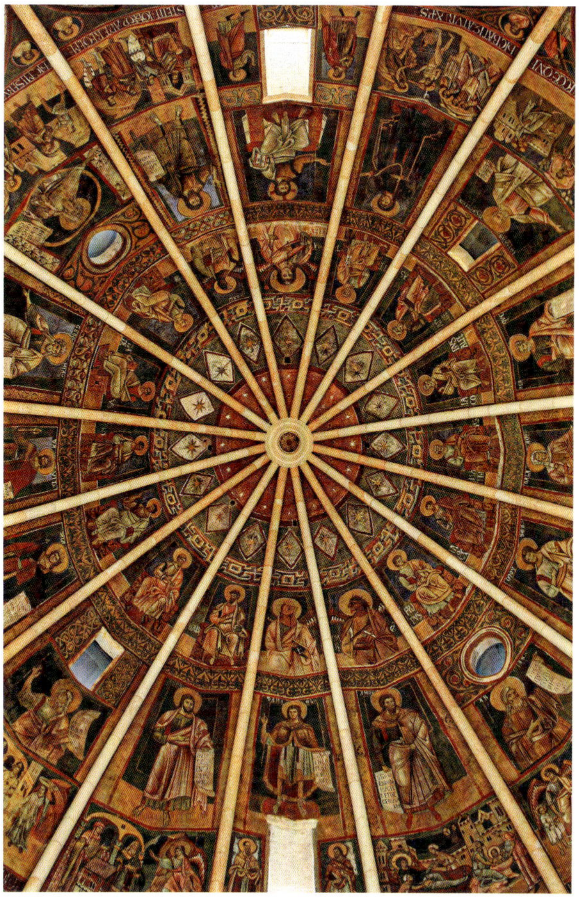

View of baptistery interior from south (left)

남쪽에서 본 세례당 내부공간

View of baptistery vaulting with fresco painting (right)

프레스코로 채워진 세례당 천정 볼팅

therefore, Speyer was something of a symbol of their political allegiance.

The nave, which was vaulted in 1162, consists of a seven bay-long main arcade of alternating major and minor piers, with four-part ribbed bays, now sustained by tie-rods, over a triforium gallery with four arches, and a clerestory. While the major piers rise through the elevation as a pilaster with flanking shafts supporting diagonal ribs, the minor piers have only half-shafts facing the nave supporting all three ribs, one transverse and two diagonal, a system which does not provide proper support for the four-part rib vault over each bay. This arrangement, therefore, suggests a change from an original plan for six-part vaults to the equal four-part vaults. This could be due to a change in plan arising from, for example, resumption of work after the 1117 earthquake, when the master builder and his workshop may have been inspired by recent advancements in vaulting in other parts of the continent. The timeline in the evolution of Parma Cathedral may be constructed thus: a building program was begun in the 11th century leading to the consecration of the eastern parts in 1106, work was disrupted by

이루어져서, 그 위에 피라미드 모양의 지붕과 뾰족탑 (pinnacle)이 놓인 반면, 북쪽 타워는 남쪽 타워 디자인의 1층까지만 시공되었다.

파르마 대성당을 들어서는 순간, 방문객은 내부 공간의 웅장함에 큰 인상을 받는다. 대성당의 중요한 성격, 즉 넓고 동굴 같은 내부 공간은 롬바르디아 전통에서 유래한다기보다는, 슈파이어 (Speyer) 대성당을 참조했다고 볼수 있다. 파르마 대성당이 시공되던 11세기 중반은, 유럽이 신성 로마제국과 교황의 지지세력이 분열되었던 역사적인 시기였고, 신성 로마황제 콘라드 2세 (Konrad II)가 시작한 슈파이어 (Speyer) 대성당의 첫 번째 실체가 막 완공되었던 시기이다. 지리적으로 파르마 대성당은 신성 로마제국에 속했었고, 당시 파르마의 주교들은 제국세력 편을 들었다고 전해지며, 그 때문에 슈파이어 대성당은 그들의 정치적 충성심의 상징이었다.

1162년에 돌 볼팅이 시공된 네이브는, 일곱 베이 길이의 교대되는 큰 (major) 피어와 작은 (minor) 피어로 구성되는 주 아게이드에, 현재는 타이 로드 (tie-rod)로 긴결되는 4부분 (quadripartite) 리브의 베이, 그 위로 아치 네 개로 구성되는 트리포리움 갤러리, 그리고 고창 (clerestory)이 배치되어 있다. 큰 피어들은 양 옆의 대각 방향 리브를 지지하는 샤프트가 연결되어 네이브 입면을 바닥에서 천장까지 올라가며, 작은 피어들은 네이브를 면해서 반쪽 기둥 (half-shaft)만 연결되어

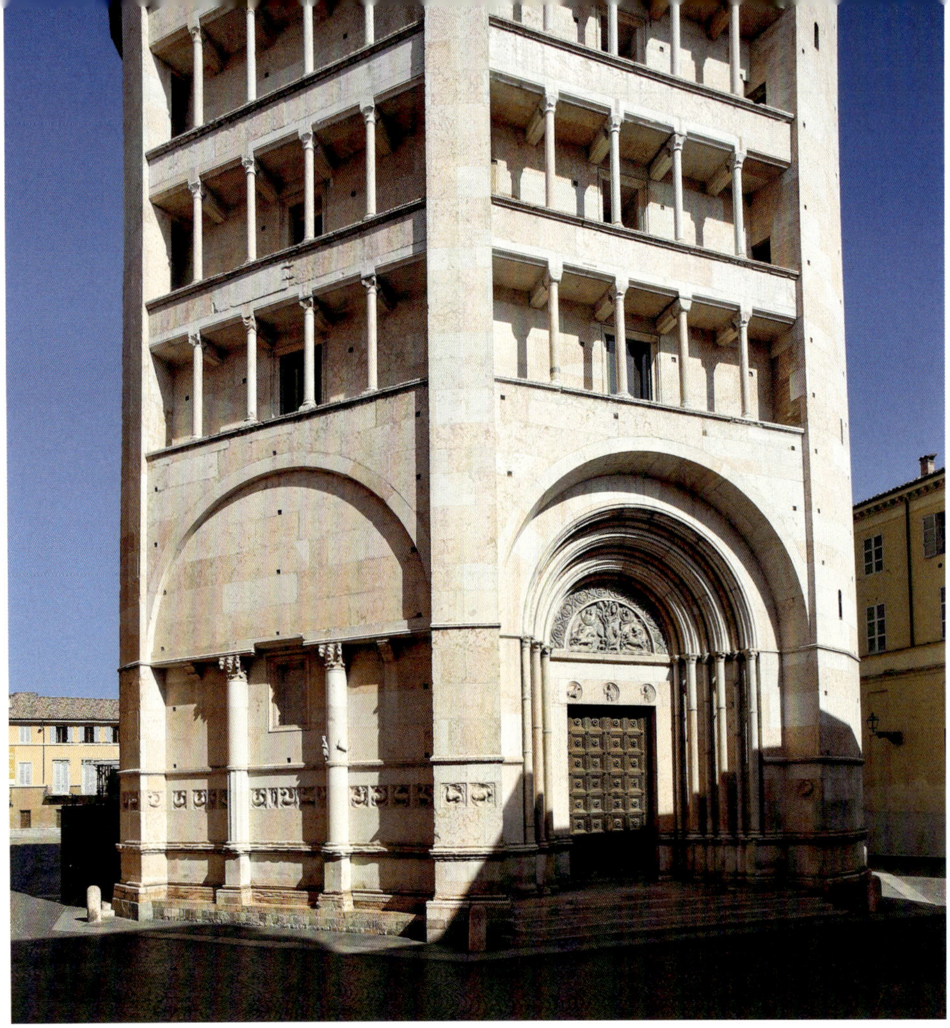

Exterior view of baptistery from southeast

남동쪽에서 본 세례당 외관

an earthquake in 1117, resumed around 1130 with reformed iconography and completed in the middle of the 12th century. This assumed change to a uniform oblong bay system marks a departure from the traditional Lombard scheme such as that found in Sant'Ambrogio and elsewhere, and is in line with French developments, while the ponderousness of Parma Cathedral is in the Italian tradition.

Parma Cathedral impresses all visitors with fresco paintings which adorn all its nave ceilings as well as most of its wall surfaces. The fresco painting on the inner surface of the dome, the *Assumption of the Virgin*, is the work of the Renaissance master Antonio da Correggio, executed in 1526–30.

리브 세 개를 지지한다. 즉, 하나의 횡단 방향과 두 개의 대각 방향 리브를 지지하는데, 이 볼팅 시스템은 각 베이의 4부분 리브를 적정하게 지지하는 데에 미흡하다. 때문에 이 볼팅 배치는 원래의 6 부분 (sexpartite) 리브 볼트 공법을 쓰려던 의도에서 모든 베이를 똑같은 4 부분 리브 볼트 공법으로 변경하였음을 시사한다. 이러한 처음 계획의 변경은 1117년 지진 후에 사업이 재개되었을 때에, 건축가와 그의 공방이 유럽 대륙의 다른 지역에서 볼수 있던 볼팅 기법의 발전에서 영감을 받았기 때문일 수 있다. 파르마 대성당의 축성 순서는 다음과 같이 구성 할 수 있다. 11세기에 세워진 건축 프로그램으로 1106년 대성당 동쪽 부분의 봉헌이 이루어지고, 1117년 지진으로 중단되었다가, 1130년경 수정된 도상학 (iconography)에 의하여 사업이 다시 진행되어, 12세기 중반에 완공되었다고 할 수 있다. 이렇게 추정되는 균일한 장방형 리브 볼트 베이로의 변경은 산탐브로죠 (Sant'Ambrogio)나 다른 성당에서 볼 수 있는 전통적 롬바르디아식 구법에서 프랑스에서 발전되고 있던 구법으로의 이탈을 뜻하지만, 파르마 대성당의 중량감은 어디까지나 이탈리아 전통 안에 존재한다.

파르마 대성당은 네이브 천정 전부와 벽면의 거의 모두를 장식하고 있는 프레스코 페인팅이 모든 방문객을 압도한다. 돔의 안쪽에 그려진 성모 승천 주제의 프레스코 페인팅은 르네상스 거장 안토니오

To the southwest of the cathedral near the south tower stands the much beloved octagonal Baptistery of Parma, built of brick and pink-color marble from Verona. The structure is laid out with four sides which are slightly wider, and another set of slightly narrower four walls with richly archivolted portals on three of them (see Baptistery plan). It is related that Benedetto Antelami was commissioned to build the *Battistero* in 1196; he is also believed to have sculpted the rich portals and other sculptures found inside. Above the ground story the baptistery has four stages of colonnaded galleries between strong spur buttresses at the corners. A decorative arcade and arched corbel table, plus corner pinnacles, complete the design. Perhaps the galleries with colonnades were inspired by the façade of Pisa Cathedral, which was being finished at the time. The interior also has two colonnaded galleries, emerging above the portals and their intervening niches – and below a ribbed vault of 16 wedge-shaped compartments, albeit not of equal segments. Most of the interior surfaces are adorned with fresco paintings executed by different masters over several centuries.

An application for inclusion on the UNESCO World Cultural Heritage list for the city center of Parma, including Parma Cathedral, the Baptistery, the episcopal palace, and Piazza del Duomo, was submitted by the Italian government in 2006.

다 코레죠 (Antonio da Corregio)가 1526–1530년에 그린 작품이다.

대성당의 남서쪽에, 남쪽 타워 가까이 많은 사람들에게 사랑받는 팔각형 세례당 (Baptistery)이 서 있으며, 세례당은 벽돌과 베로나에서 채석되는 분홍색 대리석으로 지어졌다. 이 건축은 네 면은 약간 넓게, 그리고 다른 네 면은 약간 좁게 만든 팔각형 평면으로 짜여져 있으며, 조금 좁은 입면 셋은 화려하게 조각된 아키볼트 (archivolt)가 둘러싸는 정문이 있다. 베네데토 다 안텔라미 (Benedetto da Antelami)가 1196년에 세례당을 짓는 일을 위촉 받았다고 전해지며, 그는 훌륭한 정문들과, 내부의 다른 조각도 제작한 것으로 알려진다. 세례당은 모서리에 세워진 각이 진 버트레스 사이를 1층 위로 건너지르는 네 층의 주랑 (colonnade)이 배열된 갤러리가 있다. 장식적 아케이드와 아치가 받쳐 주는 내물림 받침 (corbel table), 그리고 지붕 모서리마다 배치된 작은 뾰족 탑들 (pinnacles)이 세례당 디자인을 매듭 짓는다. 이마도 주랑이 배열된 갤러리 디자인은 같은 시기에 완공되어가던 피사 대성당 (Pisa Cathedral)에서 영감을 얻었음직 하다. 세례당 내부도 두 층의 열주가 배치된 갤러리가 있으며, 정문 포탈 (portal) 위로 열여섯 개의, 간격은 조금씩 다른 리브 볼트가 형성하는 돔 아래에, 사이사이에 놓인 벽감 (niche) 사이로 배치되었다. 세례당 내부 표면의 대부분은 여러 세기에 걸쳐서 많은 예술가들이 제작한 프레스코 페인팅으로 꾸며져 있다.

2006년에 이탈리아 정부는 파르마 시의 역사적 도심을 UNESCO 세계문화유산 목록에 등재하기 위한 신청서를 제출하였으며, 그 안에는 파르마 대성당, 세례당, 주교 공저와 피아짜 델 두오모 (Piazza del Duomo)가 포함되었다.

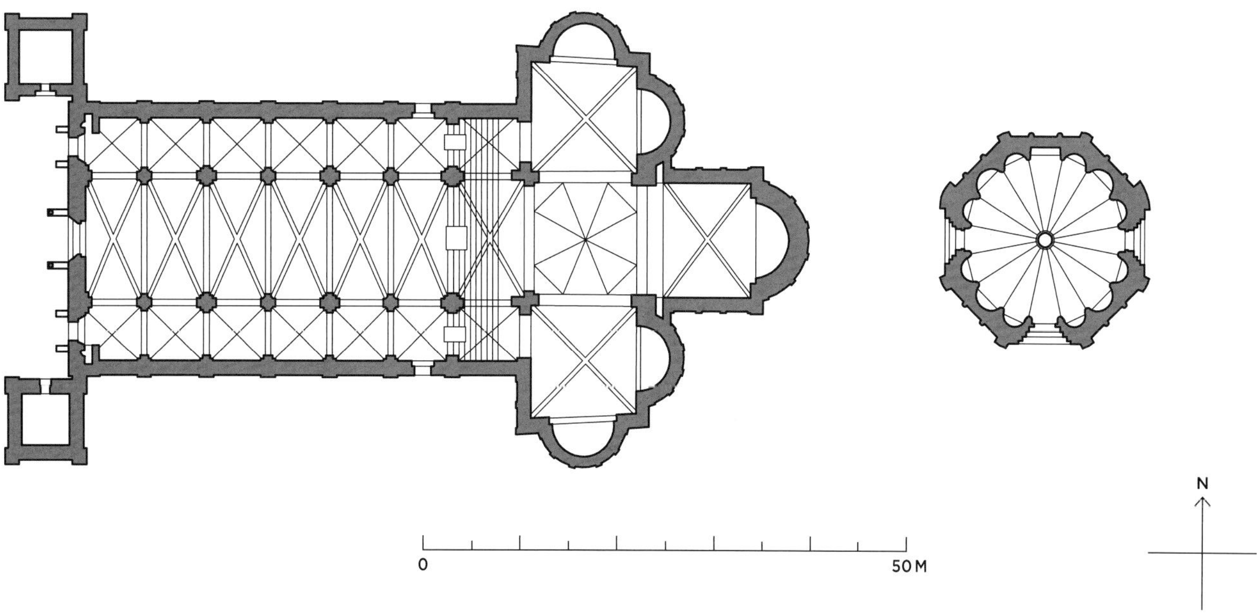

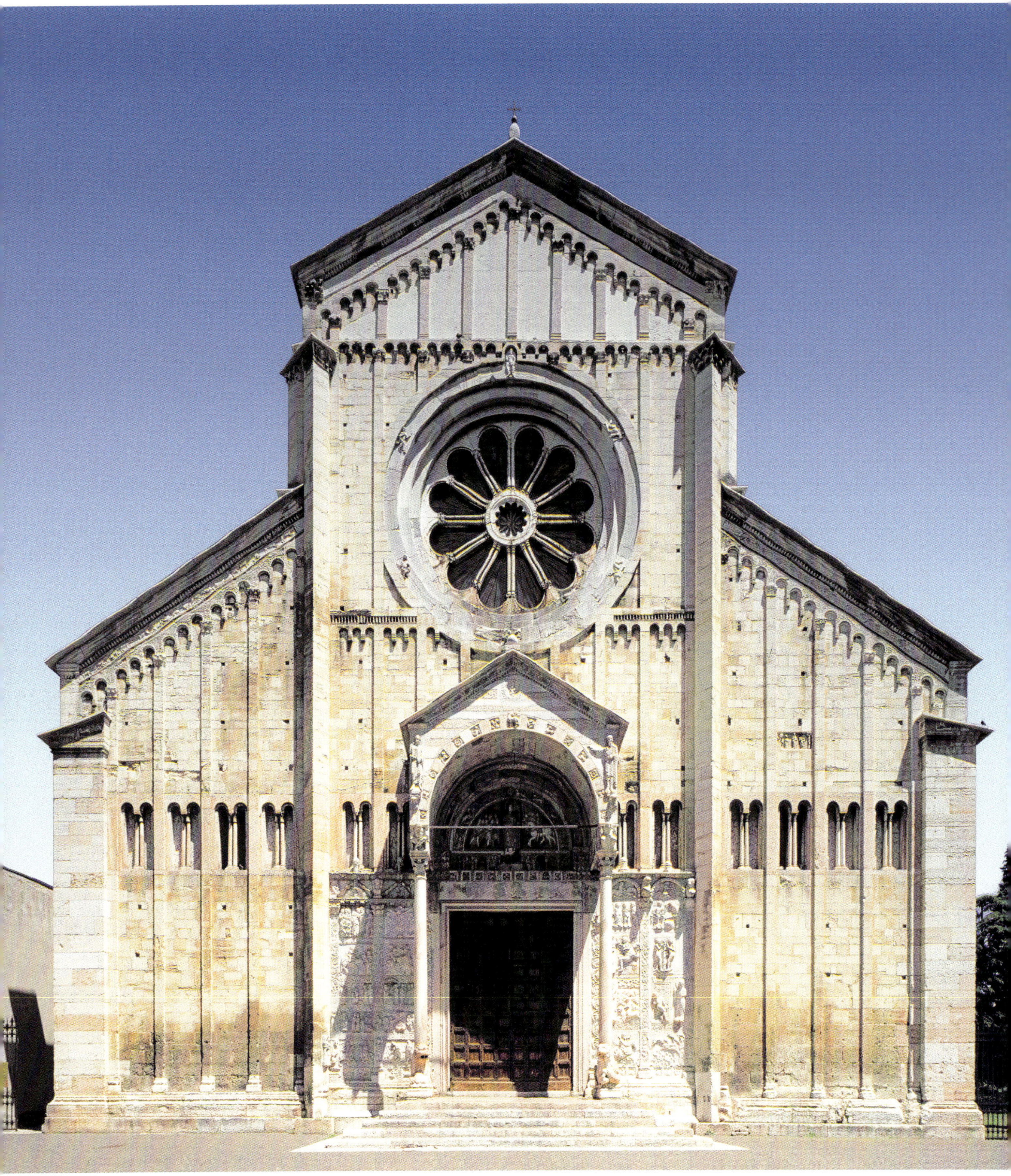

Basilica di San Zeno Maggiore

Verona

산 제노 마죠레 바실리카

베로나

The city of Verona is rich in Roman remains, including its street plan, gates, theater, amphitheater and triumphal arch. The Basilica of San Zeno was founded in the 4th century to enshrine the relics of Verona's patron saint, Bishop Zeno who is credited with converting Verona to Christianity. A few centuries later, the church was rebuilt on a larger scale to accommodate pilgrims and serve as a new Benedictine monastery founded by King Pepin and was consecrated in 806. After its destruction by Magyar invaders, the church was again rebuilt, twice in the mid 10th century. In 967, construction of a new Romanesque structure was begun by Bishop Ratherius, with the patronage of Emperor Otto I.

The standing church incorporates fragments dating back to about 1030 but began taking on its character around 1120–38. It was long under construction, with additional work done on it in the 13th century. Fine marble, now beautifully patinated, was generously used. The work was completed in 1398, with reconstruction of the roof and transformation of the apse from Romanesque to Gothic style. The Basilica di San Zeno Maggiore is built on a basilica plan with a long nave, two aisles, a relatively small clerestory, and no triforium. The nave is covered by a beautiful Gothic trefoil-arched wooden ceiling and is laid out in a series of bays defined by compound piers. These bays are framed by an irregular number of columns in between due to the long delays in construction. Several of the compound piers originally supported diaphragm arches.

When one looks at the plan organization of San Zeno, there is a very narrow single bay just inside the main portal at the western façade; then there follow, between compound piers, a three-arched and three two-arched bays, all with intermediate round columns. The succeeding bay is single arched. The apsidioles at the head of the

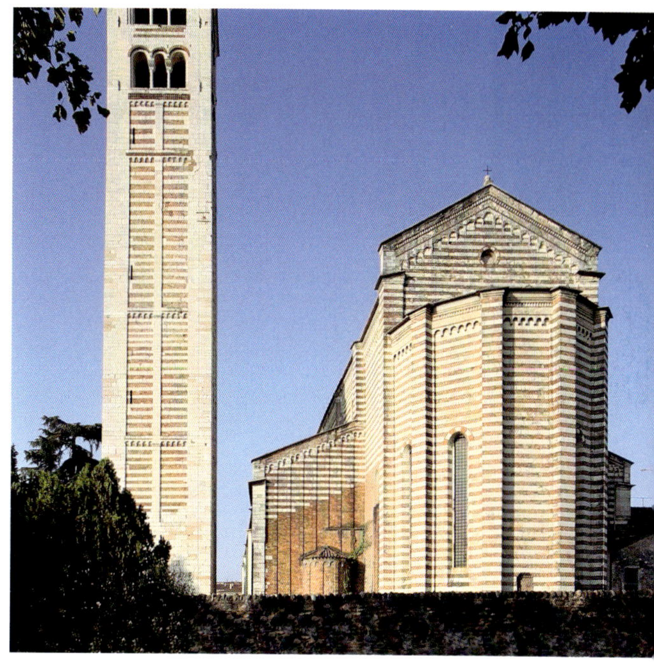

East façade with tall *campanile* from southeast

남동쪽에서 본 동쪽 입면과 높은 종탑

베로나 시는 도로망, 성문, 극장, 원형극장 및 개선문 등 로마시대 유적이 풍부한 곳이다. 산 제노 바실리카는 5세기에 베로나의 수호 성인 제노(Zeno) 주교의 유물을 안치하기 위하여 창건되었으며, 그는 베로나를 기독교로 귀의하게 한 인물로 간주된다. 몇 세기 후에, 성당은 순례자들을 받아들이고, 페핀(Pepin) 왕이 설립한 새로운 베네딕토회 수도원으로 쓰여지도록, 더 큰 규모로 다시 지어져 806년에 봉헌되었다. 마자르 (Magyar) 침략군에 의해서 파괴되어 10세기 중반에 성당은 두번이나 다시 지어졌다. 967년, 신성로마황제 오토 1세(Otto I)의 후원하에 라테리우스 (Ratherius) 주교에 의하여 새로운 로마네스크 양식 성당의 건축이 시작되었나.

현존하는 성당은 1030년으로 거슬러 올라가는 옛 건물의 남은 부분을 포함하고 있지만, 약 1120-38년 경에 성당의 성격이 구체화되기 시작하였다. 성당의 공사는 장기간 이어졌고, 13세기에 일부가 증축되었다. 성당 내부에는 아름다운 고색을 띠는 훌륭한 대리석이 풍부하게 사용되었다. 지붕의

← Axial view of west façade

정면으로 본 서쪽 입면

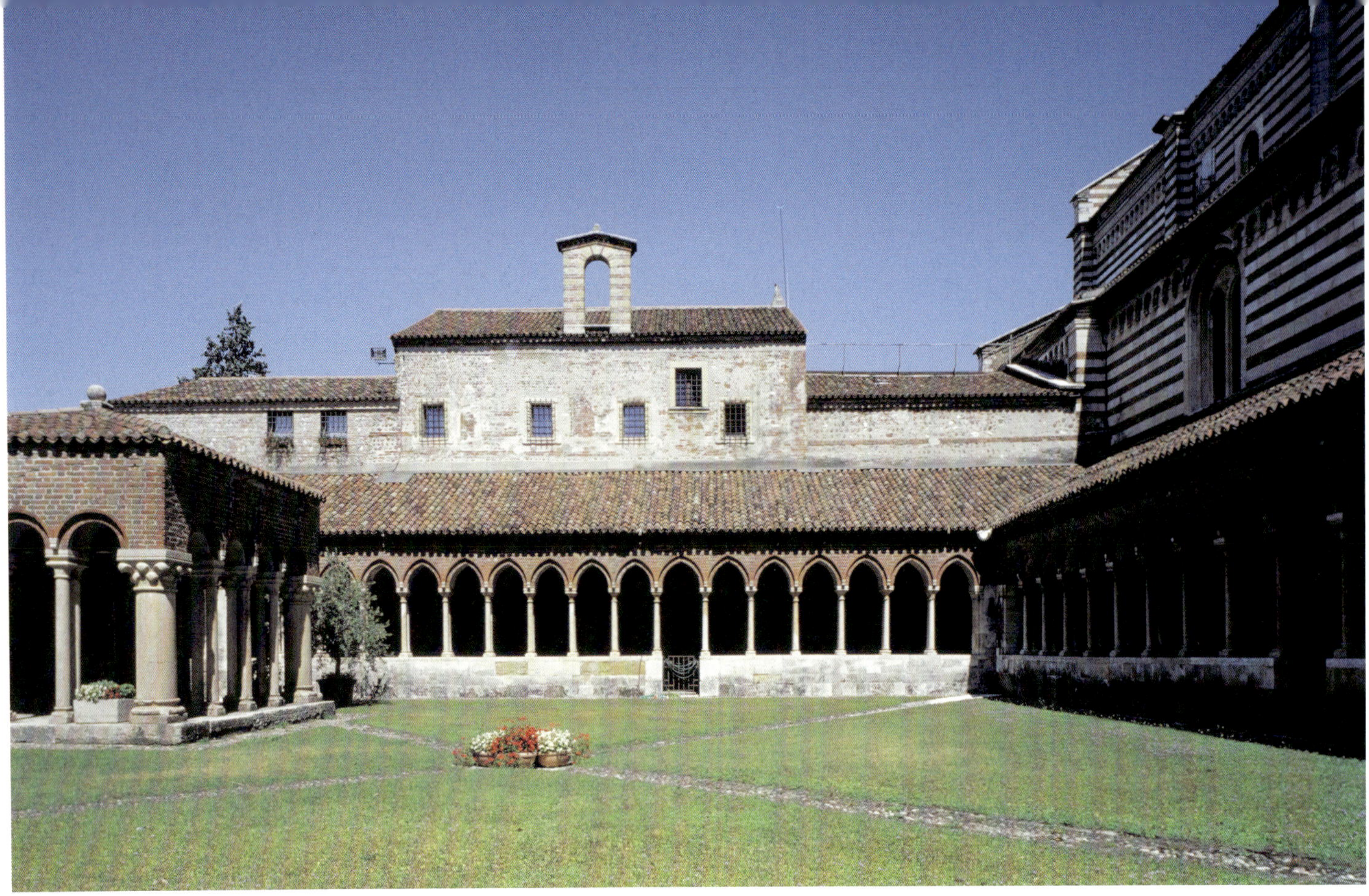

aisles open into this bay, which serves as a kind of 'dwarf transept.' The same bay and the one that adjoins it, plus a vaulted square sanctuary bay and apse dating from the 14th century, form a fine Lombard 'high choir.' It is here that the most important artwork of the basilica, the triptych by Andrea Mantegna known as the San Zeno Altarpiece can be found. Stairs at the end of the aisles ascend to the choir/chancel, and a descending flight extending the whole width of the nave leads to a magnificent crypt beneath the chancel.

On looking at the organizational scheme of the nave, one is greatly impressed by the purity and solemn ambience that emanate from the space formed by the nave walls above the colonnade built of horizontal bands of alternating beige-toned tufa stone and brick. The apse and long north and south elevations are built with the same design vocabulary of alternating tufa stone and brick bands. The flush surface without triforium galleries bestows on the space a unique character in comparison to other Lombard Romanesque churches. The compound piers as well as the round columns between them are carved from several different types of marble and stone, each with an elegance of proportion and compositional harmony all their own.

재건축과 앱스를 로마네스크 양식에서 고딕 양식으로 개축하는 작업은 1398년에야 끝났다.

산 제노 마죠레 바실리카에는 긴 네이브, 두개의 아일, 비교적 작은 고창 (clerestory)이 있으나 트리포리움은 없는 바실리카형 평면으로 지어졌다. 네이브는 아름다운 고딕 양식 세 잎사귀 모양 (trefoil) 목재 아치 천정으로 덮혀 있고, 복합 피어가 구획해 주는 일련의 베이로 구성되어 있다. 이 베이들은 장기간 공사가 지체된 까닭에, 베이 사이사이에 불규칙한 수의 기둥이 배치되었으며, 복합 피어들은 원래 횡경 아치를 지지하였었다.

산 제노의 평면구성을 보면 서쪽 정문 바로 안에 아주 좁은 베이 하나가 있고, 그 다음으로 복합 피어들 사이로 세개의 아치로 구성된 베이가 하나 있고, 두개의 아치로 구성된 베이 세개가 있으며, 모두 둥근 기둥들이 중간에 배치되어 있다. 그 다음에 놓인 베이에는 하나의 아치만이 있다. 두 아일의 맨 동쪽에 배치된 소예배실 (apsidiole)이 있는 공간들이 이 베이에 한줄로 연결 되는데, 이 네이브의 북쪽과 남쪽에 있는 네모반듯한 공간들은 일종의 난쟁이 트랜셉트 역할을 한다. 같은 베이와 거기에 연결된 베이, 그리고 돌 볼트로 덮힌 정방형 성단소 베이와 14세기에 지어진 앱스가 합쳐져 훌륭한 롬바르드 양식의 '높은 성가대석 (high choir)'을 구성한다. 이곳에 바실리카의 가장 중요한 예술품인, 안드레아 만테냐 (Andrea Mantegna)의 '산 제노 제단뒤 장식 (San Zeno Altarpiece)'이라고 알려진 그림이 놓여

View of cloister from south

남쪽에서 본 회랑 전경

→ Nave interior from west

서쪽에서 본 네이브 전경

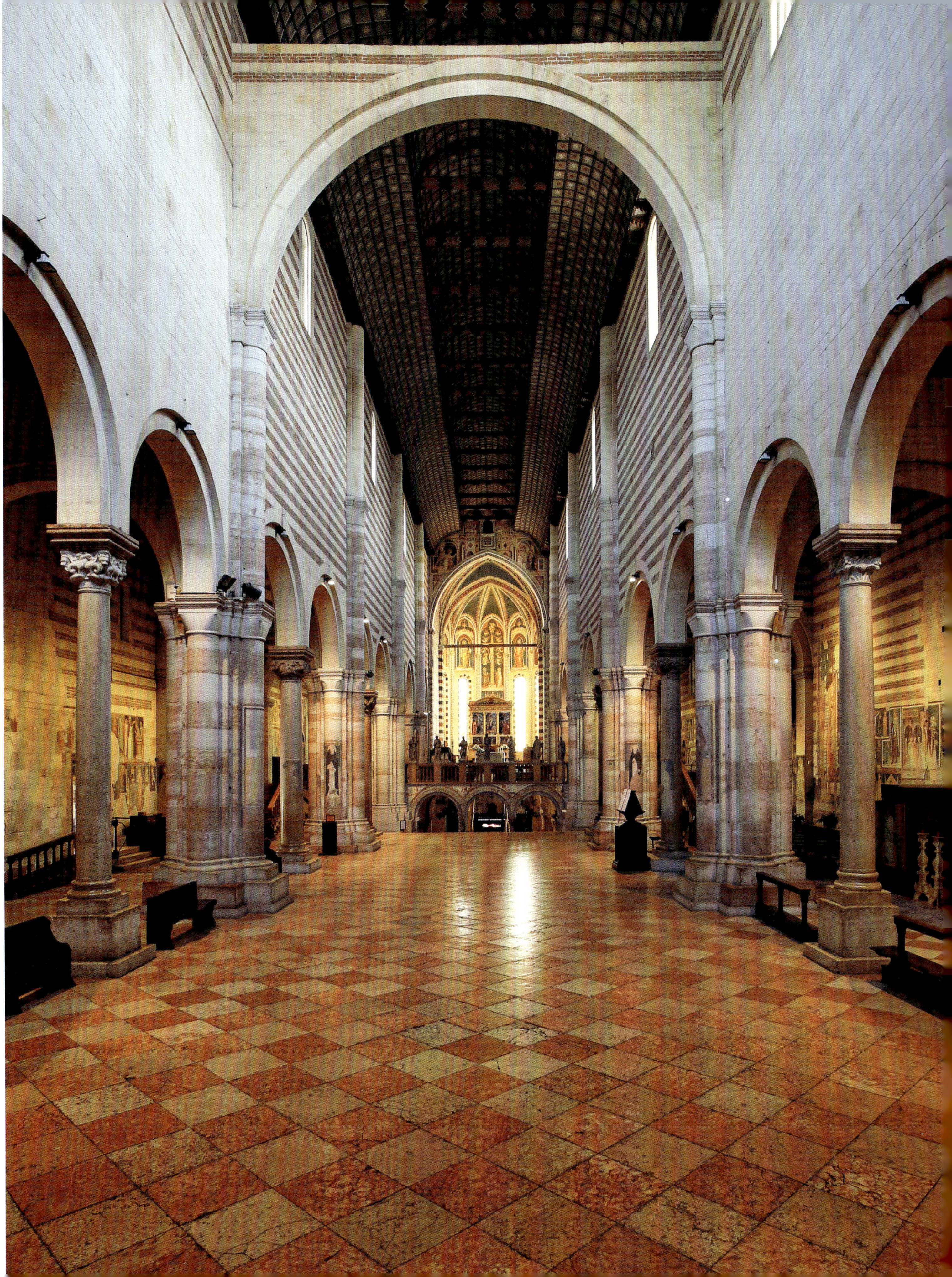

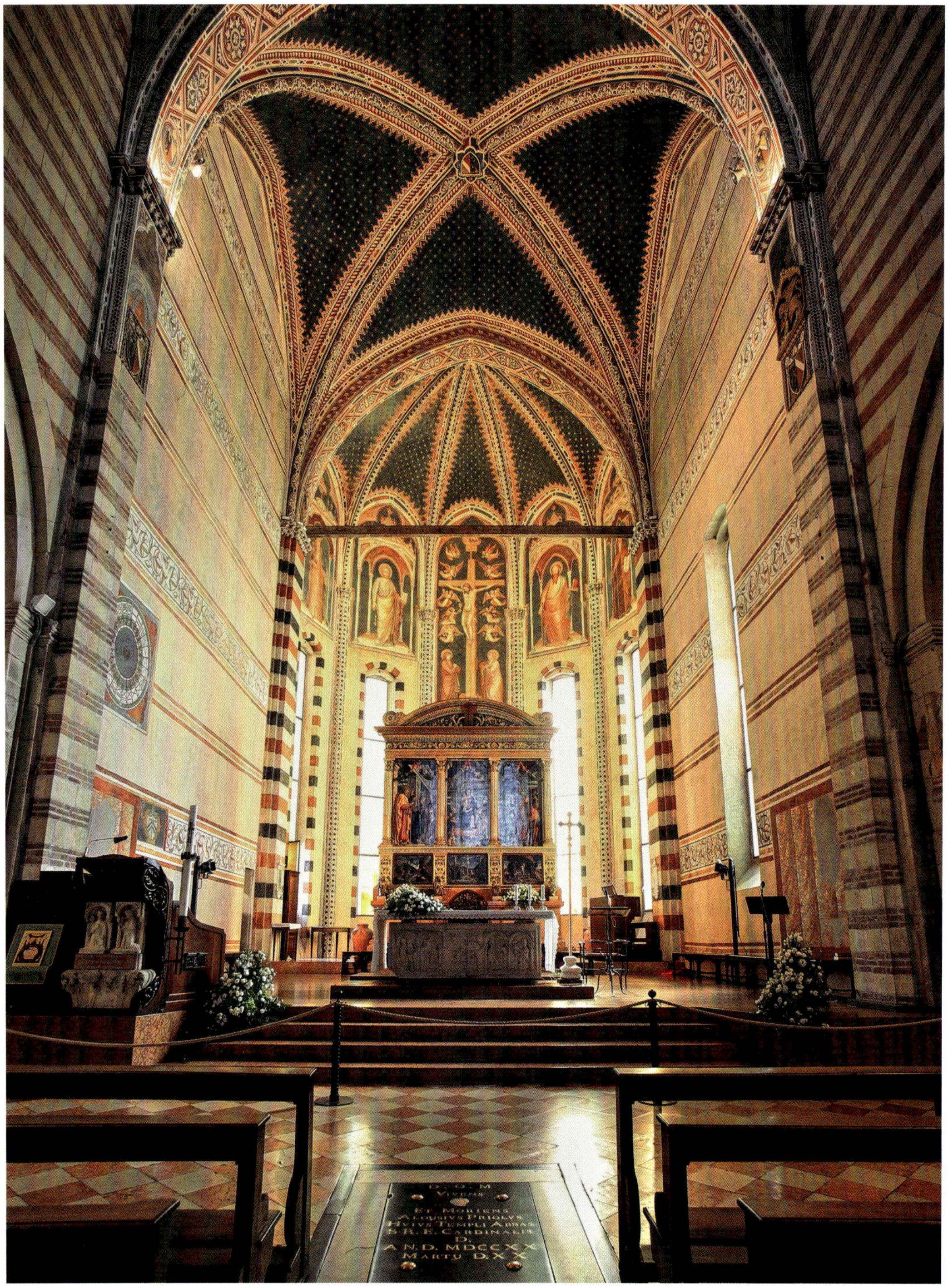

View of chancel vaulting

성단소 천정 볼팅 모습

The façade design of San Zeno Maggiore is much admired for its harmonious proportion. It is divided vertically into three components by angled buttresses ending in capitals of foliate design. The center bay expressing the width of the nave is surmounted by a pediment, and the two side bays corresponding to aisles have sloped rooflines, all embellished with stepping Lombard molding. A 13th-century rose window carved just below the pediment and a 12th-century 'Lombard

있다. 아일의 동쪽 끝에 있는 계단들이 성가대석과 성단소로 올라가고, 네이브 너비를 모두 차지하는 계단은 성단소 밑에 배치된 장엄한 크립트를 연결시킨다.

네이브 디자인의 구성을 보면, 방문객은 주랑(colonnade) 위에 베이지색 다공석회암 (tufa) 과 벽돌이 교차하는 수평띠로 형성되는 네이브 벽면에서 스며나오는 순수함과 엄숙한 분위기에 큰 인상을 받는다. 다른 롬바르드 로마네스크 성당들에 비해서, 트리포리움 갤러리가 없이 완전히 평활한 벽 표면은

porch' over the main portal enhance the visual importance of the central axis. Across the façade, at the door lintel level, runs a set of six shallow galleries on either side of the porch roof, each divided by thin, paired colonettes similar to those found above as the spokes of the rose window. The pink Verona marble of the galleries contrasts with the beige-toned tufa stone of the façade. The façade is further divided vertically by shallow pilasters passing visually through the colonettes and into the pediment.

산 제노 성당 공간에 유일무이한 분위기를 부여한다. 복합 피어와 그 사이에 배치된 둥근 기둥들은 모두 여러 종류의 대리석과 돌로 조각되었는데 하나하나가 아름다운 비례와 디자인의 조화를 보여주고 있다.

산 제노 마죠레의 정면 디자인은 그 조화로운 비례로 높은 평가를 받고 있다. 파사드는 나뭇잎 장식의 주두로 위가 매듭지어진, 뾰족하게 대각방향으로 돌려놓은 버트레스들로 좌우 세개의 베이로 나뉘어진다. 네이브의 폭과 일치하는 가운데 베이는 박공벽이 위에 배치되었고, 아일의 폭을 표현하는 양 옆의 베이는 경사지붕으로 마감되었는데, 모두 단이 지는

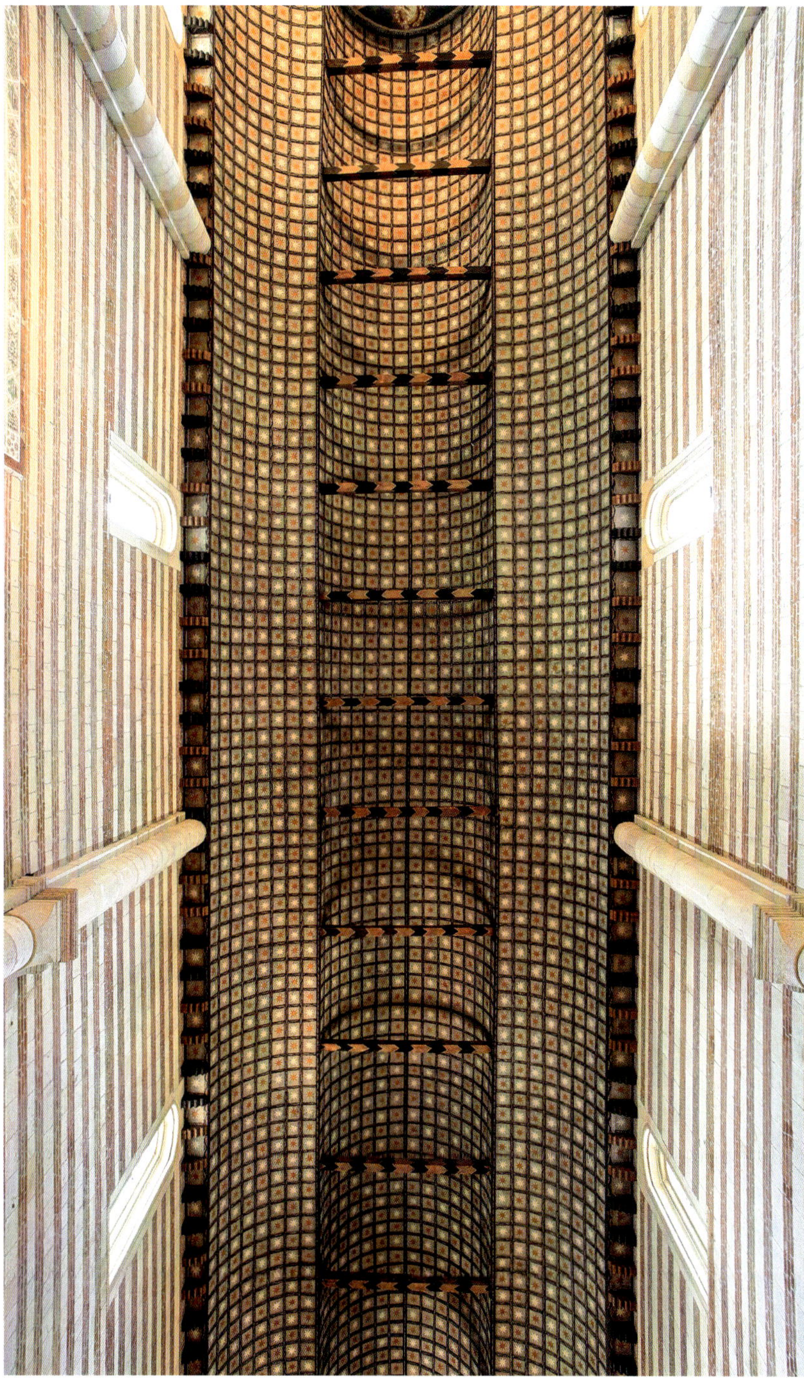

View of nave ceiling with elaborate wood ornament

정교한 목재장식으로 마감된 네이브 천정 모습

The bronze door at the portal is decorated with 48 square panels featuring bas-reliefs of various figures and religious scenes. Figures portrayed include the Saints Peter, Paul, Zeno and Helena, and Matilda of Tuscany, who had patronized the abbey. Several of the panels were sculpted by Saxon masters of Hildesheim in the 11th century, while others are by Veronese masters. The portal is further embellished on either side by marble bas-reliefs which date to around 1140, by the artists Niccolò and Guglielmo, who identified themselves by inscribing their signatures on the sculpture. These bas-reliefs portray scenes from the New and Old Testament together with episodes of the life of Theodoric the Great, ruler of the Ostrogothic Kingdom of Italy between 493 and 526.

The much admired 62-meter-high bell tower is a freestanding structure set to the south of the eastern end of the south aisle, begun in 1045 and completed in 1178. Its central vertical mass is composed of alternating tufa stone and brick bands, and is divided into floors by Lombard molding, rising to a double-storied bell chamber with triple-arched windows. It is surmounted by a conical spire with small pinnacles at each corner.

Basilica di San Zeno Maggiore, with its unique architecture, elegant proportions, and one-of-a-kind bell tower, is considered as being the finest example of a 12th-century wooden-roofed church in Lombardy.

롬바르드 몰딩 (Lombard molding)으로 장식되어 있다. 박공벽 바로 아래에 마치 도려낸듯한 13세기에 시공된 장미창과, 정문 문루를 덮는 12세기 롬바르드 포치 (Lombard porch)가 중심축의 시각적 중요도를 한층 더 부각시킨다. 정면의 폭을 왼쪽에서 오른쪽까지, 정문 인방 레벨에 포치 지붕 양 옆으로 여섯개씩의 갤러리 (gallery)가 있으며, 갤러리 하나하나는 위에 있는 장미창 살과 비슷한 한쌍의 가는 콜로넷트 (colonnette)로 지지된다. 갤러리의 분홍색 베로나 대리석은 정면벽을 이루는 크림색의 다공석회암 (tufa)과 잘 대조된다. 정면벽은 얕은 필라스터들로 더 나뉘어 지며, 이 필라스터들은 시각적으로 콜로넷트들을 지나서 박공벽 까지 뻗어 올라간다. 정면 문루의 청동문은 마흔 여덟개의 사각 패널로 장식되어 있는데, 이 패널에 묘사된 인물들에는 사도 베드로와

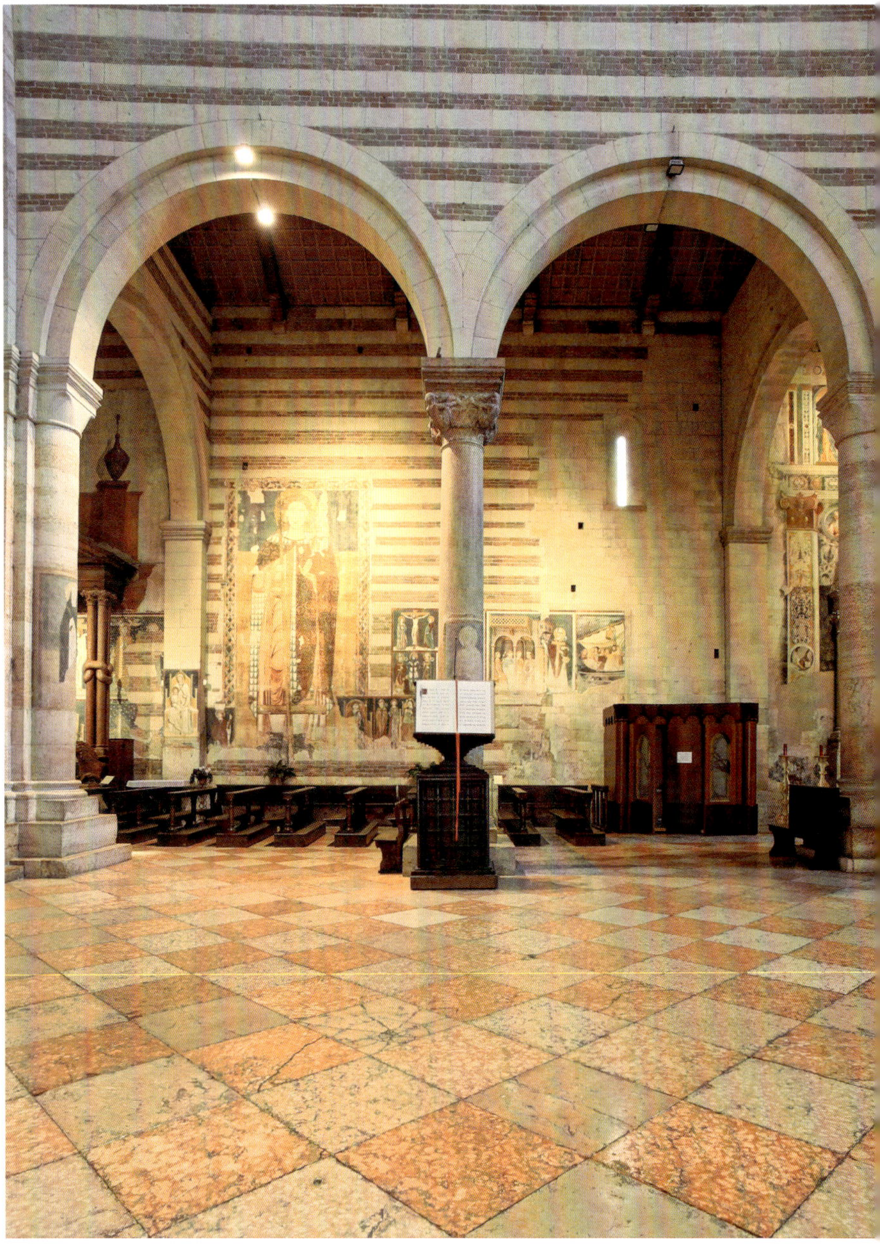

Nave elevation scheme

네이브 입면 디자인

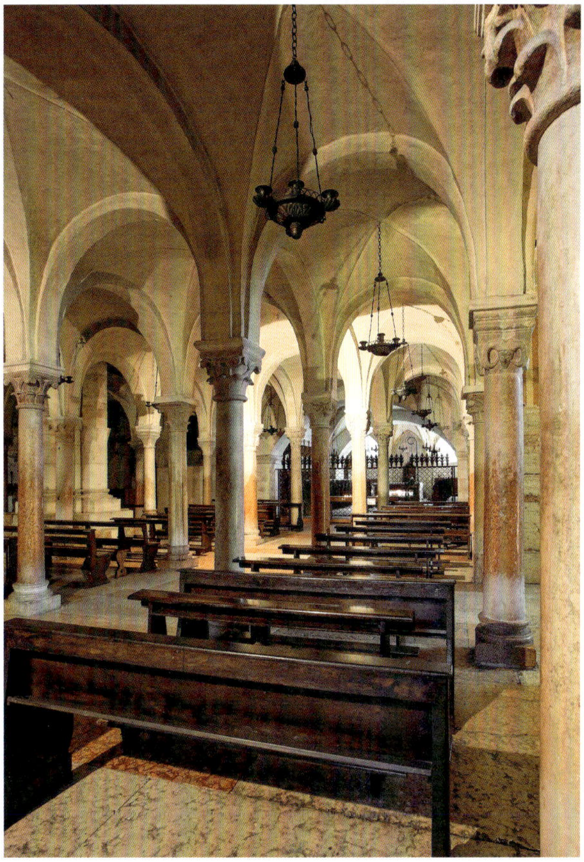

View of crypt from southwest
남서쪽에서 본 크립트 모습

바울, 성 제노와 성 헬레나, 그리고 산 제노 수도원을 후원한 카놋사의 마틸다 (Matilda of Canossa)가 포함되어 있다. 청동 패널중 일부는 11세기에 힐데스하임 (Hildesheim)의 삭손 (Saxon) 명인들에 의하여 조각되었고, 나머지는 베로나 명인들의 솜씨이다. 정문 양 옆은 약 1140년에 제작된 얕은 돋움 조각 (bas-relief)으로 더욱 화려하게 장식되어 있으며, 이는 조각 한 구석에 자신들의 이름을 새겨넣은 예술가 니콜로 (Niccolò)와 굴리엘모 (Guglielmo)의 작품이다. 앱스와 북쪽과 남쪽의 긴 입면은 교대되는 다공석회암과 벽돌띠의 같은 디자인 어휘로 지어졌다.

많은 사람들에게 사랑 받는 62 미터 높이의 종탑은 성당의 남쪽 아일의 동쪽 끝 남쪽으로 성당에서 독립되어 서 있는 구조이며, 1045년에 짓기 시작하여 1178년에 완성되었다. 종탑의 중앙 수직 매쓰는 다공석회암과 벽돌띠로 구성되었고, 롬바르드 몰딩 (Lombard molding)으로 몇 개 층으로 나뉘어 져서, 그 위로 이중 높이의 종루 (bell chamber)가 세개의 아치가 구성하는 창으로 마감되어 있다. 종탑의 맨 위는 원추형 첨탑으로 매듭지어 지고, 네 모서리에는 작은 첨탑들이 있다.

산 제노 마죠레 바실리카는 그 독특한 건축과, 우아한 비례, 유일하게 돋보이는 종탑으로 롬바르디이에 세워진 12세기 목제지붕 성당중 가장 뛰어난 예로 평가된다.

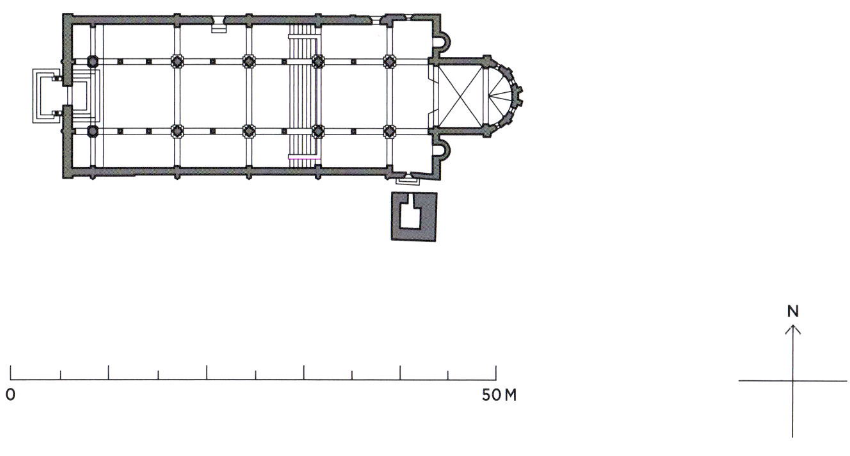

from the early 11th century in France, and alternation of supports *(Stützenwechsel)* from north of the Alps, like those at St. Michael's Church in Hildesheim, but San Miniato may be the earliest-dated instance of the combination of the two.

Recycled Roman capitals are used to impart iconographic hierarchy in the nave. The arcade arches of the eastern and middle sets of triple-arched bays are carried on recycled Antique capitals which have smaller diameters than their columns, whereas in the western bay, the capitals fit the columns. While it is possible that the builders simply ran out of recycled capitals as they built the western end, the older capitals could have been used to confer a higher status on the two eastern bays in spite of their being too small for their columns since the change in capital type occurs at the same place on both sides of the nave, and the nave altar and steps to the chancel are both situated in the middle triple-arched bay.

The center of the nave is dominated by the beautiful freestanding *Cappella del Crocefisso* (Chapel of the Crucifix), commissioned by Piero di Cosimo de' Medici and designed by Michelozzo in 1448 to house the so-called San Giovanni Gualberto Crucifix. The terracotta decoration of the vault is by Luca della Robbia. The *Cappella del Cardinale del Portogallo* (Chapel of the Portuguese Cardinal) at the north aisle, considered by some as one of the most magnificent funerary monuments of the Italian Renaissance, was built in 1473 as a memorial to a Cardinal Jacopo di Lusitania of Lisbon who was also a nephew of the Portuguese king Afonso V and a papal legate. It is the only tomb in the church. The chapel was designed by Antonio Manetti, one of Brunelleschi's assistants, and finished after his death by Antonio Rossellino.

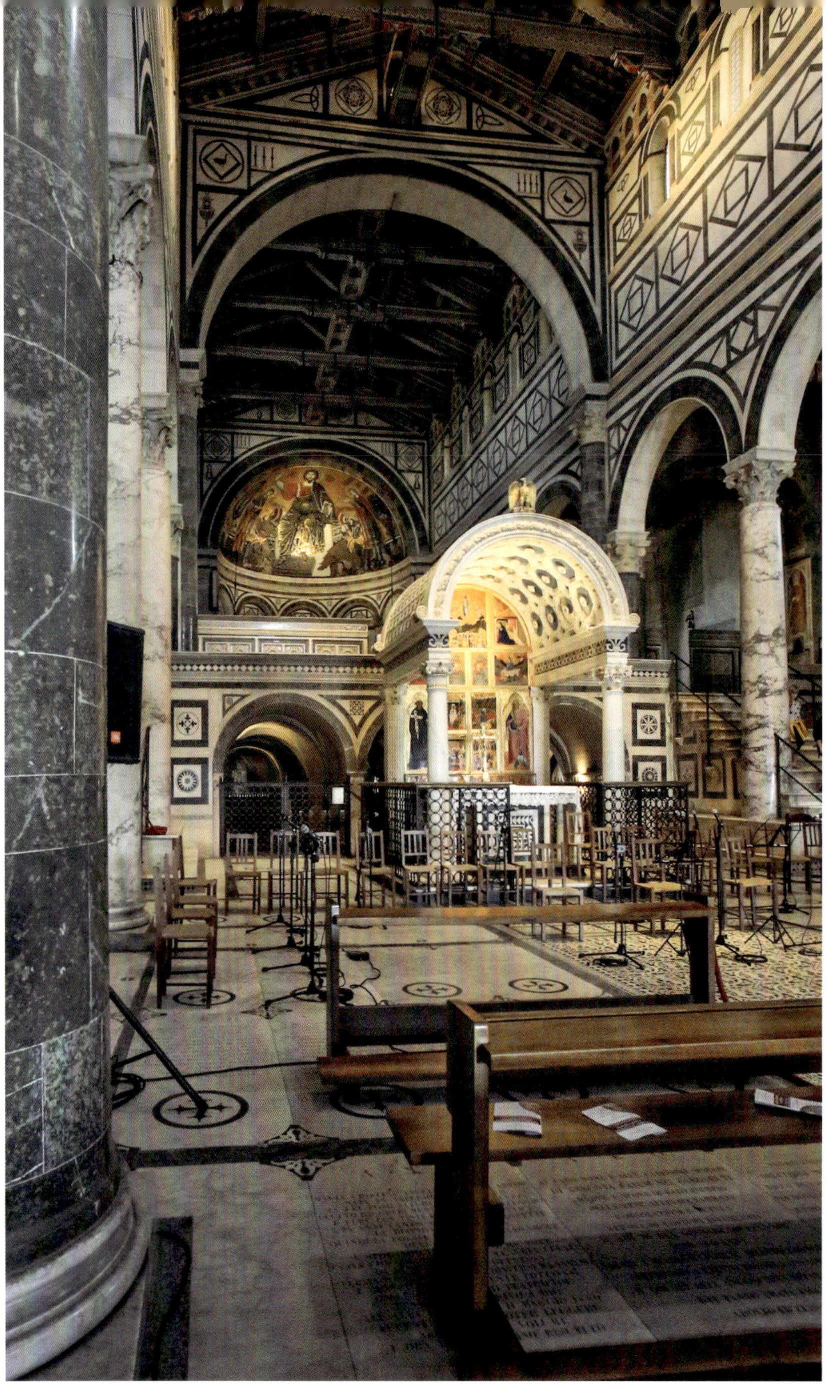

View of nave from northwest with Chapel of the Crucifix
서북쪽에서 본 십자가 소예배실이 가운데 놓인 네이브 모습

의한 것인데, 어떤 학자들은 현존 성당을 11세기 마지막 삼분기 완공으로 추정한다. 성당 정면은 12세기에 마감되었고, 12궁도(zodiac) 기호를 묘사하는 바닥 포장은 1207년에 만들어졌다.

산 미니아토 알 몬테 성당의 건축가가 누구인지는 알려진 바가 없다. 성당은 네이브와 양쪽 아일만 있고, 트랜셉트가 없는 바실리카 형의 평면으로 지어졌다. 성당은 목재 천정으로 덮였고, 동쪽에는 그로인 볼트로 구축된 개방된 크립트 위에 높게 배치된 넓은 성단소가 있다. 성단소는 장식적 아케이드로 구획되고, 앱스의 반개 돔 표면은 모자이크로 장식되어 있다. 그리스도가 성모와 왕관을 들고 있는 성 미니아토 사이에 축복을 내리는 모습을 표현한 이 모자이크는 1297년에 제작되었고, 2세기 후에 복원되었다.

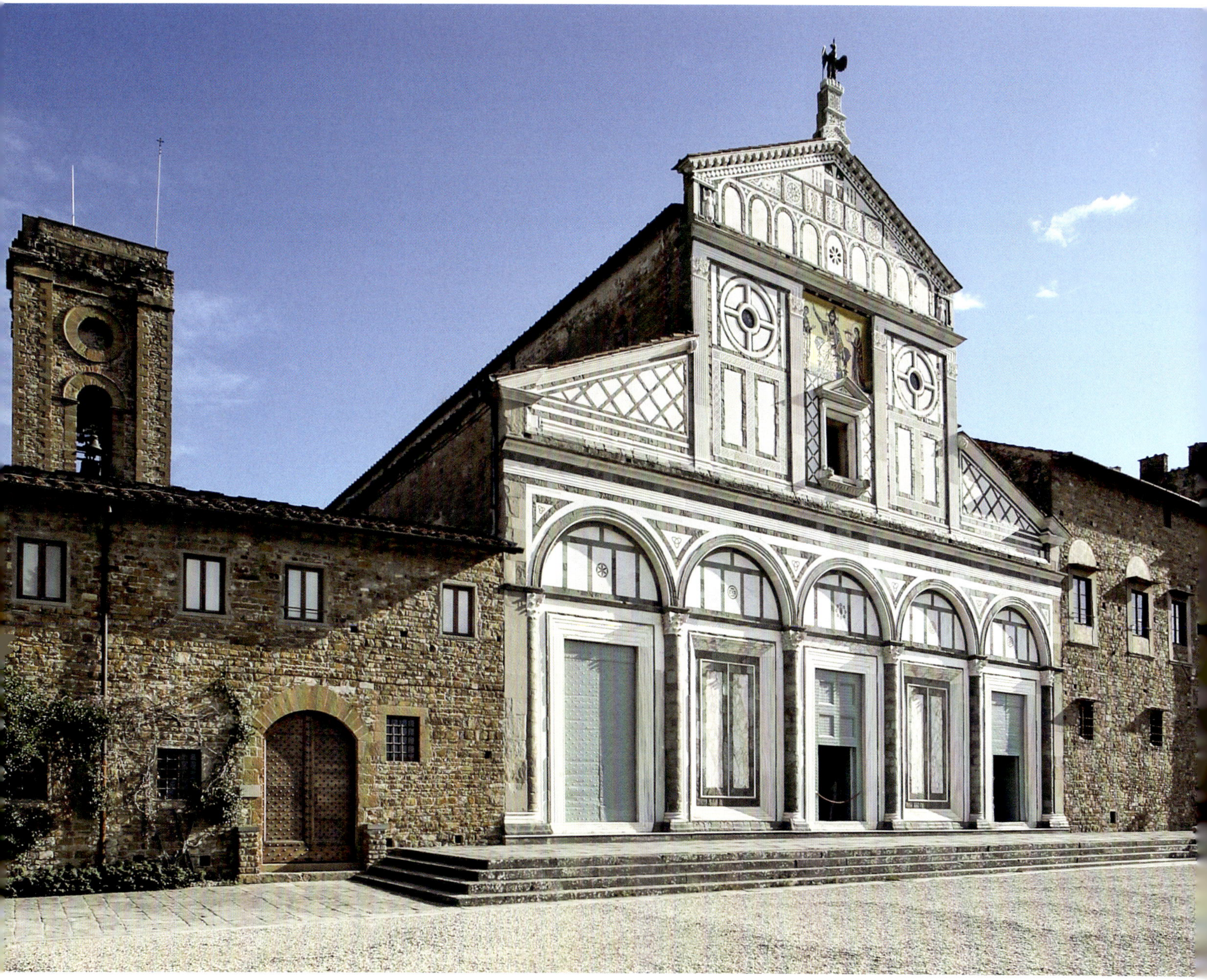

West façade from southwest
남서쪽에서 본 서쪽 입면

The façade of San Miniato, executed in white Carrara and dark green Prato marble, was probably begun around 1090 and completed at the end of the 12th into the early 13th centuries. It is divided into two parts: the base, marked by a prominent cornice, with five half-round arches supported by slender Prato marble columns, and the central bay and outer bays, whose doors and two inner bays have a rectangular inlay of marble. Above the base is a Classical temple façade formed by four fluted pilasters, again with a cornice, with sloped roofline on either side expressing the aisles inside, ornamented by diagonally arranged square inlaid work, similar to the *opus reticula-*

네이브는, 먼저 복합 피어 (compound pier)에 연결된 반원통 기둥 (half-shaft)에 의하여 지지되는 횡경 아치 (diaphragm arch)에 의하여 세개의 큰 베이로 나뉘어진다. 큰 베이는 중간에 두개의 원주 기둥들로 아치 세개가 있는 삼중 아치 베이를 형성하고, 큰 베이 벽 중심에는 고창 (clerestory)이 배치되었으며 횡경 아치 사이에는 네개의 트러스가 놓여 있다. 높게 배치된 성단소와 횡경 아치들은, 당시에 지어진 다른 롬바르드 양식 건축과 비교할 때 성당의 내부공간을 효과적으로 분절하고 있다. 프랑스에는 11세기에 반원통 기둥 (half-shaft)의 예가 있었고, 알프스 산맥 북쪽으로는, 힐데스하임 (Hildesheim)의 성 미하엘 (St. Michael) 성당등 에 기둥들의 엇갈림 (Stützenwechsel) 이 있었으나, 산

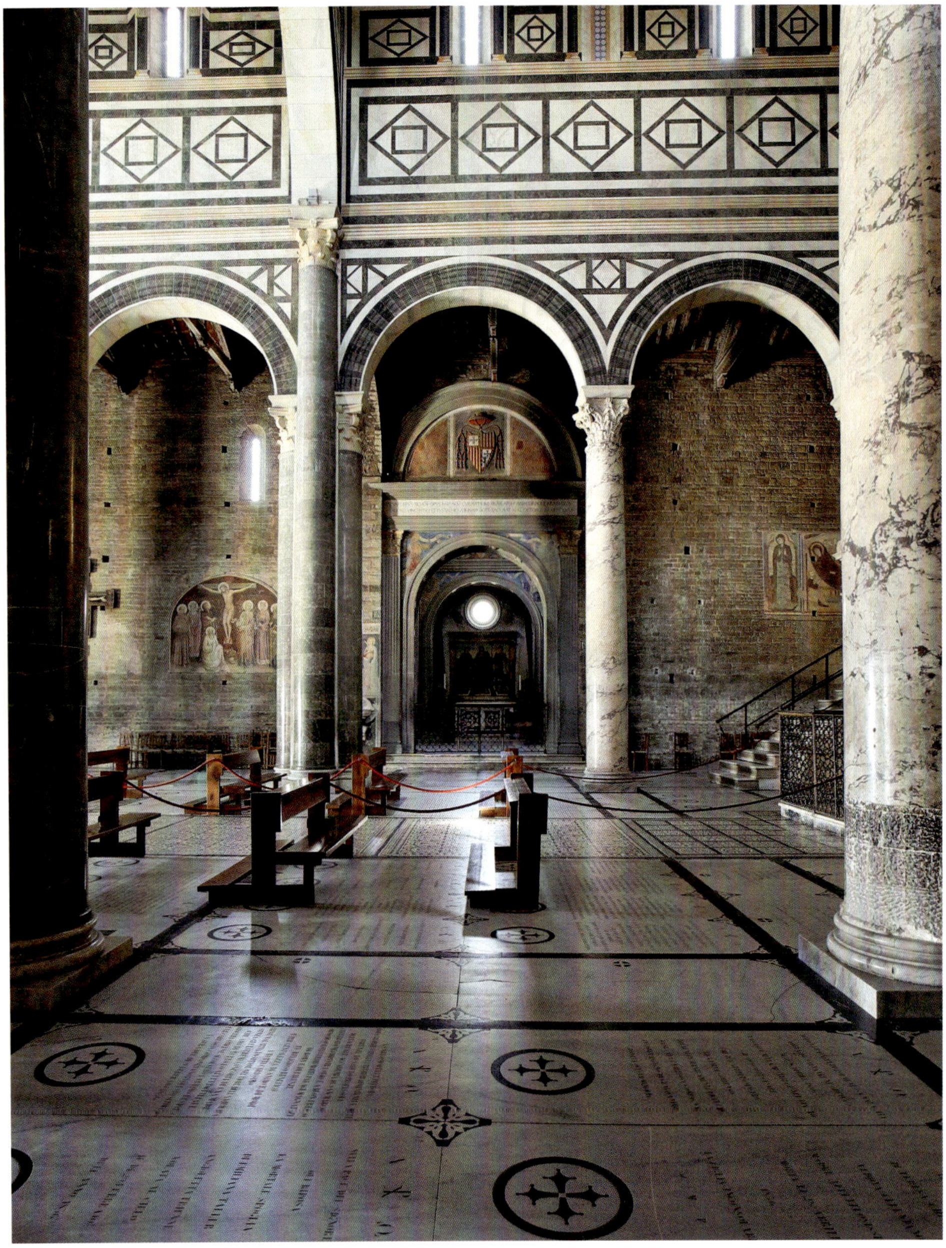

Nave elevation scheme from north

북쪽에서 본 네이브 입면 디자인

tum used during the Roman era for diagonal patterns on a wall. The central space between the middle pilasters is accorded a higher significance by the 13th-century mosaic of the enthroned Christ in benediction between the Virgin and St. Miniatus depicted on a gilded background. A pediment set above nine arcades of Prato marble completes the temple façade. Finally, a huge, gilded copper eagle is placed on top of the pediment. It is a symbol of the Arte di Calimala *(Guild of Cloth Merchants)*, which administered the wealth of the Benedictine monastery beginning in 1288. The monastery has subsequently been managed by the Olivetan branch of the Benedictines since the late 14th century. The exquisite in-

미니아토가 이 두 가지의 건축 기법을 융합한 성당 중에는 가장 일찍 지어진 것이라고 할 수 있다.

수거된 로마시대 기둥들은 네이브에서 기독교 교리를 전달하는 도상학적 (iconographical) 위계를 전달하도록 활용된다. 동쪽과 가운데 베이의 아케이드 아치들은 기둥의 지름보다 작은 크기의 고대 주두 위에 놓여있는 반면, 서쪽 베이의 아치들은 기둥 지름 크기의 주두로 조합된다. 이것은 공방 작업자들이 시공 과정에서 서쪽 큰 베이 공사를 끝내고 나서 동일한 규모의 주두가 소진되었기 때문일 수도 있지만 더 고대의 주두가 기둥 지름에 비해 작은 크기에도 불구하고, 가운데 베이와 동쪽 베이에 더 높은 위계를 부여하기 위하여 쓰였을 가능성도 있다. 주두 크기의 변화가 네이브의 좌우 동일한 지점에서 일어나고, 네이브 제단과, 성단소로 올라가는 계단이

View of chancel vaulting with mosaic of Christ in benediction
축복을 내리는 그리스도의 모자익으로 장식된 성단소 볼팅 모습

layed marble design as well as polychrome painting of wooden trusses and ceiling greatly contribute to the opulence of the church's interior. This kind of polychromy, facilitated by the availability of marble and craftsmanship, may have been influenced by Arabic structures such as the 7th-century Mosque of Omar in Jerusalem or buildings in Cordoba dating from the 8th and 9th centuries.

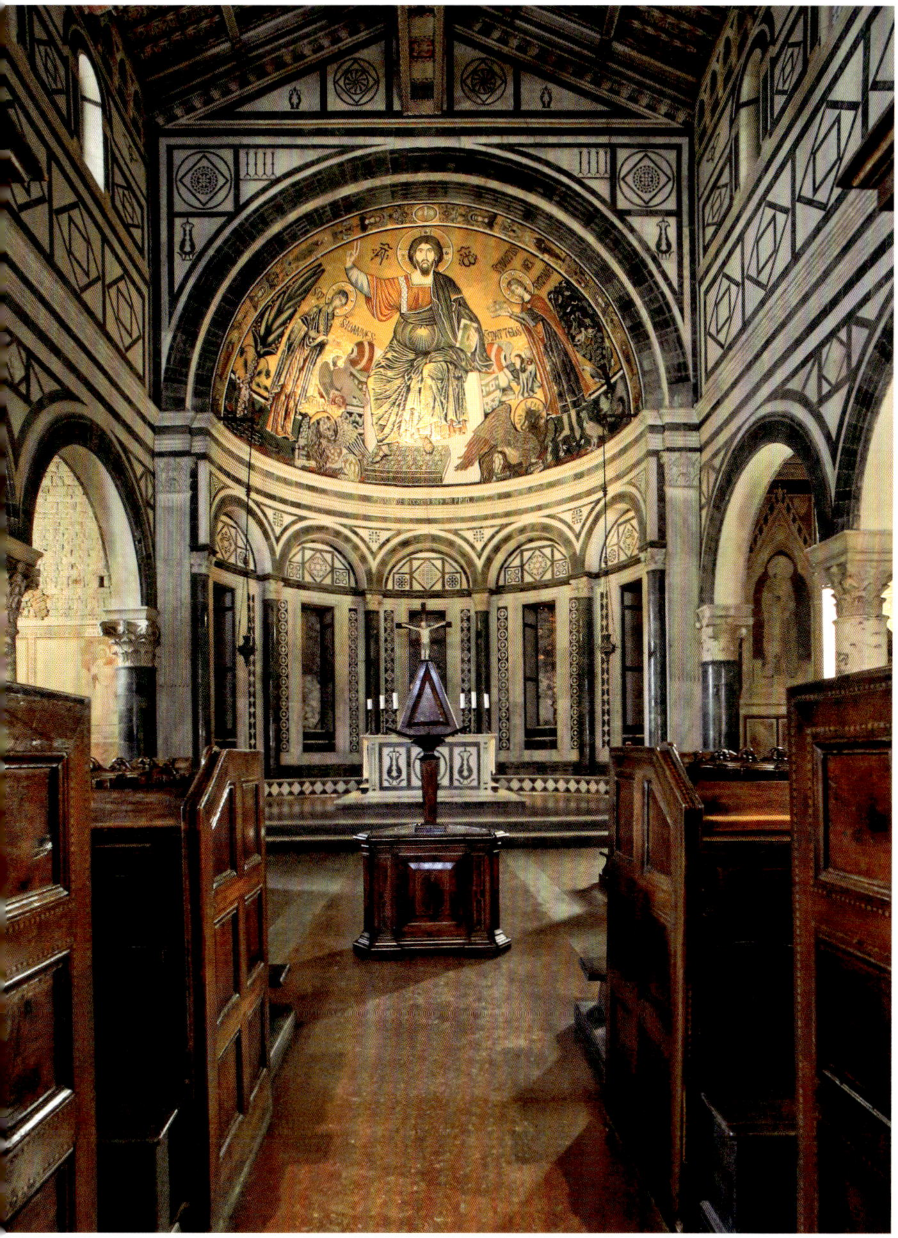

모두 가운데 베이에 놓인 삼중 아치 베이에 있다는 점이 이러한 추정의 근거를 제공한다.

네이브의 한 가운데에는 아름다운 독립구조의 (freestanding) 십자가 소예배실 (Cappella del Crocefisso)이 있는데, 이것은 이른바 산 죠반니 괄베르토 (San Giovanni Gualberto) 십자가를 안치하기 위하여 피에로 디 코시모 데 메디치 (Piero di Cosimo de' Medici)의 의뢰로 1448년에 미켈로쪼 (Michelozzo)가 디자인하였다. 소예배실 곡면 천정 (vault)의 테라코타 (terracotta) 장식은 루카 델라 로삐아 (Luca della Robbia)의 작품이다. 북쪽 아일에 있는 포르투갈 추기경 소예배실 (Cappella del Cardinale del Portogallo)은 1473년에, 포르투갈 대사 이기도 했던 리스본 출신 자코포 디 루시타니아 (Jacopo di Lusitania) 추기경을 기리기 위하여 세워졌으며, 어떤 사람들은 이 소예배실을 이탈리아 르네상스의 가장 훌륭한 장묘 기념물중 하나로 평가한다. 이것은 성당 내의 유일한 무덤인데, 브루넬레스키 (Brunelleschi)의 조수였던 안토니오 마넷티 (Antonio Manetti)가 디자인 하였으며, 그의 사후에 안토니오 롯셀리노 (Antonio Rosselino)가 완성하였다.

흰색 카라라 (Carrara) 대리석과 짙은 녹색 프라토 (Prato) 대리석으로 구성된 산 미니아토 성당 정면은 1090년경 시작되어, 12세기말이나 13세기초에 완성된 것으로 추정되는 두 개의 부분으로 나뉘어져 있다. 눈에 띄게 두드러진 코니스 (cornice, 처마)가 위에 놓인 받침 부분은 날씬한 프라토 대리석 기둥으로 지지되는 다섯개의 반원 아치가 있고, 중앙 베이와 바깥 베이에는 문이 있고, 중간의 문 없는 베이와, 문 둘레 모두 대리석 상감 (inlay)으로 장식되어 있다. 이 받침 위에 홈이 패여진 (fluted) 네개의 필라스터로 구성되는 고전적 신전 정면이 놓여 있는데 여기에도 코니스가 있고, 양옆 아일 천정을 따라서 경사형 지붕이 로마시대에 벽 표면에 쓰였던 '오푸스 레티쿨라툼 (opus reticulatum)'과 비슷한 대각방향 사각형 문양으로 장식되어 있다. 특히 강조되고 있는 필라스터 사이 중앙 벽면의 13세기 모자이크는 금색 바탕에 성모 마리아와 성 미니아토 사이 왕좌에 앉아서 축복을 내리는 그리스도를 묘사하고 있다. 프라토 대리석의 아홉개 반원 아치 위에 놓인 페디멘트가 신전 입면을 매듭지으며, 페디멘트 위에는 금을 입힌 표면에 1288년 부터 베네딕토회 수도원의 재정을 관리하고 있던 의류상인 조합 (Arte di Calimala)의 상징인 거대한 독수리가 조각되어 있다. 14세기 후반 이래 수도원은 올리베따노 (Olivetan) 성 베네딕토회가 운영하고 있다. 정교한 대리석 상감 디자인, 다채색 (polychromy)으로 장식된 트러스와 목재 천정이 성당 내부의 풍요로운 분위기에 크게 기여하고 있다. 이러한 다채색 구성은 한편으로는 인근에 풍부하게 존재하는 대리석과 수많은 장인들의 기량에 의해 촉진되었을 뿐 아니라 다른 한편으로는 예루살렘의 7세기 오마 (Omar)

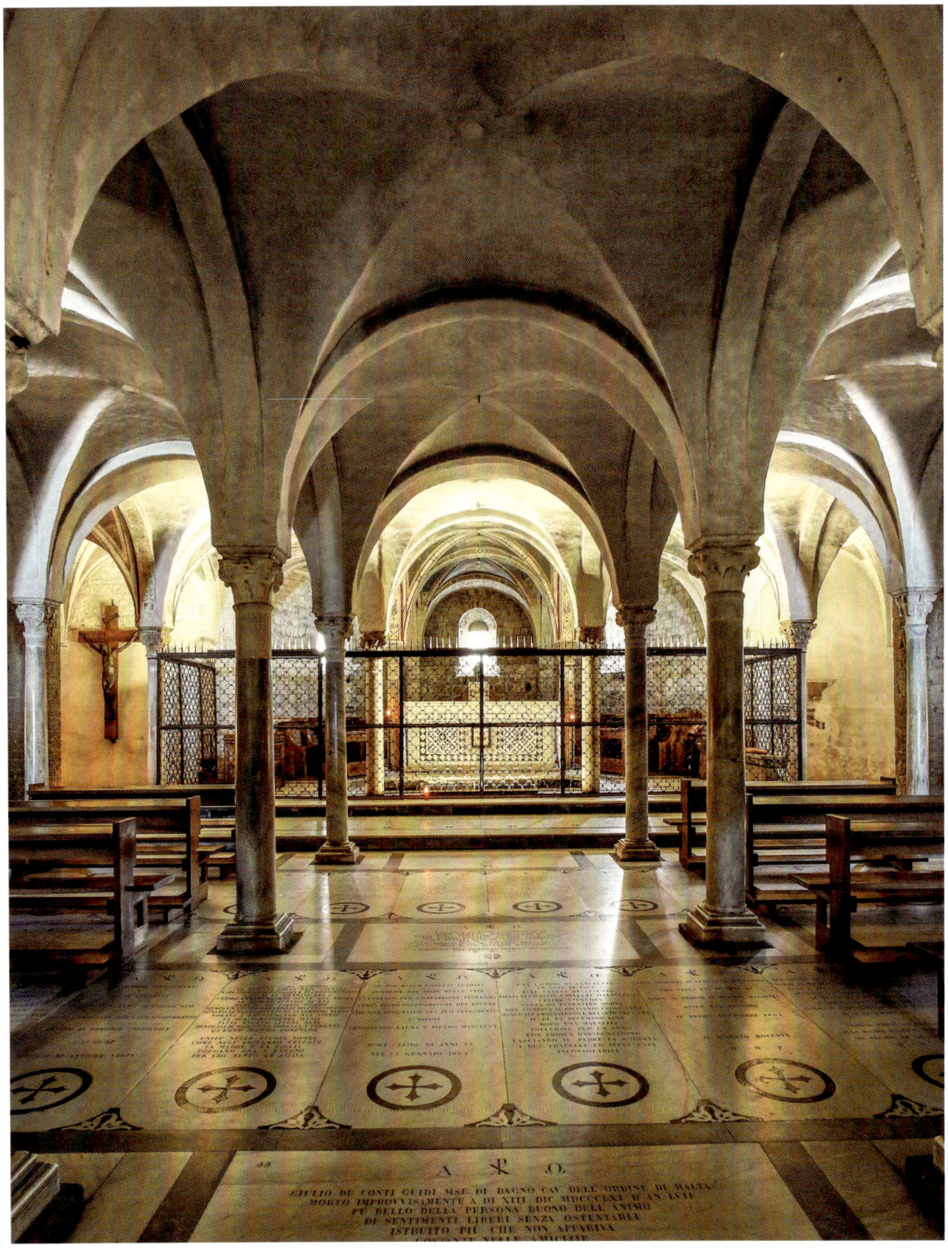

View of crypt from west

서쪽에서 본 크립트 모습

To the right of San Miniato stands Palazzo dei Vescovi *(The Bishops' Palace)*. Remains of the ancient ramparts, reminiscent of a fragment of some Roman fortification, surround the abbey compound towards the east and south. These ramparts were originally hastily erected at the suggestion of Michelangelo during the siege of 1529 and expanded into a true *fortezza* (fortress) by Cosimo I de' Medici later in the century. Adjacent to the church is a fine cloister

회교사원이나, 8~9세기 코르도바 (Cordoba)에 세워진 건축으로부터 영향을 받았을 수도 있다.

산 미니아토 성당의 오른쪽에는 주교 공관 (Palazzo dei Vescovi)이 있다. 로마 시대 성채의 유적처럼 보이는 고대의 성벽이 동쪽과 남쪽으로 수도원의 단지를 둘러싸는데, 이 성벽은 1529년의 피렌체 포위 당시 미켈란젤로의 제안으로 성급하게 구축되었다가 16 세기말 코시모 데 메데치 1세 (Cosimo de' Medici) 에 의하여 진정한 요새 (Fortezza)로 개조되었다. 성당 옆에는 15세기

designed by Bernardo and Antonio Rossellino and built in the mid 15th century. There is a *campanile* (bell tower) built to replace the original one which collapsed at the end of the 15th century. It was never completed, but was used as a base for the two cannons that were supposed to fire on the troops of Charles V, Holy Roman Emperor.

The spectacular façade of San Miniato al Monte later inspired Leon Battista Alberti (1404–1472) when he designed the completion of the façade of Santa Maria Novella in the 15th century. One also perceives a visual kinship between the base of the San Miniato façade and a building known as one of the first manifestations of the new architecture of the Renaissance: the Ospedale degli Innocenti *(The Foundling Hospital)* of 1419 by Filippo Brunelleschi (1377–1446). It is therefore fitting that San Miniato al Monte is considered one of the finest examples of Tuscan Romanesque architecture.

중반에 베르나르도 롯셀리노 (Bernardo Rosselino)와 안토니오 롯셀리노 (Antonio Rosselino) 가 디자인한 훌륭한 수도원 회랑이 있다. 수도원에는 15세기 말에 붕괴된 옛 종탑 자리에 새롭게 들어선 종탑 (campanile)이 있으나 완성되지는 않았다. 이 종탑은 찰스 5세 (Charles V.) 황제의 군대를 포격하기 위한 대포 두대의 포대로 쓰인 일도 있다.

산 미니아토 알 몬테 성당에서 가장 뛰어난 장관을 이루는 정면은 15세기에 레온 바티스타 알베르티 (Leon Battista Alberti, 1402–1472)가 산타 마리아 노벨라 (Santa Maria Novella) 성당 정면을 디자인할 때에 하나의 영감의 원천이었을 것이다. 한편, 건축을 관찰하는 이들에게는 산 미니아토 알 몬테 성당의 정면 받침 부분과, 르네상스의 새로운 건축의 최초의 표상인 필리포 브루넬레스키 (Filippo Brunelleschi, 1377–1446) 가 1419년에 지은 고아원 (Ospedale degli Innocenti) 정면 간의 시각적 동질성이 느껴질 것이다. 그러므로 산 미니아토 알 몬테 성당이 토스카나 로마네스크 건축의 가장 훌륭한 예로 간주되는 것은 충분한 명분이 있는 것이다.

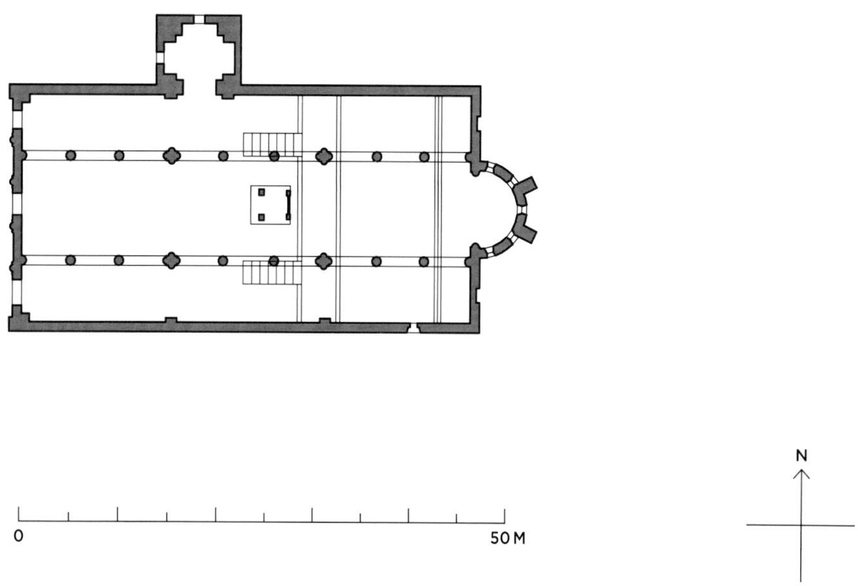

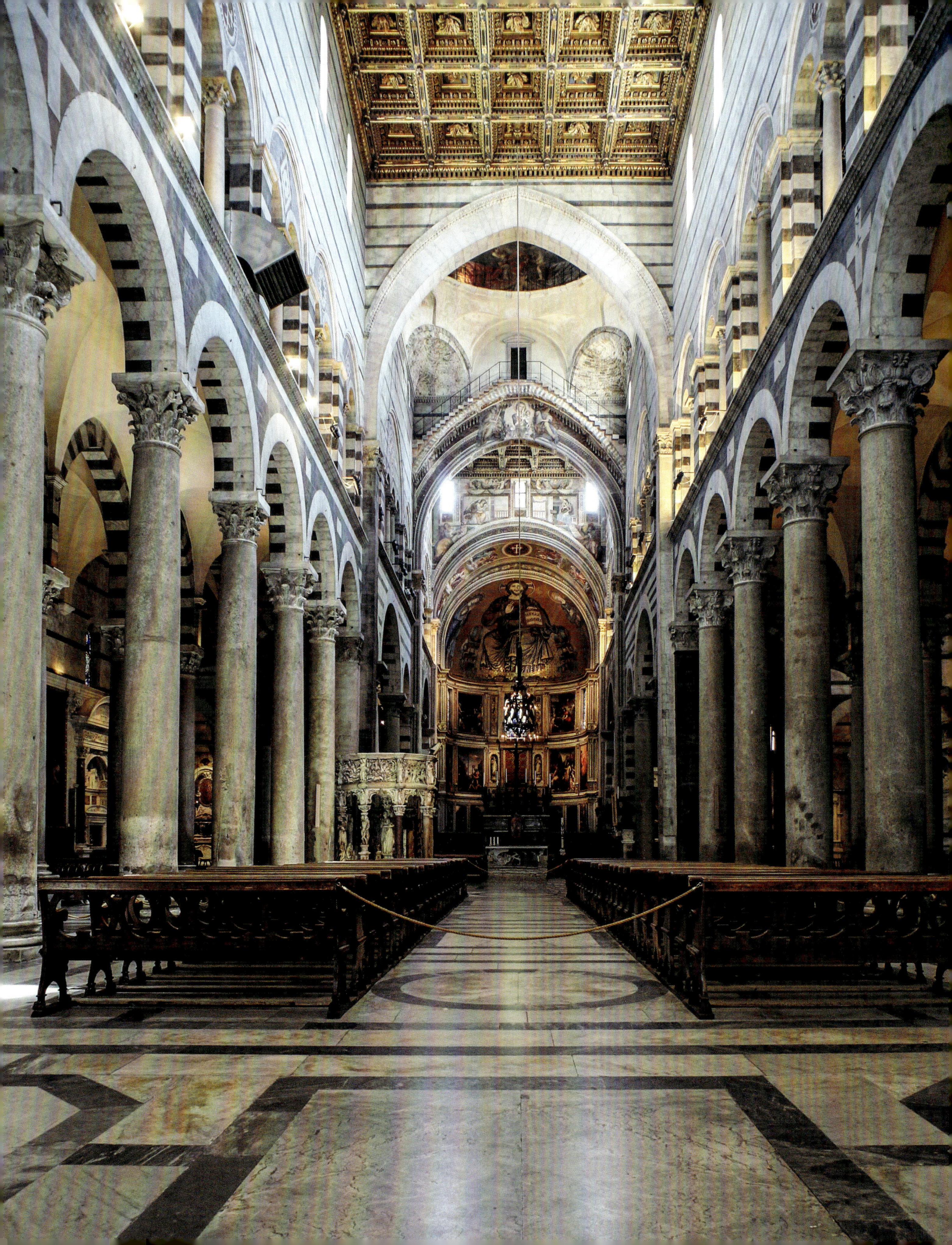

Cattedrale di Santa Maria Assunta

Pisa

산타 마리아 아순타 (성모 승천) 대성당

피사

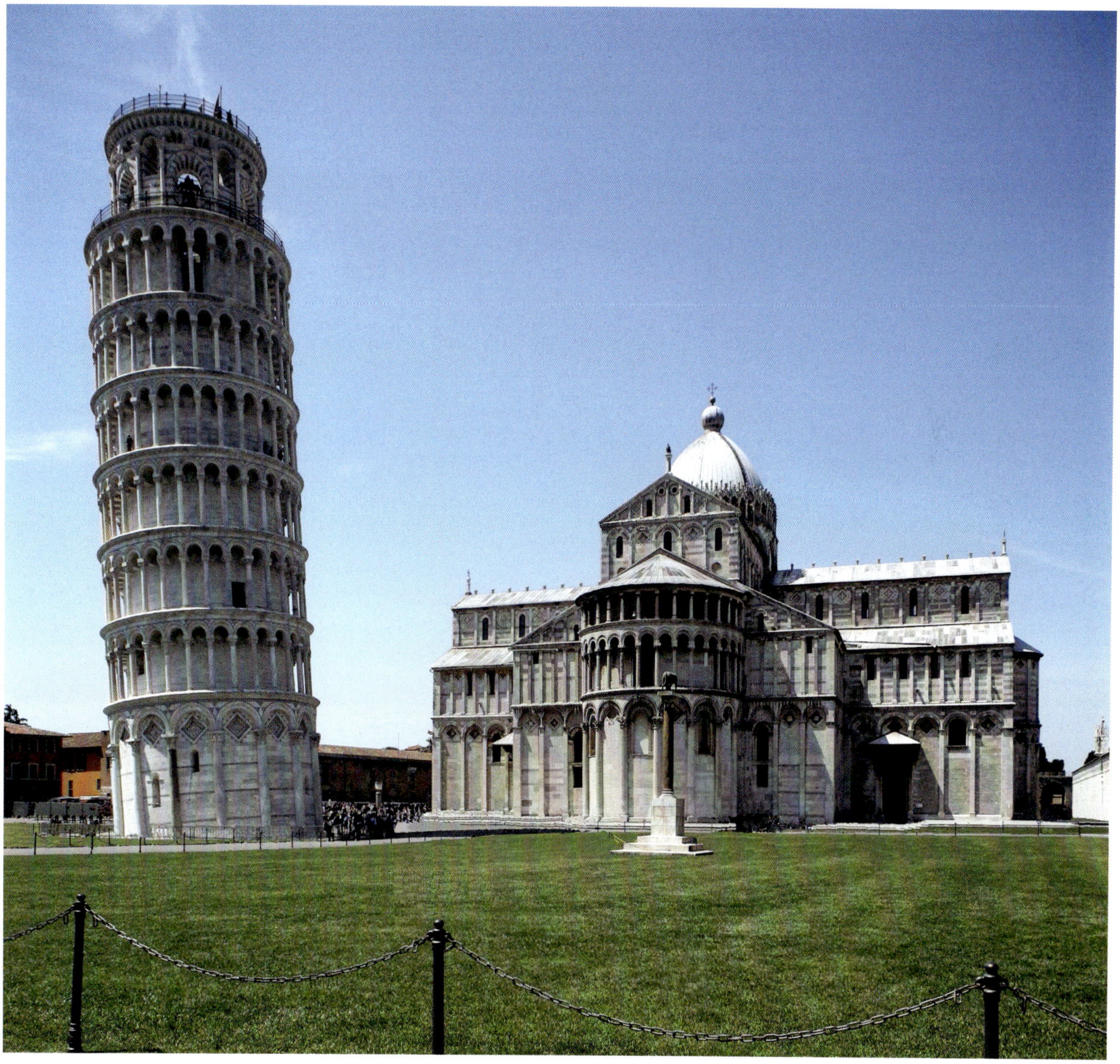

East façade and *campanile* "Leaning Tower of Pisa" from northeast

동북쪽에서 본 동쪽 입면과 "기울은 피사의 탑" 종탑 전경

← Nave interior from west

서쪽에서 본 네이브 전경

In 1062, in alliance with the Normans, the Pisan navy drove the Saracens out of Palermo with a decisive victory at sea, ushering in a century of naval supremacy in the Mediterranean. In the following year, 1063 (or 1064, according to the calendar in use in Pisa at the time), the Pisans began construction on their memorable cathedral. The episcopal site at Pisa is one of the most complete religious building ensembles of its kind, with cathedral, baptistery, bell tower and Campo Santo *(ceme-*

1062년, 피사 해군은 노르만 군과 합동으로 결정적 해상전 승리를 거둠으로서 팔레르모 (Palermo)의 사라센을 몰아내었고, 한 세기에 걸친 지중해 해상 패권시대를 맞이했다. 이듬해인 1063년 (당시 피사에서 사용하던 달력에 의하면 1064년), 피사는 그들의 유명한 대성당을 짓기 시작하였다. 피사의 대성당 단지는 가장 완전한 종교시설 단지의 하나로, 대성당, 세례당 (baptistery), 종탑 (campanile)과 묘지 (Campo Santo)를 갖추고 있다. 도시 중심에 서 있는 대부분의 전형적 대성당과 달리, 피사 대성당은

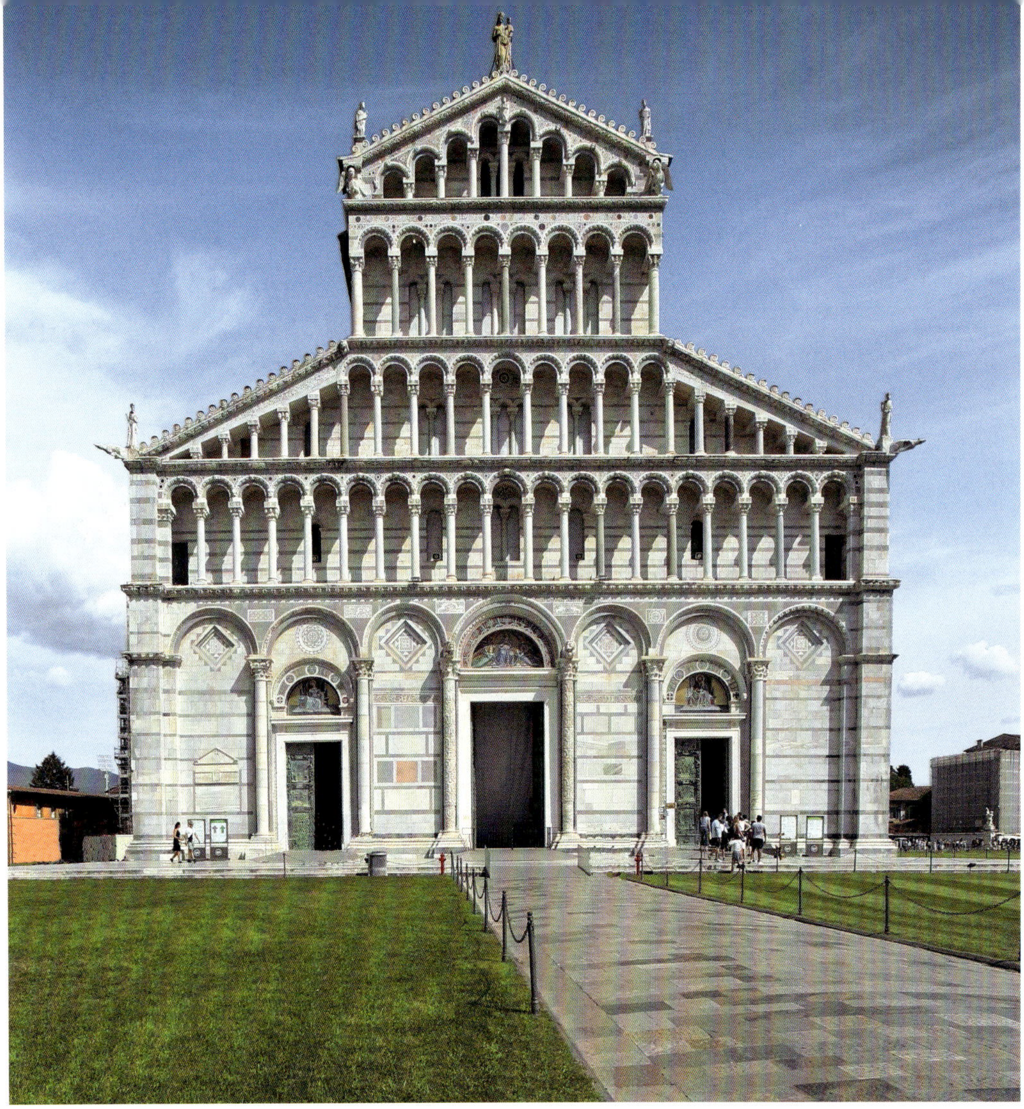

Axial view of west façade

정면으로 본 서쪽 입면

tery). Unlike most cathedrals, which typically occupy city centers, it is sited outside the city wall on a former necropolis. The marble paneling that all of the buildings, arcading and colonnades are faced with has weathered beautifully, and the cathedral ensemble stands as a splendid monument to the grandeur of the Pisan republic.

The cathedral was designed by a master builder named Buscheto according to an inscription on the façade. Building began in earnest about 1089. The grand project was built, on the one hand, using the spoils acquired during the won battle against the Saracens including building elements of various styles: Classical, Lombard, Byzantine and Islamic. Work was also financed, on the other hand, by donations from Matilda of Tuscany over a quarter century in the late 11th and early 12th centuries. A consecration was performed by Pope Gelasius II in 1118.

Although the cathedral is technically built on a Latin cross plan, in reality it is the conjunction of three basilicas, each with its own gallery. The cathedral consists of the great double-aisled nave,

도심 밖의 옛 묘지 자리에 세워졌다. 모든 건물, 아치로 구성된 벽 (arcading), 주랑 (colonnade)을 마감하는 대리석 패널들은 아름답게 풍화되어, 대성당 앙상블은 피사 공화국의 영화를 기리는 찬란한 기념비로 서 있다.

대성당은, 정면에 새겨진 명각에 의하여 부스케토 (Buscheto)라는 건축가에 의하여 디자인 되었다고 기록되어 있으며 건설공사는 1089년경에 본격적으로 시작되었다. 이 웅대한 사업은 한편으로는 사라센과의 승리에서 노획한 전리품 중의 고전주의 (Classical), 비잔틴, 그리고 이슬람 양식의 여러가지 건축 요소들을 활용하여 건설되었다. 또 한편으로는, 이 사업은 11세기 말엽에서 12세기 초에 이르는 4반세기 동안에, 카놋사 (Canossa)의 마틸다(Matilda)의 재정적 후원으로 지어졌으며, 1118년에 교황 젤라시우스 2세 (Gelasius II.)에 의하여 봉헌식을 거행하였다.

대성당은 기술적으로 표현하면, 라틴 십자형 평면으로 건설되었다고 말 할수 있으나, 실제로는, 그것은 제각각 갤러리가 있는 세 성당이 연결된 평면이다. 대성당은 로마의 옛 성 베드로 대 사원 (Old St. Peter's Basilica)에서 영감을 받았을 것으로

likely inspired by the old St. Peter's in Rome, a crossing, chancel with an apse, and transept arms. Each transept resembles a separate church, with an apse at the end, flanking aisles, and an aisle returned across the entrance end, next to the crossing. These returned aisles are joined with the inner aisles of the great nave and provide structural support for the oval dome on squinches and shallow pendentives, at the crossing. The aisles are groin-vaulted while the nave and galleries are covered in wood. Except at the extremities, the aisles and galleries are continuous around the building. The granite Corinthian columns between the nave and apse come from the mosque in Palermo; they are part of the Pisan spoils retained in 1062 after the successful joint attack with the Normans on the Saracens in that city.

A homogeneous design by the master builder Rainaldo extended the church by five bays of blind arcading on the exterior, ending in the western façade which expresses the nave and double aisles. This extension was finished in 1180, according to an inscription found on the bronze knockers

짐작되는, 대규모의 네이브와 크로싱, 앱스가 연결된 성단소, 그리고 트랜셉트 두 팔로 구성되어 있다. 트랜셉트는 독립된 성당처럼, 끝에 앱스, 양옆에 아일이 있고, 두 아일은 크로싱에 인접하여, 초입에서 90도로 돌아서 서로 연결된다. 이 연결된 아일들은 네이브의 안쪽 아일과 함께, 크로싱에 있는 스퀸치 (squinch)와 얕은 펜덴티브 (pendentive) 위에 얹혀진 타원형 돔의 하중을 구조적으로 지지한다. 아일들은 그로인 볼트 (groin-vault)로 지어진 반면, 네이브와 갤러리들은 목재로 덮혀 있다. 제일 끝 부분만 제외하고, 아일과 갤러리는 대성당 내부에서 전부 연결되어 있다. 네이브와 앱스 사이에 세워진 거대한 코린트 화강석 기둥들은, 1062년 피사 해군이 노르만 군과 합동으로 사라센을 팔레르모에서 성공적으로 축출하였을 때의 전리품으로, 그곳 회교사원에서 가져온 것이다.

건축가 라이날도 (Rainaldo)에 의하여, 대성당의 외관의 블라이드 아케에이딩 (blind arcading) 다섯 베이가 증축되어서, 서쪽 정면에 네이브와 측면 두개씩의 아일이 표현되는 입면이 만들어졌는데, 이 증축은 1180년에 완성된 것으로, 그 연대가 보난노 피사노 (Bonanno Pisano) 작품인 정문의 청동 녹커 (knocker)에 새겨져 있다. 대성당의 신도들을

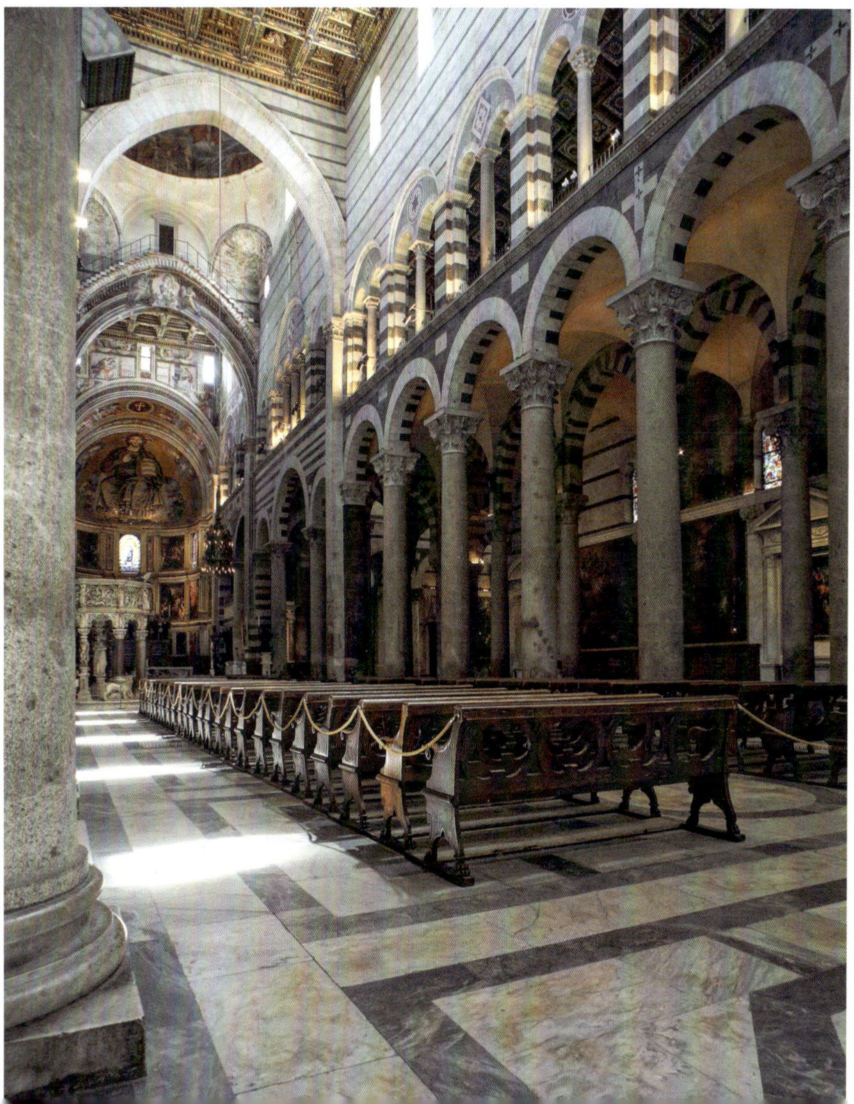

Oblique view of nave from southwest

남서쪽에서 본 네이브의 사선방향 모습

of the main door the work of Bonanno Pisano. From its inception the primary entrance to the cathedral for the faithful was the door on the west side of the southern transept, named La Porta de San Raniero *(Saint Rainerius door)* after the patron saint of Pisa.

Documentary and material evidence suggest that the building above the blind arcading and the western extension were not constructed until after the middle of the 12th century and possibly even into the 13th. It appears likely that the upper parts, like the western extension, constitute a rebuilding rather than completion. As is often the case with buildings in Italy outside Lombardy, the plan differs from the articulated standards from north of the Alps, in particular certain aspects of design such as the ambiguity of the crossing and the fact that the ex-

위한 정문은 처음부터 남쪽 트랜셉트의 서쪽 문이었고, 피사의 수호 성인을 기리어 '라이네리우스 (Rainerius) 성자의 문'이라 불리운다.

문헌과 물리적 구조에 의하여, 블라인드 아케이딩 윗 부분과 서쪽으로 증축한 부분은 12세기 중반 이후, 또는 13세기에 들어서야 지어졌다고 추측된다. 윗 부분과 서쪽 증축 모두, 처음 계획의 완공이라기 보다는 다시 지은것으로 간주된다. 롬바르디아 외의 이탈리아 다른 지방에서 지어진 건축의 경우에서 종종 볼수 있듯이, 평면이 알프스 산맥 북쪽에 세워지는 건축의 규범에서 벗어나는데, 특히 크로싱의 모호함과 1층 외관의 블라인드아케이딩이 대성당 내부의 기둥 경간과 일치하지 않는 점을 예로 들 수 있다.

네이브 입면은 기둥들 위에 놓인 아치들과, 갤러리, 그리고 고창 (clerestory)들로 구성되며, 이러한 구성은 트랜셉트를 건너 뛰면서도 연속되기 때문에, 크로싱은 개념상 존재할 뿐이지, 시각적으로는

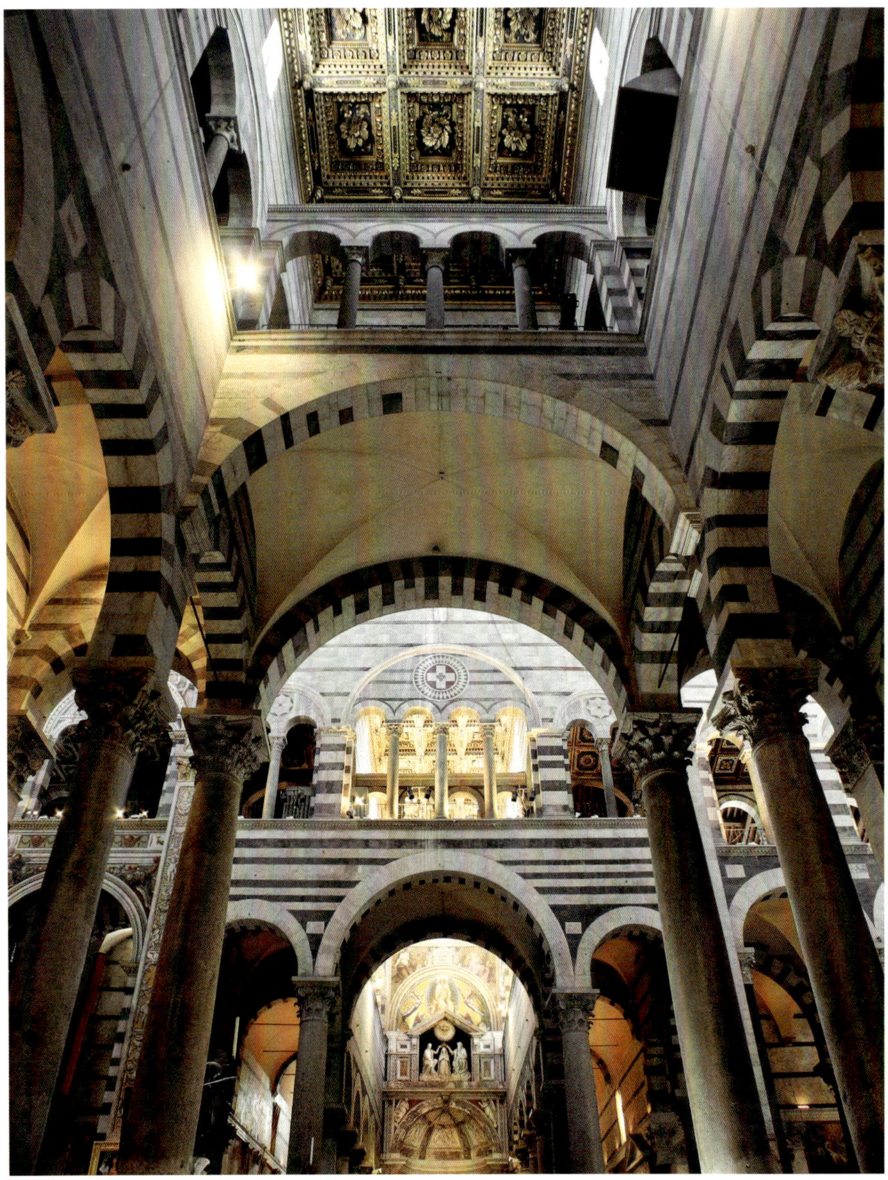

View of crossing from south

남쪽에서 올려다 본 크로싱

Detail of east apse
동쪽 앱스의 디테일

terior blind arcading on the ground floor does not coincide with any of the bay divisions in the interior.

The nave elevation consists of an arcade on columns, a gallery, and a clerestory, an arrangement which continues across the transepts so that the crossing exists more in a conceptual sense than a visual one. The rows of columns, which separate the double aisles, carry pointed arches, a Gothic impulse which the builders appear not to have resisted. The upper part of the nave incorporates zebra work, ultimately inspired by the classical *opus mixtum*, which becomes only too familiar in Tuscan Romanesque and Gothic buildings. A pointed triumphal arch terminates the nave, but the arches beyond are round. The large mosaic in the apse of *Christ Enthroned between the Virgin and St. John*, famous for its depiction of St. John the Evangelist, was based on a painting done by Cimabue in 1302 and crafted by Francesco da Pisa and others; it miraculously survived a catastrophic fire in 1595. Although executed in the Renaissance period, the mosaic is clearly in the Byzantine tradition.

Like many other great structures which have initiated a group or school, the Cathedral of Pisa contains an embracing unity, stylistically diverse. Its beautifully sheathed marble exterior includes decorative arcades and a range of pilasters which were likely inspired by examples in Rome and Flor-

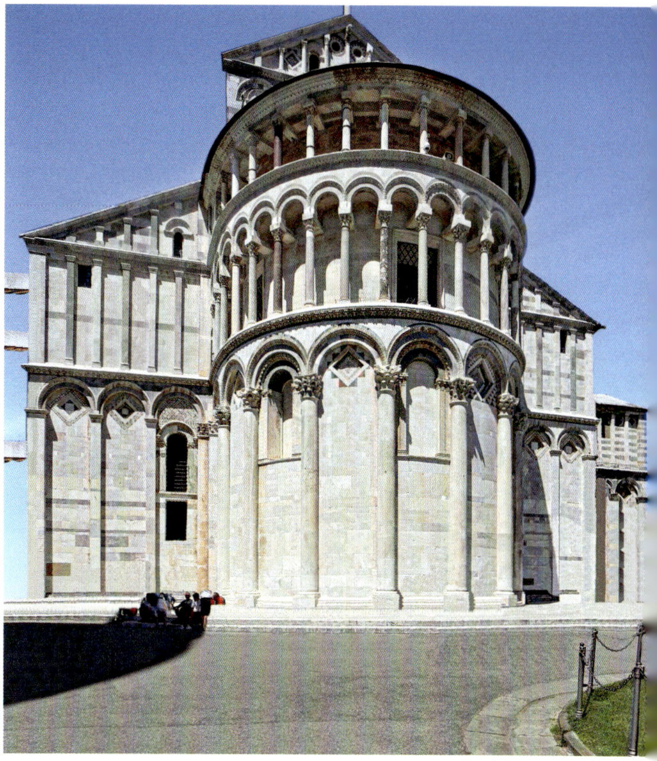

View of east apse and *campanile* from south
남쪽에서 본 동쪽 앱스와 종탑 전경

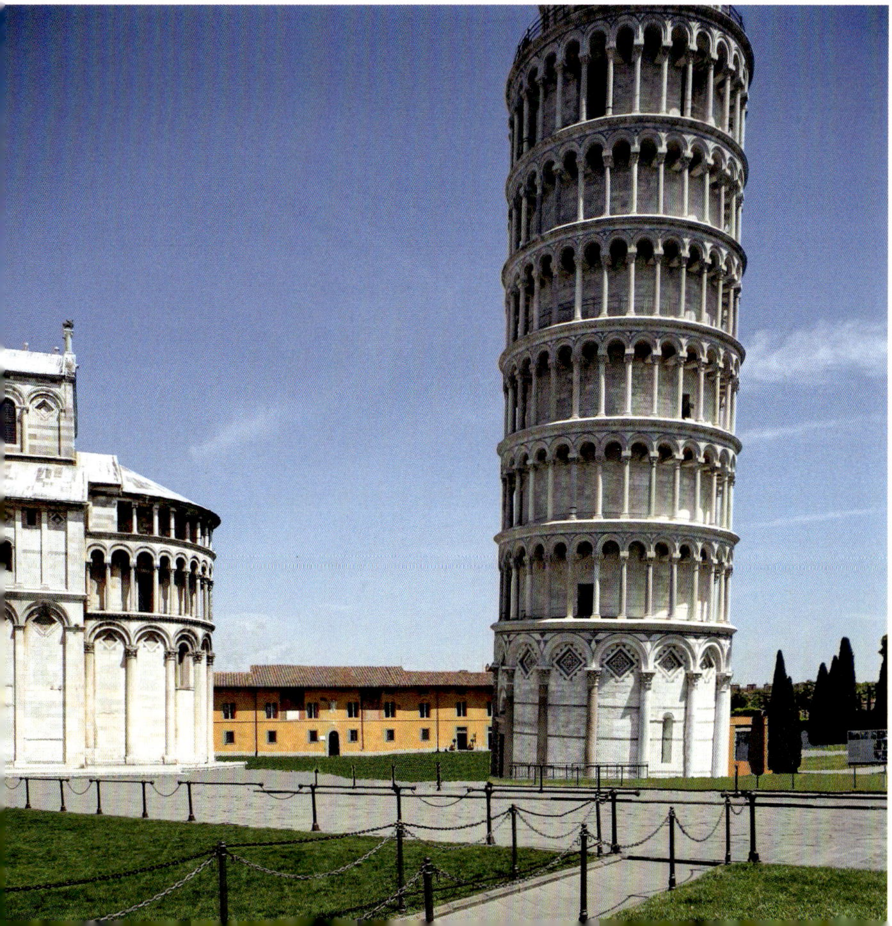

뚜렷이 인식되지 않는다. 두줄 아일을 구획하는 기둥들은 시공하는 팀이 고딕 양식을 도입하는 것을 주저하지 않았던 듯, 뾰족한 아치들을 받치고 있다. 네이브의 상부는 토스카나 지방의 로마네스크나, 후에 고딕 건축에서 낯 익은 띄 무늬 돌 공사 기법을 구사하고 있고, 이것은 로마시대의 오푸스 믹스툼 (opus mixtum)에서 유래한다. 뾰족한 아치의 개선문이 네이브를 매듭짓고 있으나, 성단소 안 쪽은 반원 아치로 구성되어 있다. 앱스에 있는, 복음자 요한의 묘사로 높이 평가받는, '성모 마리아와 성 요한 사이 왕좌에 앉아 있는 그리스도 (Christ enthroned between the Virgin and St. John)' 대형 모자이크는 1302년 치마부에 (Cimabue)가 그린 그림에 근거하여, 프란치스코 다 피사 (Francesco da Pisa)와 다른 장인들에 의하여 제작 되었으며, 1595년의 대화재에도 불구하고 기적적으로 소실되지 않았다. 르네상스 시대에 제작되었으나, 이 모자이크는 분명히 비잔틴 전통을 계승하고 있다.

하나의 집단이나 파 (school)를 시작하는 다른 중요한 건축처럼, 피사 대성당은 전체를 포용하는 통일성 내에서도 다양한 스타일을 표현한다. 대성당의 단아하게 시공된 대리석 외벽은 장식적 아케이드와 다양한 필라스터 (pilaster)를 포함하며,

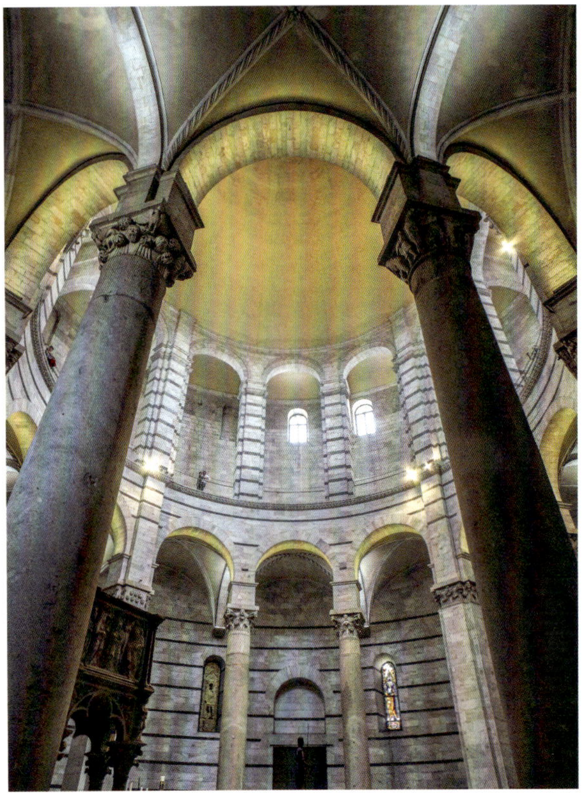

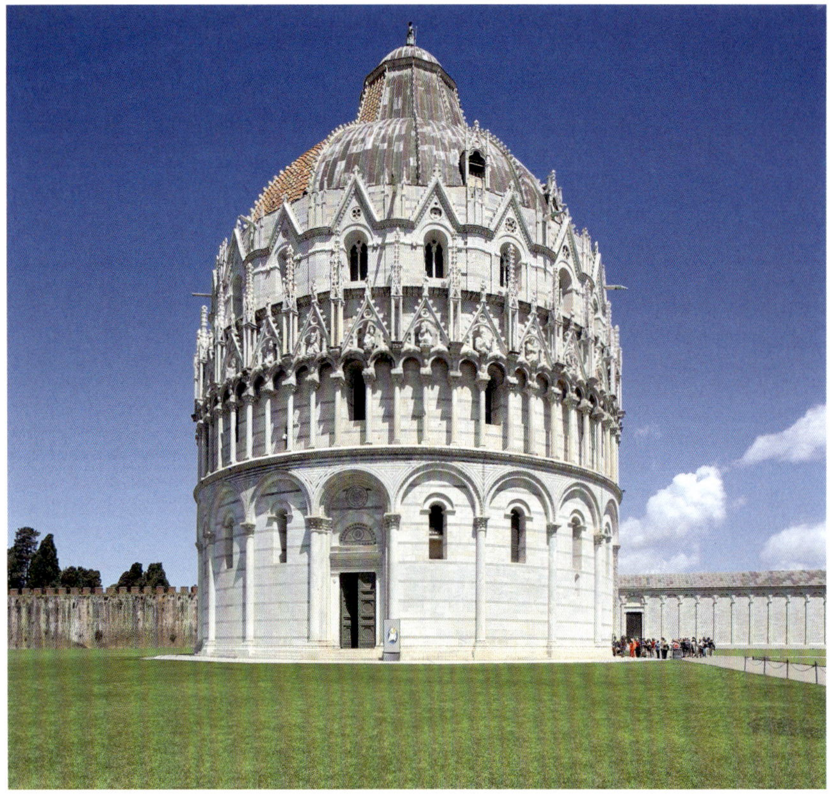

Interior of baptistery looking up to vaulting (left)

볼팅을 올려다 본 세례당 내부 모습

Exterior view of baptistery from southeast (right)

동남쪽에서 본 세례당 외관

ence, although some scholars point to Byzantine and even Armenian sources. The four-storied arcading of the façade, finished in the 13th century, is thought to reflect Lombard freestanding gallery work. Such arcading in marble, freestanding or applied, became the design manual of the Pisan school, especially when accompanied with square panels set diagonally with their corners pointing up in the tympana of the arches. The nave arcade of the church is set on a magnificent series of antique columns, each one slightly different but all purely Roman in style, with slab-like impost blocks. The spolia, or 'ostentatiously re-used materials' as they have been called, are distinctly Classical, and are judiciously used here at Pisa to great effect.

The Pisa Baptistery of St. John is a freestanding structure situated near the cathedral. Designed by Diotisalvi, it is reminiscent of Roman antiquity, and of the Holy Land, to which the Pisan merchant marine was transporting crusaders and pilgrims at the time of its construction. The scheme is like that of the Church of the Holy Sepulchre in Jerusalem but the detail is Pisan, with a vaulted interior. The carving on the building is beautiful and quite Classical in spite of its date of 1153 and later; its pulpit was sculpted between 1255 and 1260 by Nicola Pisano, who also participated in the remodeling of the exterior of the baptistery in the Gothic style in 1250–65.

그것은 로마와 피렌체의 예에서 영감을 받았을 것으로 추측되나, 일부 학자들은 비잔틴, 나아가서 아르메니아 (Armenia) 원천도 지적한다. 13세기에 완성된 4층 구성의 갤러리는 독립해 서있는 롬바르디아의 갤러리를 본딴 것으로 생각되지만, 독립해서 서 있든 건물 벽에 시공 되었든, 이러한 대리석 아케이딩은 피사 파 (Pisan school)의 디자인 매뉴얼이 되었으며, 특히 아치로 된 팀파나 (tympana)에 작은 정방형 돌들이 대각 방향으로 모서리가 위로 배치된 문양과 함께 제작 되었을 때에 피사 파의 디자인으로 인식된다. 대성당 네이브의 아케이드는, 각각 조금씩 다르나, 모두 순수한 로마 양식으로 만들어진 훌륭한 고대 기둥들 위에 놓인, 슬랩 같은 대륜 (impost block) 위에 얹혀져 있다. 전리품 (spolia)들, 또는 '허세 부리기 위하여 다시 쓰는 물건'이라고 일컫는 것들은 뚜렷이 고전 양식이고, 이곳 피사 대성당에서 대단히 효과적으로 현명하게 쓰였다.

세례당 (baptistery) 은 디오티살비 (Diotisalvi) 가디자인했는데, 고대로마, 또는성지 (팔레스타인)를 연상시킨다. 세례당이건설되었던시기는, 피사의상선들이 순례자와 십자군을 성지로 운송하던 시기이다. 세례당의 디자인은 예루살렘에 있는 성묘성당 (Church of Holy Sepulchre) 과비슷하면서, 내부는돌볼트로지어졌고, 디테일은 피사 양식이다. 세례당의 돌 세공은 극히 아름답고, 1153년 그 후에 시공되었음에도 불구하고 극히 고전 양식으로 디자인 되었다. 1250년에서 1265년 사이에, 니콜라 피사노 (Nicola Pisano)가 외관을 고딕 양식으로 개조하는 일에 참여하였다.

The great Pisan *campanile* is cylindrical as are the old bell towers in Ravenna, but much more elaborate, with six stories of decorative marble gallery arcading. The design is consistent with both the cathedral and baptistery although carried forward as late as 1271 by master builders such as Gerardo di Gerardo and Giovanni Pisano. The tower is about 55 meters high and approximately four meters out of plumb, hence its fame as the *Leaning Tower of Pisa*.

The Campo Santo is the fourth element that completes the great cathedral ensemble at Pisa, and it is said that the earth covering the garth is indeed holy, having been brought over from Palestine as ballast on Pisan ships. It was largely built by Giovanni di Simone in 1278–83 and makes use of Italian Gothic arches and tracery.

To quote the eminent English architectural historian, Sir Banister Fletcher, the cathedral is "one of the finest of the Romanesque period and has a strongly marked individuality. The building depends for its interest on its general proportions and on the delicacy of its ornamental features."

유명한 피사의 종탑 (campanile)은 라벤나 (Ravenna)에 있는 종탑들처럼 원통 모양이나, 훨씬 더 정교하게 육층의 대리석 갤러리 아케이딩 (arcading)으로 구성되었다. 종탑 디자인은 건축가 제라르도 (Gerardo)에 의해서 1271년 까지 시공되었으나, 대성당과 세례당 디자인의 언어를 따르고 있다. 종탑은 약 55미터 높이이고, 수직선에서 약 4미터 기울어 있어서 '피사의 사탑 (Leaning Tower of Pisa)' 명성을 얻게 되었다.

캄포 산토 (Campo Santo, 성 스러운 들) 가 피사의 대성당 앙상블을 완성하는 네번째 건축이며, 묘지 마당을 덮고 있는 흙은 정말로 성스럽다고 전해지는데, 피사의 배들이 팔레스타인 에서 밸러스트 (ballast)로 싣고 왔기 때문이다. 이 건축은 주로 죠반니 시모네(Giovanni Simone) 가 1278년-83년 사이에 지었고, 이탈리아 분위기의 고딕 아치와 장식을 활용하고 있다.

저명한 영국의 건축사가 바니스터 플레처 경 (Sir Banister Fletcher)의 말을 빌자면, "피사 대성당은 로마네스크 시대의 가장 훌륭한 건축의 하나이며, 강력하게 표현된 개성을 지니고 있다. 이 건축의 중요성은, 전반적인 비례감과 장식적 요소들의 섬세함에 의존한다."

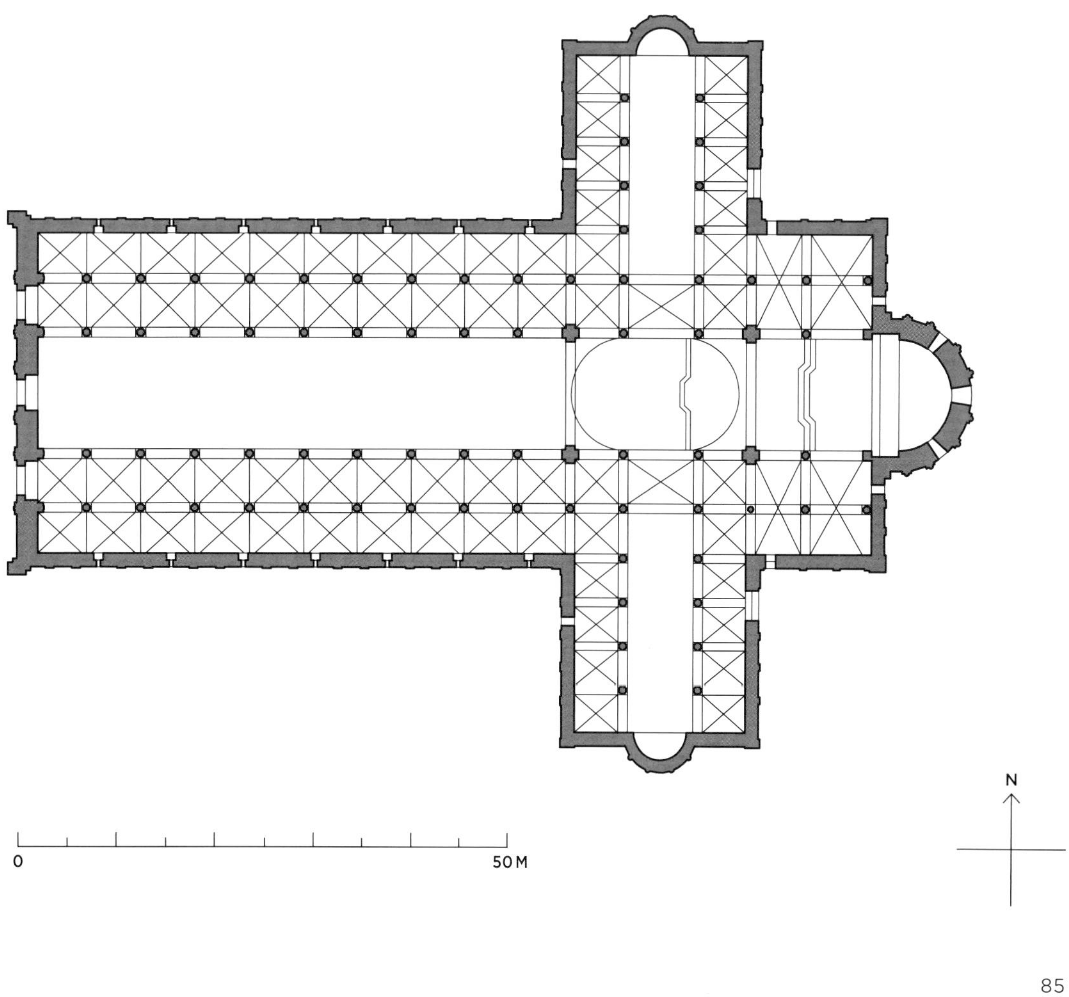

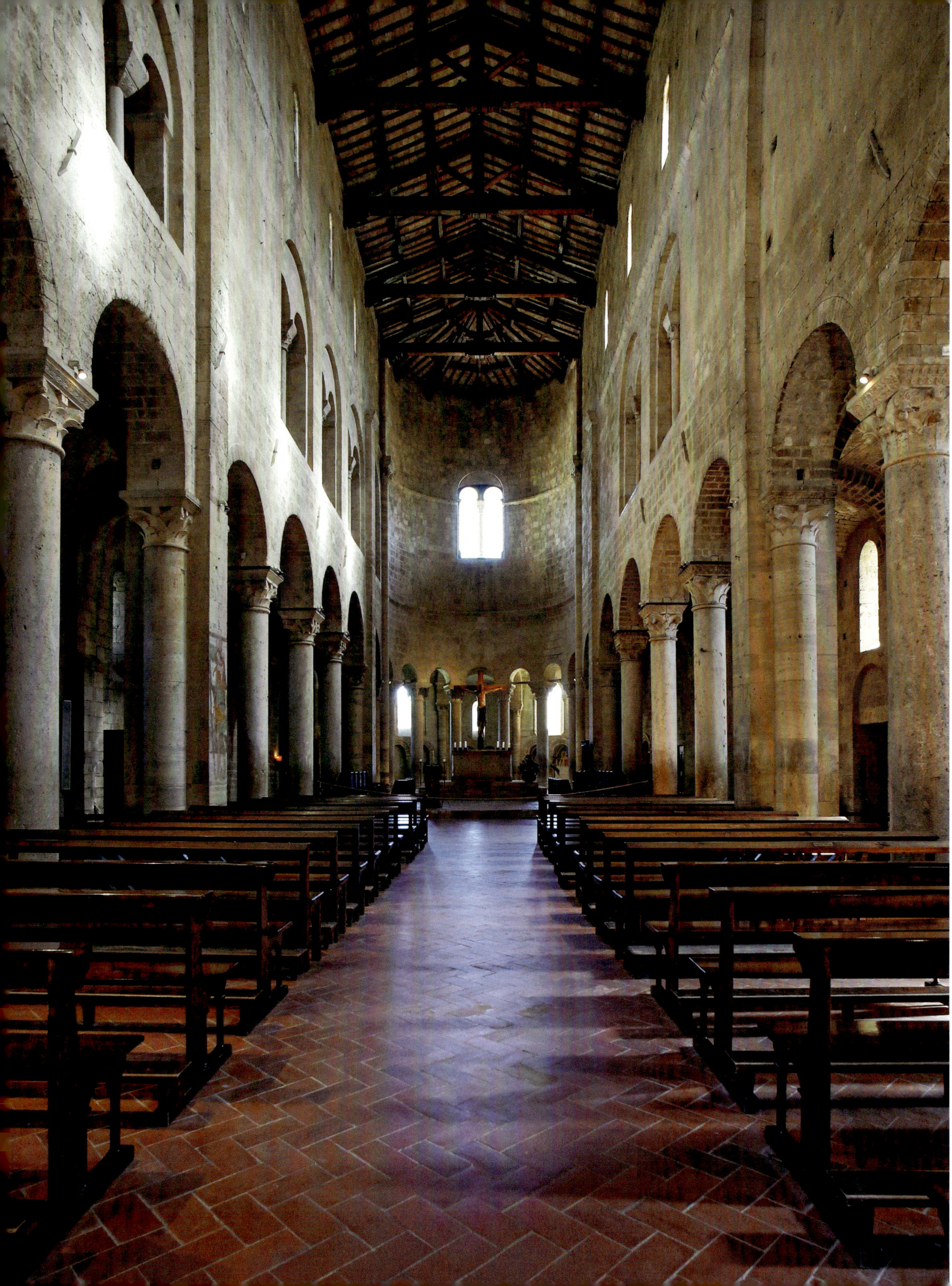

Abbazia di Sant'Antimo
Castelnuovo dell'Abate (Montalcino)

산탄티모 수도원
카스텔 누오보 델 아바테 (몬탈치노)

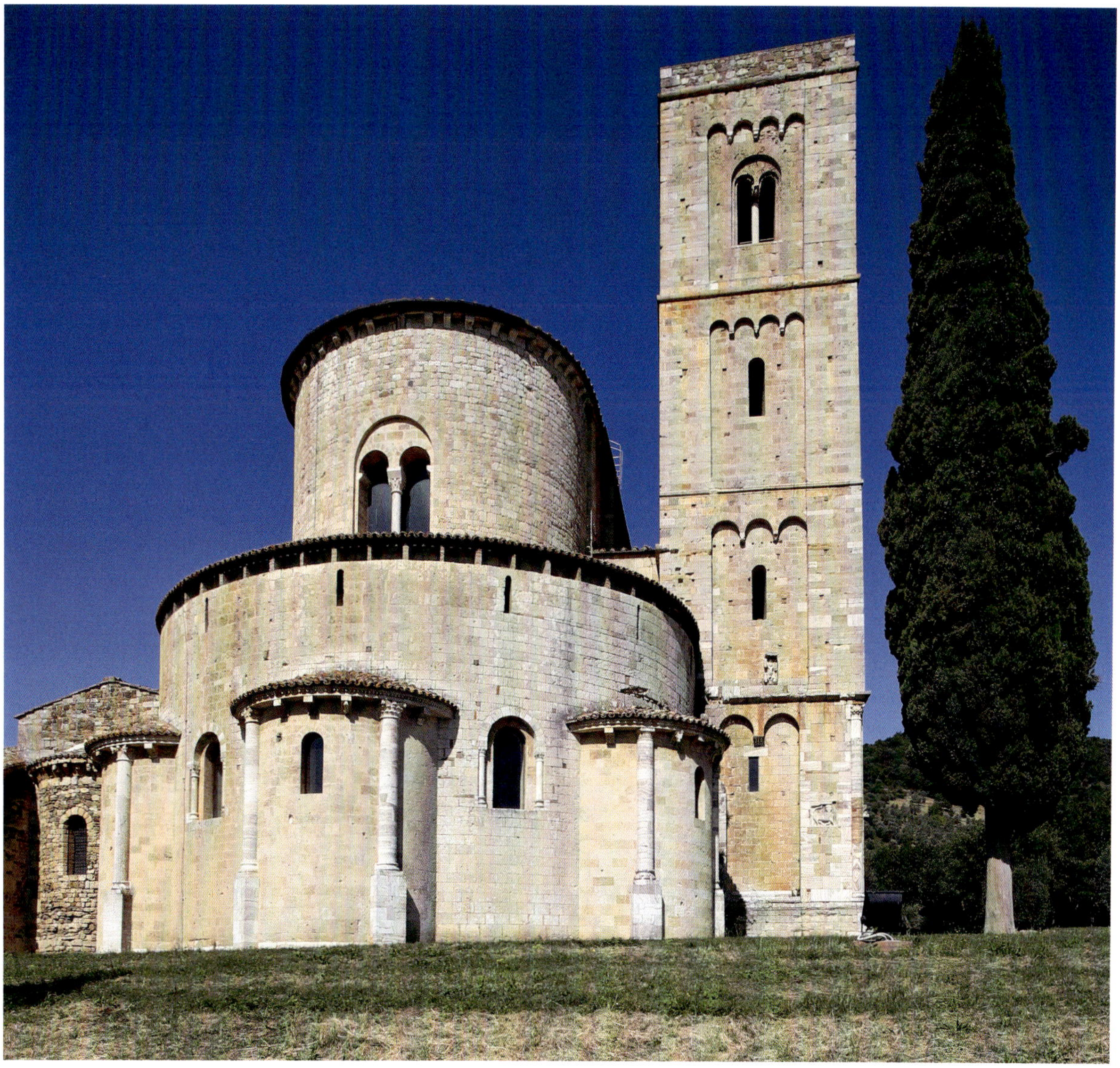

Eastern apse with radiating chapels and *campanile*

방사방향으로 놓인 소예배실과 종탑을 갖춘 동쪽 외관

The Abbey of Sant'Antimo, named after Saint Anthimus of Rome, is a former Benedictine monastery located in the village of Castelnuovo dell'Abate in Tuscany, approximately nine kilometers from Montalcino. After many years of disuse, the abbey was reoccupied in 1992 by a small community of canons. Since 2016, monks of the Olivetan branch of the Benedictine order manage the abbey.

The origins of the abbey are unclear. Legend has it that Charlemagne had vowed to found an

로마의 성 안티무스 (St. Anthimus) 를 기려서 이름지어진 산탄티모 (Sant'Antimo) 수도원은 원래 베네딕토회 수도원으로 지어졌으며 토스카나 지방 몬탈치노 (Montalcino) 에서 약 9 킬로미터 떨어진 카스텔누오보 델 아바테 (Castelnuovo dell'Abate) 라는 마을에 있다. 오랜 세월 비워두었던 이 수도원은 1992년 작은 성직자 단체에 의하여 다시 활용되기 시작하여, 2016년 부터는 올리베따노 (Olivetan) 성 베네딕토회 수사들에 의하여 유지되고 있다.

← Nave interior from west

서쪽에서 본 네이브 전경

abbey after divine instruction by an angel in his dream cured his courtiers and soldiers who were suffering from the plague while camped near Monte Amiata. The earliest document relating to the founding of the Benedictine abbey is a land grant from Louis the Pious dated December 813, and an account of Charlemagne founding the abbey also appears in a document dated 1051, which was during the reign of Emperor Henry III. Thanks to a gift from a benefactor, construction of the standing church was begun before 1118, a date which is inscribed on the altar step and on a column to the left of it. The standing church incorporates the crypt and a chapel in an apse from an earlier structure dating from the Carolingian era. The abbey prospered for almost a century and, at its peak, had authority over 38 daughter churches throughout Tuscany. The most important of the abbey's assets was the castle of Montalcino, the abbot's residence. The abbey went into decline at the beginning of the 13th century when Montalcino surrendered much of its holdings to Siena. After a subsequent period of regaining some influence, Sant'Antimo went through another period of decline in the 15th century when it was annexed to the new diocese of Montalcino-Pienza. The abbey continued decaying through the 19th century but was finally restored by the Italian state in the 1870s.

Sant'Antimo is very unusual in that it is the only church in Tuscany whose ambulatory was designed with radiating chapels. This is based on French Romanesque design, the transmission of which was likely facilitated by the proximity of Sant'Antimo to Via Francigena, the pilgrimage route from the Alps to Rome. Nothing is known of the master builder. The church is built on a basilica plan with an eight bay-long nave with aisles, then a rectangular bay to the east which, in turn, is joined to a semi-circular chancel surrounded by an ambulatory with three radiating chapels. The rectangular bay defined by piers at its corners, acts as a 'crossing.' In place of transept arms, however, lies the bell tower to the north, and to the south is the sacristy, which houses the Carolingian chapel in an apse facing the east side. The nave arcade is carried on columns and substantial central piers at mid-point, in the manner that had been popular north of the Alps since the construction of Saint Cyriakus in Gernrode in the 10th century. The aisles and ambulatory are groin-vaulted, while the nave was constructed with a wooden roof on trusses.

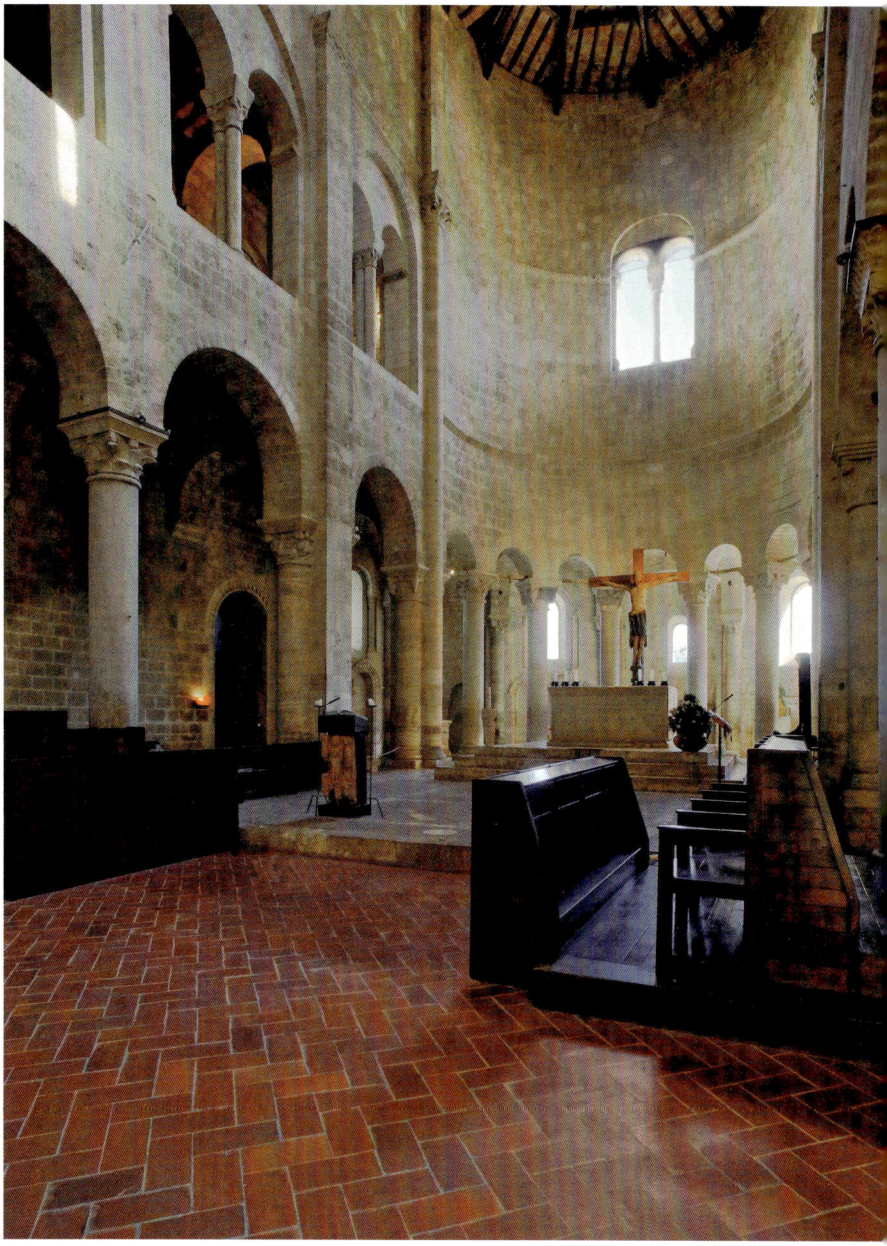

View of chancel from southwest

남서쪽에서 본 성단소 모습

수도원의 기원은 분명치 않다. 샤를마뉴 대제가 몬테 아미아타 (Monte Amiata) 근처에서 야영 당시 신하와 군인들이 역병으로 쓰러져갔는데, 꿈에 나타난 천사의 계시로 모두 치유되어 이를 기억하기 위해 수도원을 창건했다는 전설이 있을 뿐이다. 베네딕토회 수도원의 창립에 관해 가장 오래된 문서는 813년 12월 신앙의 루이 (Louis the Pious)의 토지기증서이다. 신성 로마 황제 하인리히 3세 (Heinrich III.) 집정하인 1051년에 작성된 문서에는 샤를마뉴 대제가 수도원을 창설했다는 내용이 담겨있다. 한 후원자의 기부에 힘입어, 현존 성당의 공사는 1118년 이전에 시작되었고, 그 연대는 제단의 디딤돌과 그 왼쪽의 기둥에 새겨져 있다. 현재의 성당은 카롤링거 시대에 건설된 크립트와 앱스 하나에 있는 소예배실을 합하여 지어졌다. 수도원은 거의 한

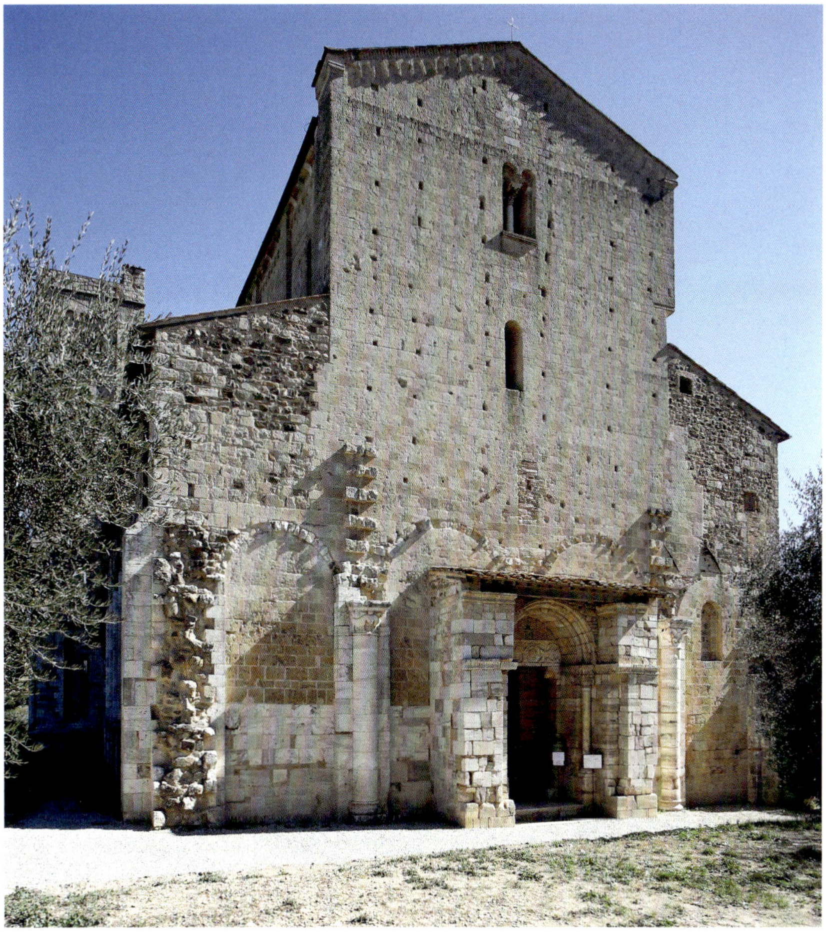

West façade from northwest
북서쪽에서 본 서쪽 정면

The nave is about 44 meters long and approximately 20 meters high. Above the aisles are triforium galleries, the northern gallery being the *matronaeum* (ladies' gallery). While the ambulatory and portal design are distinctly French Romanesque, the nave elevation, galleries, and clerestory are clearly of Lombard sensibility in design and execution. The semi-circular chancel is defined on the tall vertical walls by half-cylindrical shafts, going up from the floor level to the level of the first cornice of the masonry, which are finished with finely sculpted capitals, while at the floor level, the step at the first bay to the west of the rectangular 'crossing' marks the sacred precinct endowed with a crucifix from the early 13th century.

With respect to the Carolingian edifice, the southern apse, called *Cappella Carolingia*, and the with animal and vegetable motifs richly decorated portal are extant. The Carolingian chapel contains frescoes by Giovanni d'Asciano which illustrate stories of St. Benedict, and currently serves as a sacristy. The crypt, with a nave and two aisles divided by four columns, is located under the chapel. A capital carved with the scene of "Daniel

세기 동안 번창하여, 전성기에는 토스카나 전역에서 38개의 예하 수도원을 거느리기도 했었다. 수도원의 제일 중요한 재산은 수도원장의 거처로 쓰이던 몬탈치노 성이었다. 그러나 13세기초, 몬탈치노의 소유 재산 대부분이 시에나 (Siena)에 넘어가면서, 수도원은 쇠퇴하기 시작하였다. 이후 영향력을 잠시 회복하였다가, 15세기 들어 신설된 몬탈치노-피엔짜 (Montalcino-Pienza) 교구에 합병되면서 본격적인 쇠퇴기를 맞이하게 되었다. 수도원은 19세기 내내 서서히 폐허로 변했다가 1870년대에 이탈리아 정부에 의하여 복구되었다.

산탄티모 수도원은 토스카나 지방에서 유일하게 방사형으로 배치된 소예배실을 갖춘 회랑 (ambulatory)이 있는 성당이다. 이러한 프랑스 로마네스크 방식이 도입된 것은 산탄티모 수도원이 알프스 산맥을 넘어 로마로 가는 순례 행로 '비아 프란시제나 (Via Francigena)' 인근에 위치했었기 때문일 것이다. 건축가가 누구인지에 관해서는 알려진 바가 없다. 성당은 8개 베이 길이의 네이브와 아일이 배치된 바실리카형 평면으로 지어졌고, 네이브의 동쪽에 장방형 베이가 이어지며, 거기에 반원형 성단소가 연결되어 있고, 세개의 방사형으로 배치된 소 예배실을 갖춘 회랑이 성단소를 에워싸고 있다. 네 모서리에 피어가 서 있는 장방형 베이가 '크로싱' 역할을 하는데, 트랜셉트의 날개, 또는 팔 대신, 북쪽으로는 종탑이 배치되고, 남쪽으로는 카롤링거 시대 소 예배실이 있는 동향의 앱스가 놓인 성물 안치실 (sacristy)이 있다. 네이브 아케이드는 기둥들과 더불어, 네이브 길이 한 가운데에 배치된 두터운 중앙 피어에 의하여 지지되는데, 중앙 피어 공법은 10세기 게른로데 (Gernrode)에 지어진 성 시리아쿠스 (Saint Cyriakus) 성당 이후에 알프스 산맥 북쪽에서 활용된 것이다. 아일과 회랑은 그로인 볼트로 구축된 반면, 네이브는 트러스 위에 목재 천정으로 지어졌다.

네이브는 길이가 약 44 미터에 20 미터 정도의 높이를갖고 있다. 아일 위로는 트리포리움 갤러리가 있고, 북쪽 갤러리는 마트로내움 (matronaeum)이라 부르는 여신도 갤러리이다. 회랑과 정문 디자인은 확실히 프랑스 로마네스크 기법인 반면, 네이브 입면 구성, 갤러리, 그리고 고창 (clerestory)은 디자인과 시공에서 분명한 롬바르드 감수성을 자아낸다. 성단소는 반원형 높은 수직 벽면 남북 양쪽에 반원통 샤프트가 석조 벽 표면 첫번째 높이 코니스까지 한숨에 뻗어 올라가서 정교하게 조각된 주두로 매듭지어지고, 한편으로는 바닥 레벨에서 장방형 '크로싱' 서쪽 베이에 놓인 디딤돌이 신성한 영역을 표시하며, 성단소에는 13세기 초에 제작된 십자가가 걸려 있다.

카롤링거 시대의 구조물 중에, 카펠라 카롤린지아 (Cappella Carolingia, 카롤링거 소예배실)라고 부르는 남쪽 앱스와, 동물과 식물을 주제로 풍부한 조각으로 장식된 정문이 보존되어 있다. 카롤링거 소예배실에는

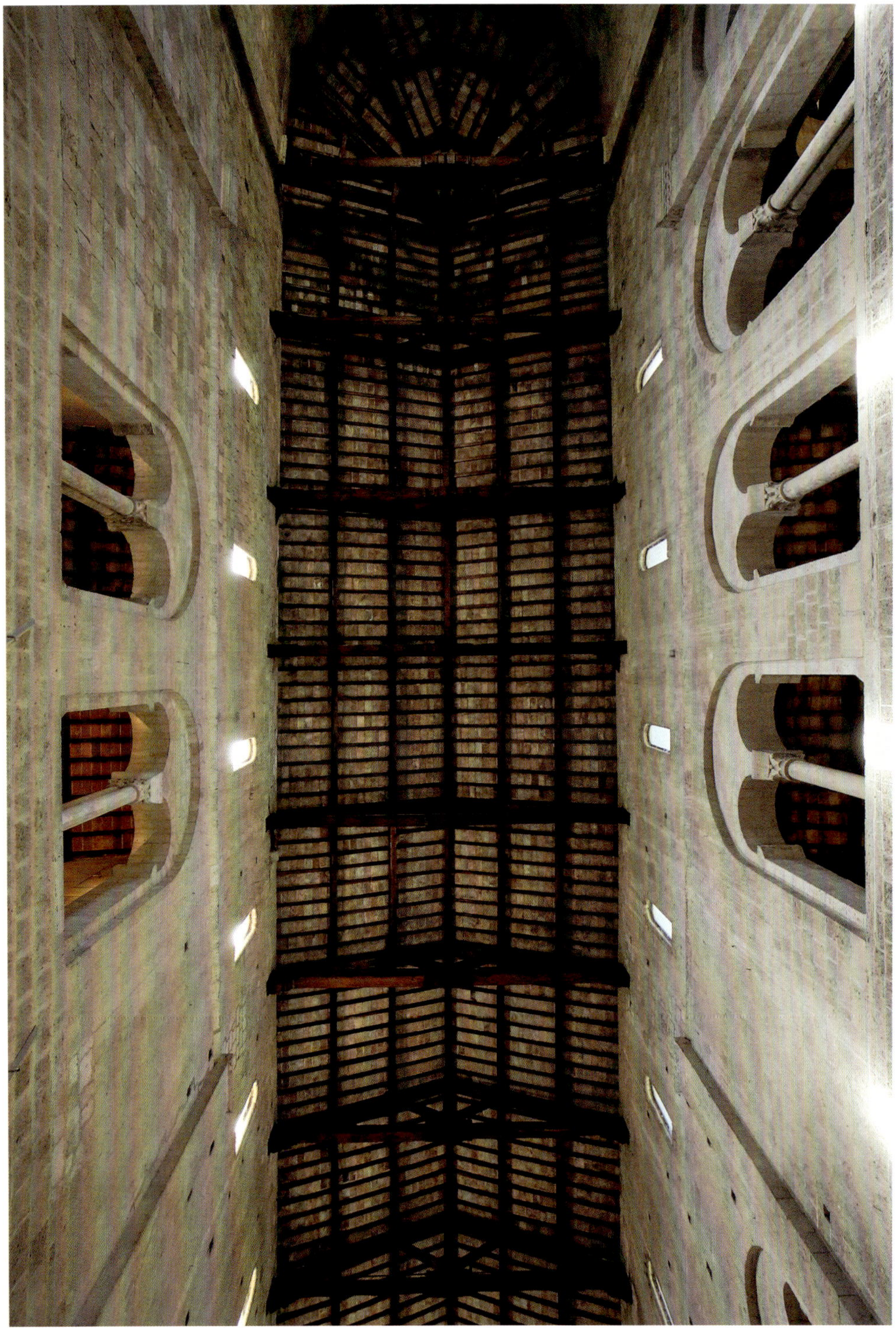

View of wooden nave ceiling

네이브의 목조 천정 모습

in the lion's den", by the Master of Cabestany, is noteworthy. It is amazing that this Romanesque sculptor, whose name is unknown, was active in the part of Catalonia that today is in southern France *(the Pyrénées Orientales)*, but left behind his œuvre on the Italian Peninsula centuries ago. The outer planes of all openings, which let light into the serene and contemplative space, are fitted with alabaster.

죠반니 다시아노 (Giovanni d'Asciano)의 성 베네딕토 일화를 묘사하는 프레스코화가 그려져 있으며, 소예배실은 현재 성물안치실로 활용되고 있다. 소예배실 밑의 크립트는 네개의 기둥으로 네이브와 양쪽 아일로 구획되어 있으며, 카베스타니 (Cabestany)의 명인 작품으로 전해지는 '사자 우리의 다니엘 (Daniel in the lion's den)' 장면을 조각한 주두가 훌륭하다. 이름이 알려지지 않은 이 로마네스크 조각가는 현재 프랑스 남부 피레네 오리엉딸 (Pyrénées Orientales)인 옛

The central section of the western façade, which expresses the 20-meter-high nave, is finished in precisely cut ashlar masonry, with remnants of stonework which appear to have been part of a narthex. A pair of columns with richly carved capitals on either side of the main portal, located at the line of the boundary between the nave and aisles, are thought to date back to the early construction of the church. The place of honor among the four façades of Sant'Antimo, however, unquestionably belongs to the eastern chevet of French Romanesque design. Although the master builder designed the abbey to sit on the foundation of the older church, he was able to create an elegant and sculptural volume with the tall semi-cylindrical mass of the chancel on top of the lower and larger semi-cylinder for the ambulatory. Three radiating chapels are conjoined to this curving wall, and to the south of the church proper, where the Carolingian apse is respectfully ensconced. The *campanile*, of Lombard design, is connected to the north of the semi-cylindrical volume of the nave.

The unique design of this church and the lore surrounding its founding by Charlemagne make Abbazia di Sant'Antimo a destination for all aficionados of Medieval art and architecture.

까딸루냐의 한 지역에서 활동했던 예술가인데, 몇 세기 전 이탈리아 반도에도 작품을 남겼다는 것이 놀랍다. 성당의 창들은 모두 알라바스터 (alabaster)로 채워져서 고요하고 명상적인 성당 내부에 빛을 드리운다.

성당 서쪽 정면의20 미터 높이 네이브를 표현하는 가운데 부분은 정교하게 다듬어진 애슐라 석조로 지어졌고, 나르텍스의 남은 부분으로 추측되는 돌 공사의 모습이 남아 있다. 정문 양쪽 네이브와 아일의 경계선에 놓인 풍부하게 조각된 주두로 매듭지어진 두 개의 기둥은 성당에서 가장 먼저 지어진 부분중 일부로 추정된다. 하지만, 산탄티모 성당의 4개 입면중 가장 높이 평가 받는 입면은 프랑스 양식의 동쪽 슈베(프랑스어 chevet)임은 두말할 여지가 없다.

건축가는 새 수도원을 옛 성당 기초 위에 세우도록 디자인했지만 회랑을 구성하는 낮은 반원형 매쓰와 그 위에 얹혀진 성단소의 높은 반원형 볼륨으로 우아하고 조각적인 건축을 만들어냈다. 3개의 방사형으로 배치된 소예배실들은 이 곡면의 외벽에 연결되어 있고, 성당의 남쪽으로는 카롤링거 시대의 앱스가 품 있게 배치되어 있다. 롬바르드 디자인의 종탑은 네이브의 반원형 모양 매쓰의 북쪽에 연결되어 있다.

이 성당의 독특한 디자인과, 샤를마뉴가 창건하였다는 전설이 아바찌아 디 산탄티모 (Abbazia di Sant'Antimo)에 수많은 중세 예술 및 건축 애호가들의 발길을 불러모으고 있다.

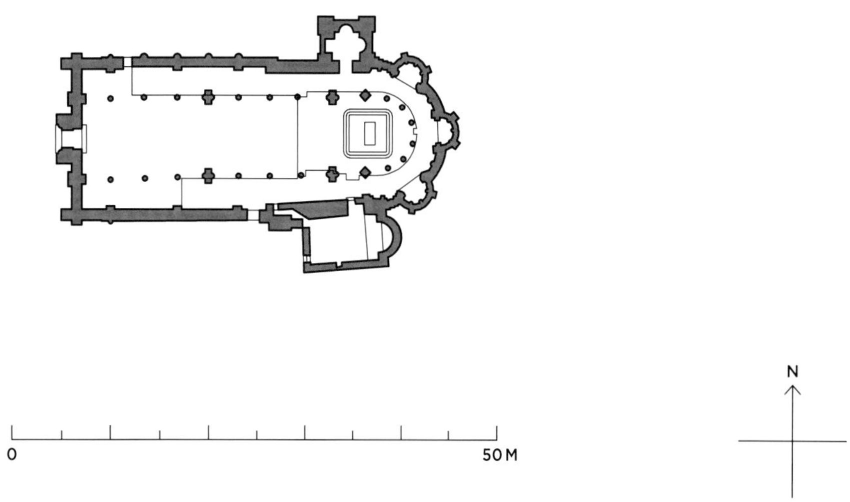

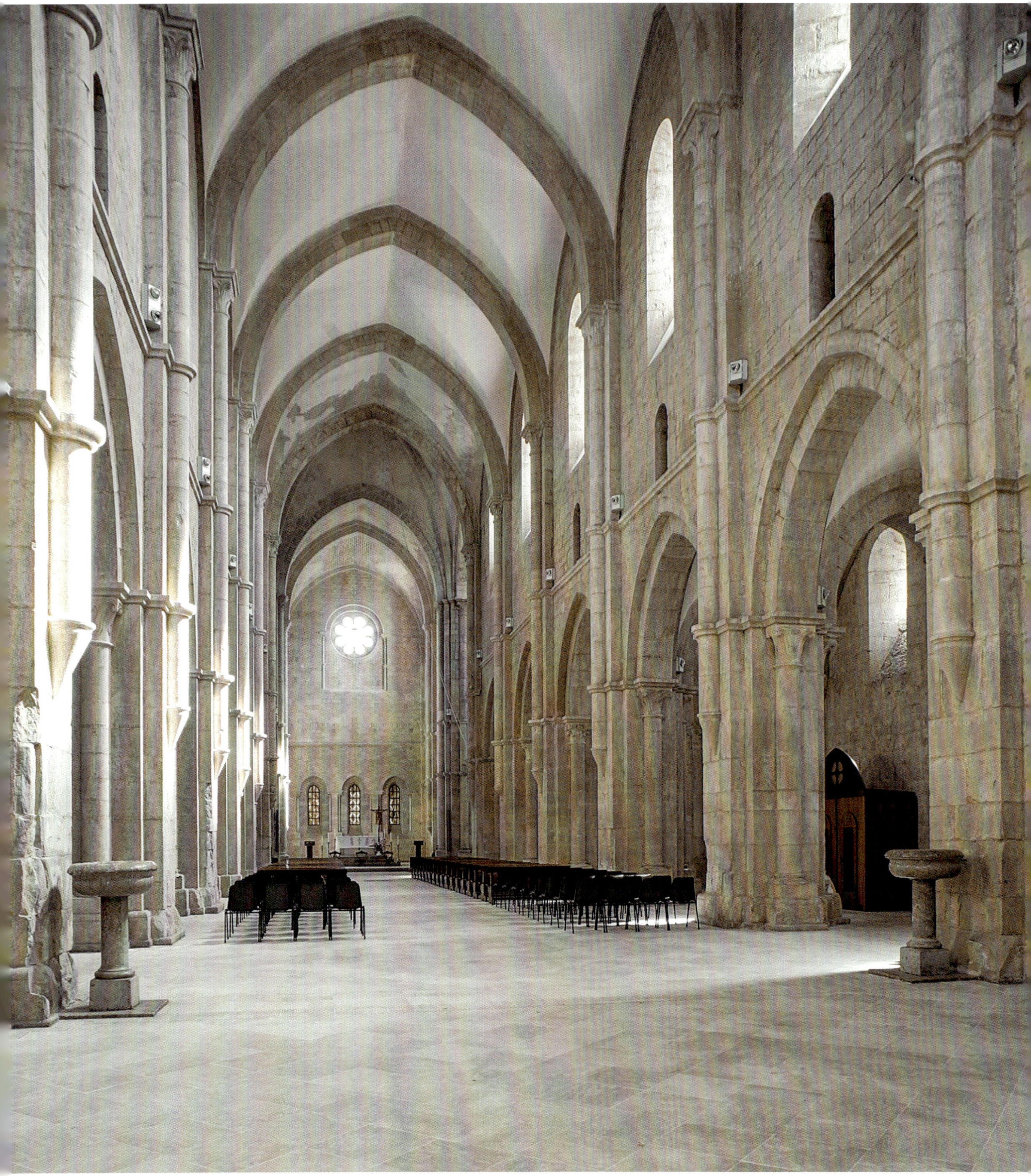

Abbazia di Fossanova

Priverno

포사노바 수도원

프리베르노

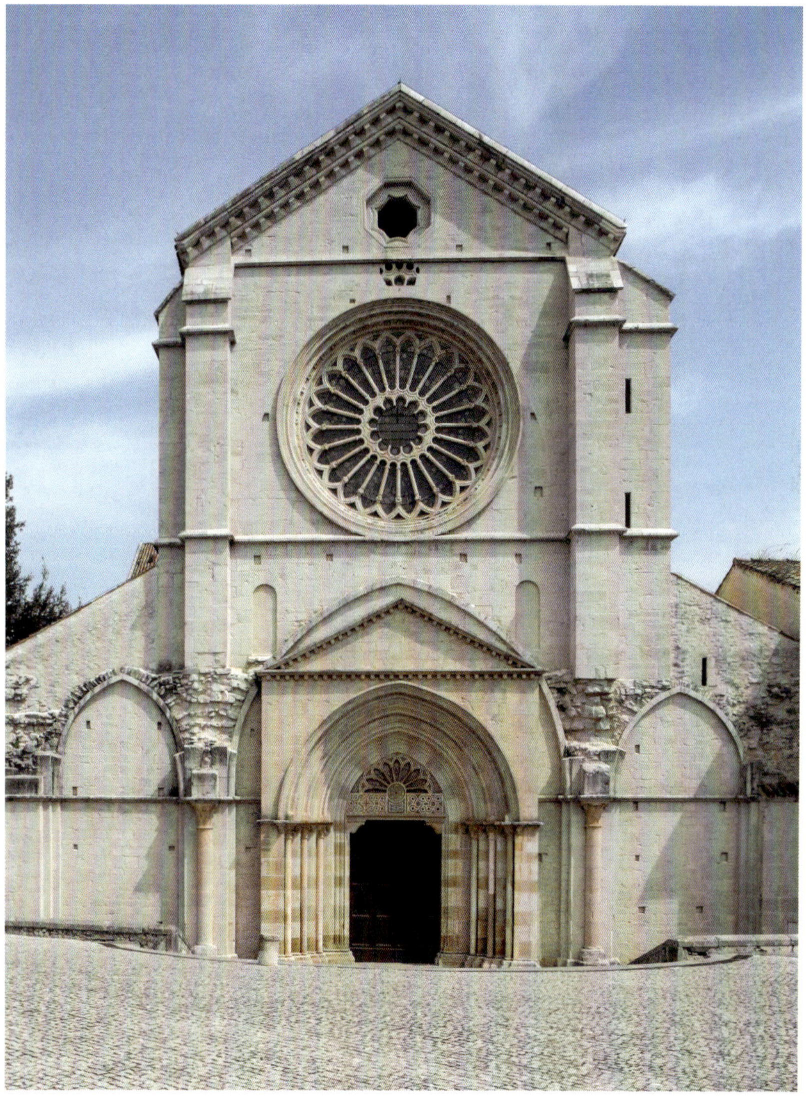

Axial view of west façade

정면으로 본 서쪽 입면

← Nave interior from west

서쪽에서 본 네이브 전경

The Abbey of Fossanova is situated in the peaceful little village of Fossanova, which is part of the town of Priverno, near Rome. The first monastery on the site was built by Benedictine monks in the 6th century on the site of a Roman villa and was dedicated to St. Stephen. In 1135, the abbey was given to the Cistercians, who put their famed water engineering skills to use by building a new canal *(fossa nova)* for swamp drainage. Construction on the standing church began around 1170. It was consecrated by Pope Innocent III in 1208 in the

포사노바 수도원은 로마에서 남동쪽으로 100km 떨어져있는 프리베르노(Priverno)시의 평화로운 작은 마을 포사노바에 위치해 있다. 이 곳에 있던 초기 수도원은 6세기에 로마시대 빌라 자리에 베네딕토회 수사들이 지었고, 스테피노 성인에게 봉헌되었었다. 1135년에 이 수도원이 시토회 수사들에게 주어졌는데, 그들은 잘 알려진 수리공학 기술을 활용해서 늪지대의 배수를 위한 '새 운하 (fossa nova)'를 만들었다. 현재 수도원의 건설은 1178년에 시작되어, 1208년 포사노바의 본원인 오뜨꼼 (Hautecombe, 오늘날 프랑스 알프스 소재) 수도원 수사들의 참석하에 교황

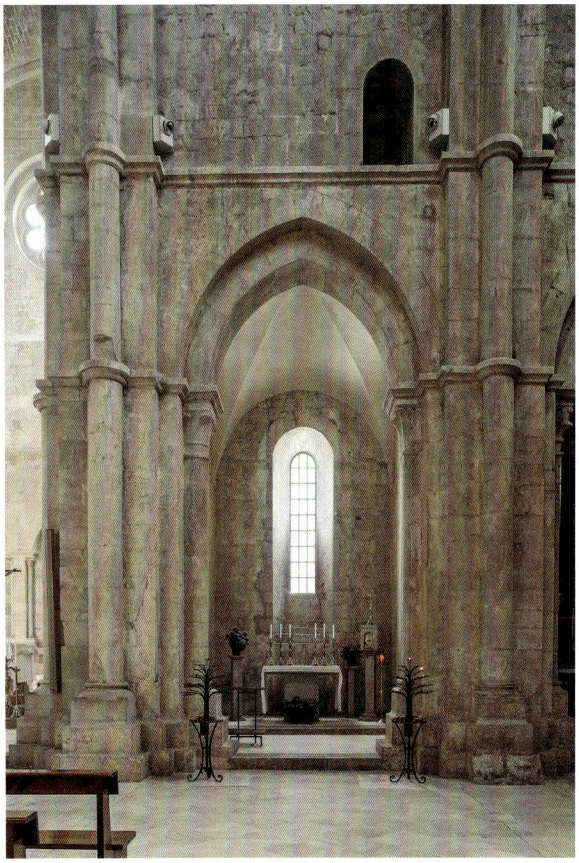

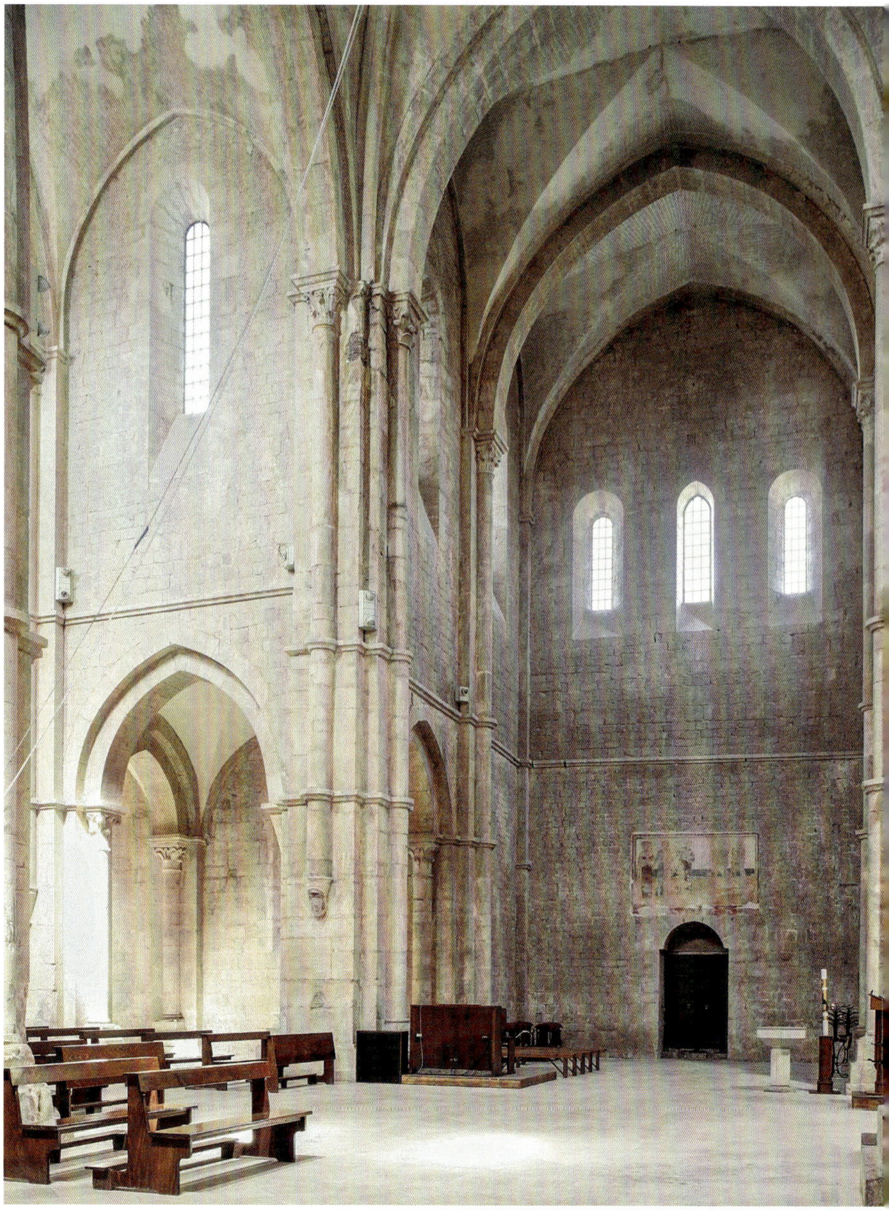

presence of monks of the mother abbey of Hautecombe (which is in the present day French Alps). By the time it was completed at the end of the 13th century, Fossanova Abbey, in turn, had been able to acquire nine daughter monasteries thanks to support from the papacy and the Holy Roman Empire.

Nothing is known about the master builder of the church, which is built on a Latin cross plan with a seven bay-long nave with aisles, a crossing, a two bay-long chancel, and transept. The building is flanked by a cloister on the south side. When one enters the church through the western portal, the immediate sensation that strikes the visitor is its ascetic yet generously proportioned space of contemplation. The vista formed by pointed nave arches toward the apse is punctuated by simple rectangular piers with half-shafts attached to nave arcades, and shafts coming to the mid-height of the pier with spindle-shaped ends on the nave side. To quote Eric Fernie, "these pointed arches can be taken as compatible with an overall Romanesque aesthetic for three reasons: they occur in a Cistercian context, they have rectangular profiles, and the vaults they carry are groins. There is a rib vault over the slightly oblong crossing, sug-

이노센트 3세 (Innocent III)에 의하여 봉헌되었다. 13세기 말 완공 당시 이번에는 포사노바 수도원이 아홉군데의 예하 수도원을 거느렸었다.

성당의 건축가가 누구였었는지에 대해서는 알려진 바 없으나, 성당은 일곱 베이 길이의 네이브와 아일들, 크로싱, 두 베이 길이의 성단소, 그리고 트랜셉트 날개를 갖춘 라틴 십자형으로 지어졌고, 성당 남쪽에는 회랑이 연결되어 있다. 방문객이 서쪽 정문을 통해서 성당에 들어서는 순간 느끼는 감각은 금욕적이면서 너그러운 비례를 가진 묵상의 공간이다. 뾰족한 네이브 아치들로 구성되는 앱스 방향으로 보는 경관은 반원주 샤프트들이 접속된 순수한 사각 피어들에 의하여 동일 간격으로 분할되고, 그 샤프트들은 바닥까지 내려오는 대신 네이브를 면하여 피어의 중간 높이에서 원추 모양으로 매듭지어진다. 건축역사가 에릭 퍼니 (Eric

View of side chapel at south transept (left)

남쪽 트랜셉트에 놓인 소예배실

View of north transept from southeast (right)

남동쪽에서 본 북쪽 트랜세트 모습

gesting an iconographic differentiation between the two vault types." In contrast to Fontenay, Fossanova features a clerestory and crocket capital as the only new and Gothic elements. The chancel apse is finished in a square in accordance with the Cistercian norm and is lighted with three lancet windows below the cornice level and a modest eight-lobed rose window above. Both transepts are endowed with two apsidal chapels each.

Fernie)는 다음과 같이 서술하고 있다. "이 뾰족한 아치들은 세가지 이유로 전체적인 로마네스크 미학과 조화된다고 간주할 수 있다. 첫째, 아치들이 시토회 성당에 활용되었고, 둘째, 아치의 단면이 직각이며, 셋째, 아치들이 지지하는 볼트가 그로인 볼트라는 점이다. 약간 정사각형보다 한쪽으로 길어진 크로싱에 리브 볼트가 활용된 것은 두 가지의 볼트 형태에 도상학상의 위계를 표현하고자 하는 의도를 암시하고 있는것이다." 프랑스의 퐁뜨네이(Fontenay)와 대조적으로 포사노바는 고창(clerestory)과 크록켓 (crocket) 모양 주두가 새롭고 고딕적인 요소의 전부이다. 성단소 앱스는

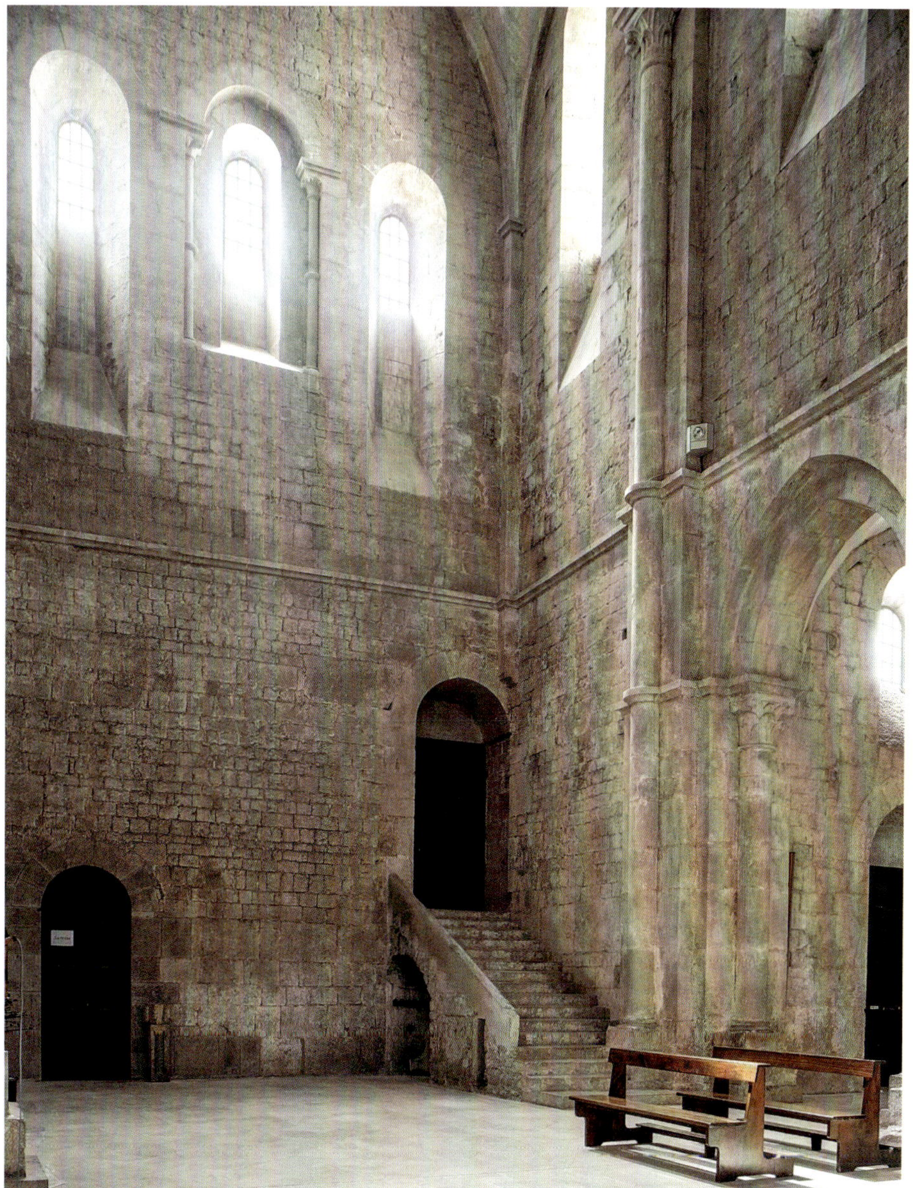

View of south transept from northeast

동북쪽에서 본 남쪽 트랜셉트 모습

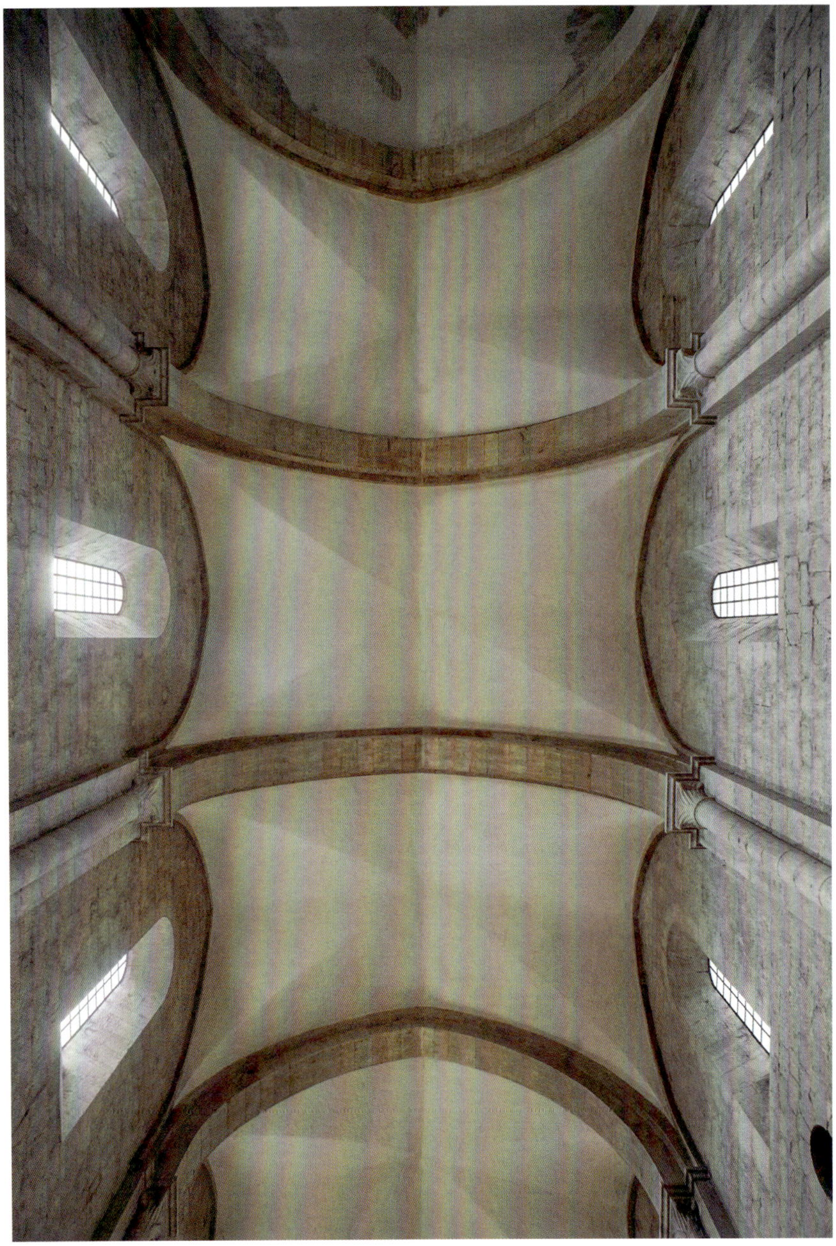

View of nave vaulting with slightly pointed transverse arch

약간 뾰족한 횡경 아치가 배치된 네이브 볼팅 모습

The western façade is composed of three bays expressing its spatial composition inside: the central bay faithfully reflects the tall nave; and the outer bays whose aisles are designed with sloped roof lines are placed low, highlighting the great height of the clerestory. In the space defined by buttresses on either side and thin cornices an extremely ambitious High Gothic rose window from a later date can be found. There are buttresses on the nave wall clearly marking each bay. The octagonal crossing tower, which was built even later, exhibits clear signs of Renaissance architectural impulse.

Fossanova's most distinguished visitor was the Dominican scholastic philosopher Thomas

시토회 규범에 의하여 직각으로 마감되었고, 코니스선 아래로 세개의 예첨창 (lancet window)과 그리 크지 않은 여덟개로 분할된 장미창 (rose window)이 그 위에 배치되어 있다. 두개의 트랜셉트는 모두 두개씩의 앱스 소예배실들이 갖춰져 있다.

서쪽 정면은 성당 내부의 공간구성을 충실히 표현하여 세개의 베이로 구성되어 있다. 중앙 베이는 높은 네이브를 반영하고, 바깥 베이는 그 안의 아일을 덮는 경사지붕이 낮게 배치되어 높은 고창을 부각시킨다. 양옆의 버트레스와 가냘픈 처마돌림 사이 공간에 대단히 야심찬 원숙기 고딕 장미창이 나중에 건축되었다. 성당의 외벽 길이 방향으로는 버트레스가 각 베이를 구획하고 있다. 더 나중에 지어진 팔각형 크로싱 타워는 르네상스 건축의 충동을 명확하게 표현하고 있다.

Aquinas (1225–1274), who fell ill and died here in 1274 while passing through on his way to the Second Council of Lyon. Although his remains are no longer enshrined at Fossanova, his presence still lives on: the address of the Abbey is Via San Tommaso d'Aquino, 1.

The abbey is no longer Cistercian. After exchanging hands several times, Franciscans were entrusted with carrying out the abbey's pastoral duties in 1935. Today, Fossanova Abbey is the church serving the parish of Fossanova, which was established in 1950. Historians note a strong resemblance between Fossanova and the best-known Cistercian house, the Abbey of Fontenay in Burgundy, in detail and feeling. The appearance of the Abbey of Fossanova is considered one of the first of Early Gothic architecture in Italy.

포사노바의 가장 유명한 방문객은 도미니코회 스콜라 철학자 토마스 아퀴나스 (Thomas Aquinas 1225–1274) 였었는데, 그는 리옹 (Lyon) 제2공의회에 참석하기 위해 가는 길에 병을 얻어 1274년 이 곳에서 선종하였다. 비록 그의 유물은 이제 포사노바에 안치되어 있지 않으나, 그의 존재는 지금도 살아있다. 이러한 사실을 말해주듯 수도원의 주소가 비아 산 토마소 다끼노 1번지 (Via San Tomaso d'Aquino, 1) 이다.

현재 수도원은 더 이상 시토회 소속이 아니며 여러 번 주체가 바뀐 후, 1935년에 프란치스코회가 수도원의 목회 임무를 맡게 되었다. 오늘날 포사노바 수도원은 1950년에 설립된 포사노바 교구의 주교좌 성당 역할도 한다. 건축사가들은 포사노바와 제일 유명한 시토회 수도원인 부르고뉴의 퐁트네이 수도원 사이에 디테일과 풍기는 분위기의 비슷함에 주목하며, 포사노바 수도원 건축은 이탈리아에서 가장 이른 초기 고딕 건축의 출현으로 간주된다.

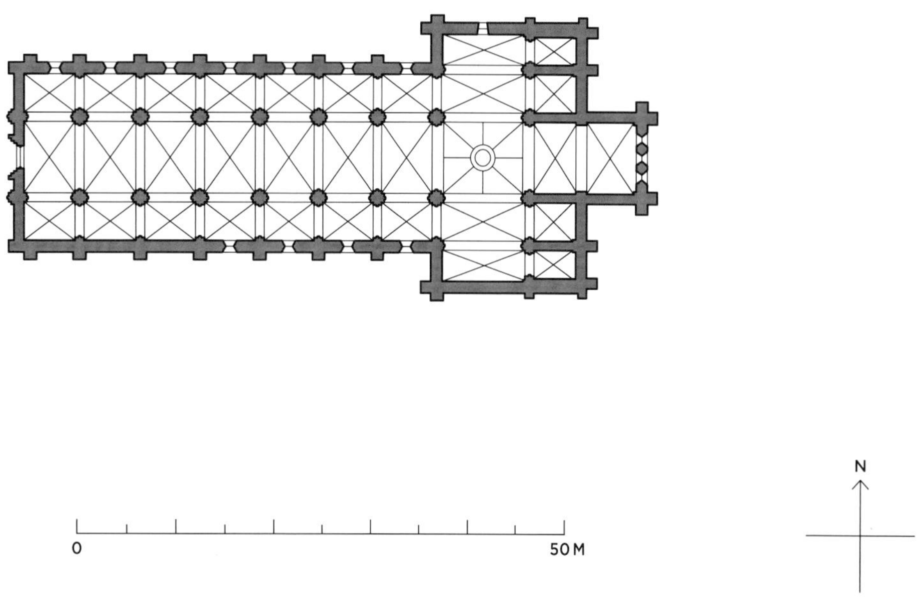

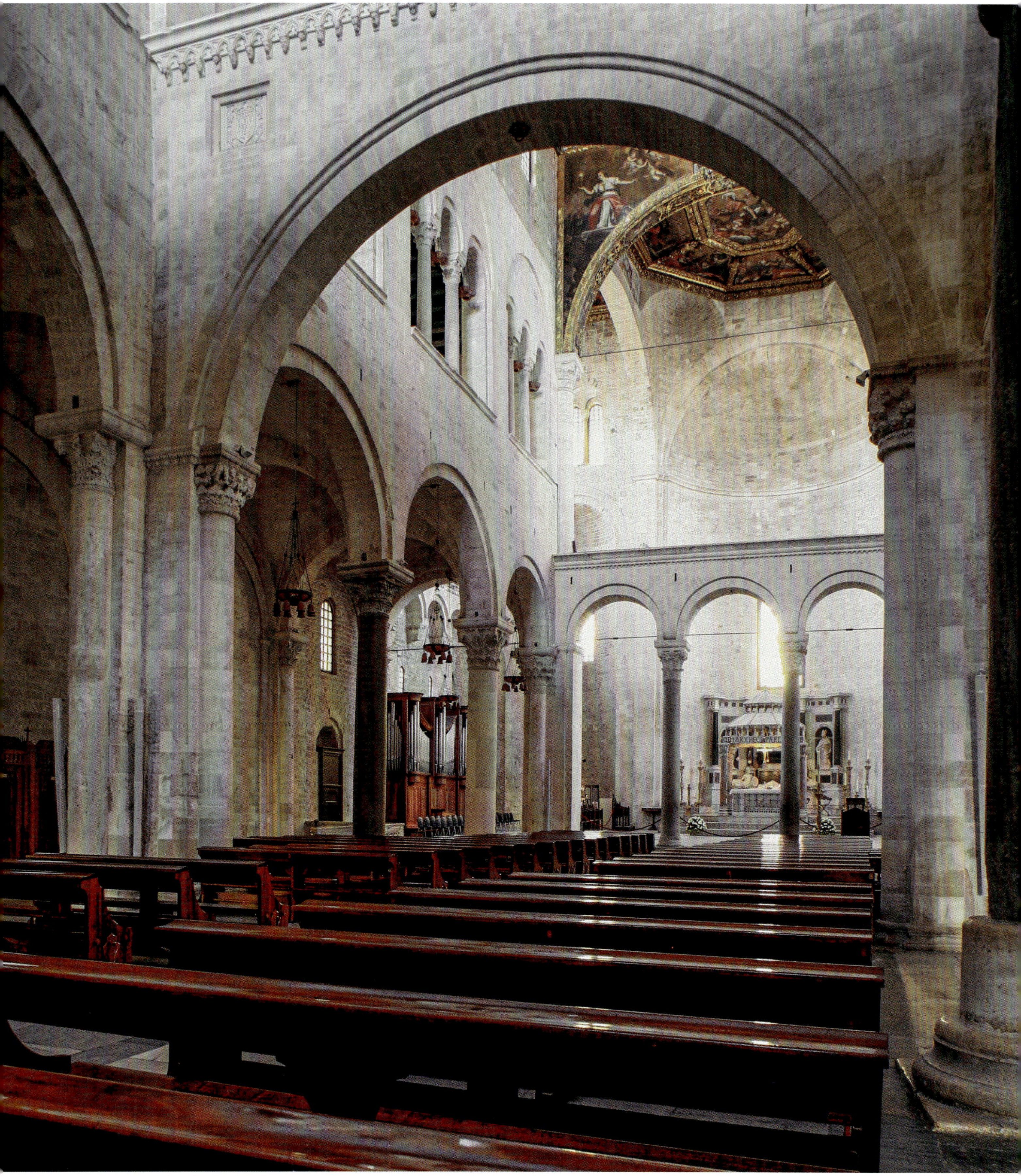

Basilica di San Nicola

Bari

산 니콜라 바실리카

바리

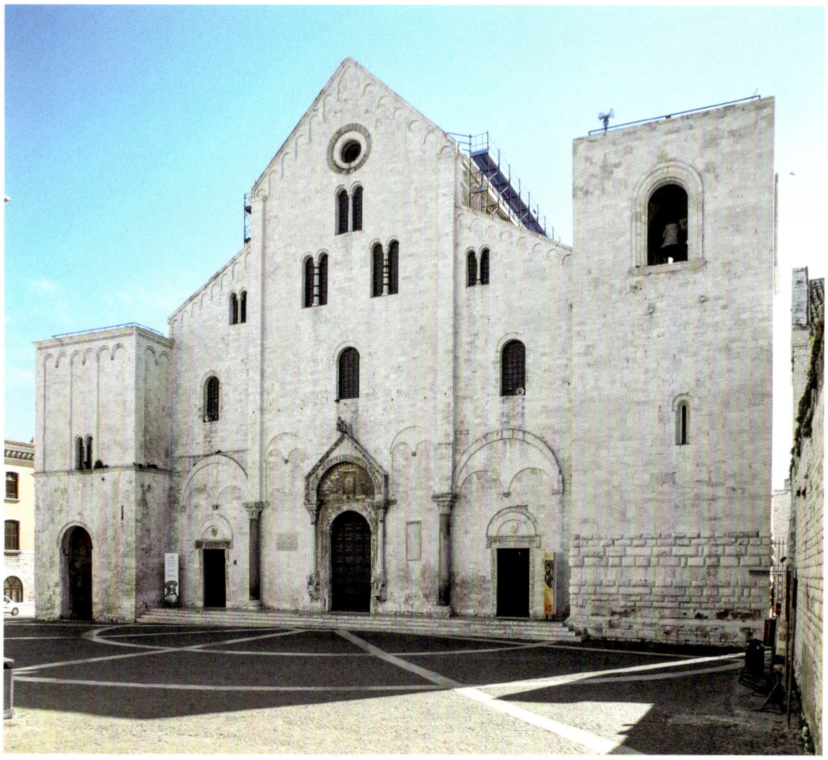

West façade from southwest

남서쪽에서 본 서쪽 입면

← Nave interior from southwest

남서쪽에서 본 네이브 전경

Romanesque architecture came to southern Italy and Sicily by way of France, Normandy, at the end of the 11th century. Architectural influence north of the Alps was minimal due to geography, while the brilliance of Byzantine and Islamic civilizations was reflected from the east and south as which was in close maritime and political contact with southern Italy and Sicily. Except for Apulia, Calabria and Basilicata, southern Italy, which was ruled by the Eastern Empire for a long period of time, by the early 10th century had gradually become independent local Lombard dukedoms, while the island of Sicily was controlled by the Saracens. However in the middle of the 11th century, the Normans established a stronghold in Apulia, while the rest of the region was subject to

로마네스크 건축은 11세기 말 프랑스의 노르망디를 거쳐 남부 이탈리아와 시칠리아에 전래되었다. 이 지역은 지리적 제약으로 인해 알프스 산맥 북쪽으로 부터의 건축적 영향은 미미했던 반면, 정치적 교류와 해상교역을 통해 동방의 비잔틴 문명과 남쪽의 이슬람 문명으로부터 커다란 영향을 받았다. 아풀리아 (Apulia), 칼라브리아 (Calabria)와 바실리카타 (Basilicata)를 제외하고, 오랜 세월 비잔틴 제국에 지배당했던 남부 이탈리아는, 10세기 들어 점차 독립된 지방 공령 (dukedom)이 되었고, 시칠리아 섬은 사라센에 의하여 지배되었다. 그러나 11세기 중반에는 노르만 족이 아풀리아에 거점을 구축하였고, 다른 지역은1096-97년, 첫번째 십자군 원정이 일어난 역사적 시점에, 비잔틴 총독 치하에서 신성 로마제국으로 넘어 갔다. 시칠리아 역시 11세기 후반에 노르만 족에게 정복되고, 1130년에는 루제로 2세 (Ruggero II.)가 시칠리아 왕 으로 등극하여, 12세기 중엽 까지 이탈리아 반도 안의 노르만 영토를 통합하였다. 1194년에 드디어 그 지역 전체가 신성 로마제국으로 귀속하게 된다.

최초의 로마네스크 건축의 진지한 발상은 11세기에 노르만 족에게 넘어간 비잔틴 아풀리아의 수도 바리 (Bari)에서 시작되었다. 남부 이탈리아에서 제일 오래된 노르만 양식의 중요한 건축인 산 니콜라 (San Nicola) 바실리카가 바리에 세워졌기 때문이었다. 산 니콜라 성당은 가톨릭 교회에서 성인의 유물이 한 성당의 명성을 얼마나 고양시키는지 보여주는 좋은 본보기이기도 하다. 1087년 베네딕토회 수도원장을 지내고 바리 대주교가 된 엘리아스 (Elias)는, 미라 (Myra, 현재 터키 영토) 일대가 사라센의 지배하에 들어갔을 때 그곳에 있던 (훗날 산타클로스로 알려진) 성 니콜라스의 묘에서 그의 유해를 옮겨 산 니콜라 성당에 안치한다.

산 니콜라 성당의 건축가가 누구인지는 알려지지 않았으나, 엘리아스 대주교는 성당 건축 양식에 결정적 영향을 미쳤다. 현존하는 바실리카의 공사는 1087년에 크립트로부터 시작된 것으로 추정되며, 크립트 자체는 2년후에 우르바노2세 (Urban II.) 교황에 의하여 봉헌되었다. 넓은 크립트와

nominal sovereignty of the *Roman Empire* and passed from the Byzantine patriarchate to the obedience of the Pope in 1096–97, at the historical moment of the First Crusade. Sicily was also conquered by the Normans in the latter part of the 11th century, and Ruggero II became King of Sicily in 1130 as the pope's liege man, subsequently unifying and consolidating Norman control of the mainland by the mid 12th century. However by 1194, Norman rule in the region was replaced by that of the German Hohenstaufen dynasty.

The first serious signs of Romanesque architecture appeared in Bari, the capital of Byzantine Apulia, which had been handed over to the Normans in the 11th century. The oldest Norman church of importance in southern Italy, Basilica di San Nicola, was built in the town. San Nicola is an important example of what the acquisition of a relic can bring to the prestige of a church. In 1087, Elias, Abbot of a Benedictine monastery and subsequently Archbishop of Bari, arranged for the removal of the relics of St. Nicholas (known to us as Santa Claus) from their original shrine in Myra (in modern-day Turkey), when the area came under control of the Saracens.

It is not known who the master builder of San Nicola was, but Abbot Elias had a decisive influence on the way the church turned out. It is assumed that construction of the standing basilica was begun in 1087, starting with the crypt. The crypt itself was consecrated two years later by Pope Urban II. The eastern part of the church, consisting of a spacious crypt with its superstructure, was finished in 1098, in time for Pope Urban II to host a meeting of the Council of Bari in the building. A large portion of the church was built and embellished by 1132, but the work dragged on to its dedication in 1197, fully a century after construction was initially begun.

San Nicola is built on a basilica plan, although an unusual box-like one, about 34 meters wide and 58 meters long. The width of the basilica is greater when compared to that of most other churches, as it has a nave which is approximately 12 meters wide, with wide aisles, and niches on the outer walls. On entering the western portal, a visitor is led through a pair of low diaphragm arches placed just below the triforium gallery level, slightly off square, before arriving at the major transverse arch supported by compound piers. In the latter part of the 12th century, when the western portion of the basilica was

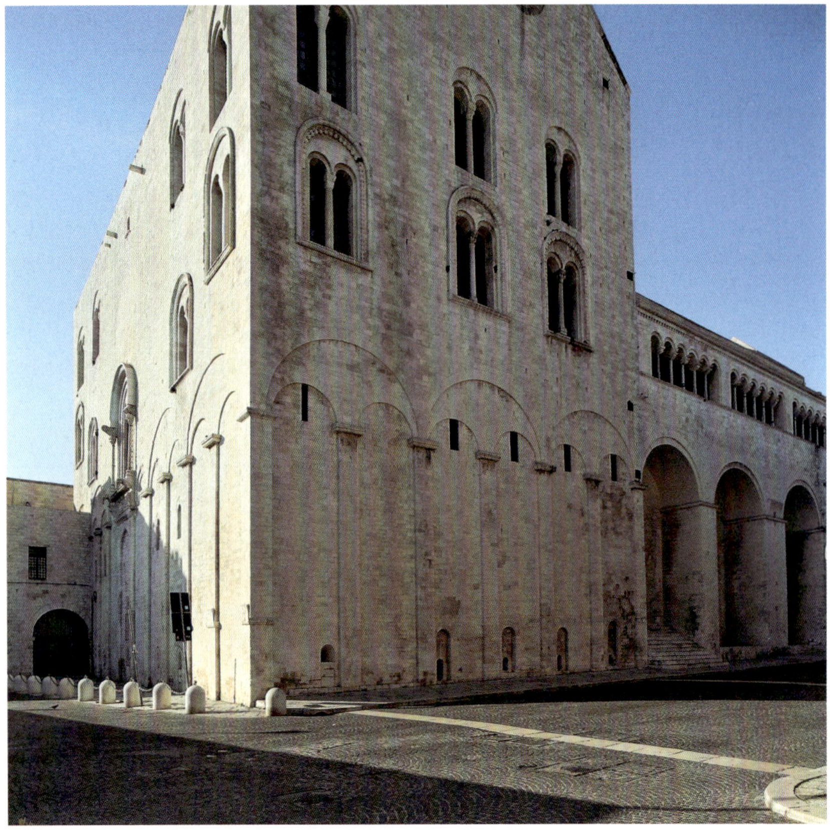

East apse and north transept from northeast
동북쪽에서 본 동쪽 앱스와 북쪽 트랜셉트

그 위에 지어진 상부 구조를 포함하는 성당의 동쪽은 교황 우르바노 2세가 소집한 1098년 바리 공의회 (Council of Bari) 개최에 맞추어 완공되었다. 성당의 많은 부분이 1132년까지 시공과 장식을 마쳤으나 대성당 전체 공사는 착공된지 백년이 지나 1197년까지도 이어졌다.

산 니콜라 대성당은 기본적으로 바실리카형 평면에 의하여 건설되었는데, 너비 34 미터, 길이 58 미터의 상자 모양의 독특한 평면이다. 이 바실리카 성당은 네이브의 폭이 12미터에 넓은 아일을 가지고 있을 정도로 다른 성당들에 비하여 넓은 편이며, 바깥 벽에는 일련의 니치 (niche, 벽을 파 넣은 것)가 만들어져 있다.

서쪽 정문을 들어서면, 방문객은 회중석 (triforium gallery)보다 조금 낮은 위치에, 직각에서 다소 벗어나게 배치된 두개의 낮은 횡경막 아치를 지나서 복합 피어 (compound pier) 위에 얹혀진 큰 횡단 아치에 도달하게 된다. 12세기 후반, 성당의 서쪽 부분이 건설되었을 때에, 후임 건축가는 두 군대 중간 기둥 지점에 횡경막 아치를 지지하기 위한 기둥들을 추가로 세워야만 했던 것으로 보이는데, 네이브의 길이 방향 시야가 가려지는 결과를 가져왔다. 네이브 서쪽의 큰 베이는 미사를 집전할 때에 일반 신도들을 위한 공간이라 짐작되며, 네이브 동쪽의 수도승들을 위한 큰 베이는 양쪽으로 비잔틴풍의 네 개 기둥이 받쳐 주는 아치 세개로 구성된 네이브 아케이드가 양쪽으로 아일과의 경계를

built, the succeeding master builders appear to have had to place additional structural columns supporting diaphragm arches at two intermediate column points, to the detriment of the great sweep of the nave. The western bay of the nave was presumably designed to accommodate the general congregation at services. The major bay on the eastern side of the nave, reserved for the

구획한다. 네이브의 이 부분은 낮게 걸쳐 있는 아치가 없이 높은 공간으로만 이어져있다. 동쪽 큰 베이의 끝과 크로싱에 놓인 성단소의 경계에는 개선문 아치(triumphal arch)를 배치하여 이를 통해 보이는 제단과 중앙 앱스를 시각적으로 강조한다. 개선문 아치를 지지하는 높은 기둥의 안쪽으로 비잔틴 양식의 아치 세개의 성화벽 (iconostasis)이 연결되어 있다. 크로싱의 남쪽과 북쪽 트랜셉트의 시작점에 위치한

Oblique view of nave from northwest

서북쪽에서 사선방향으로 본 네이브 전경

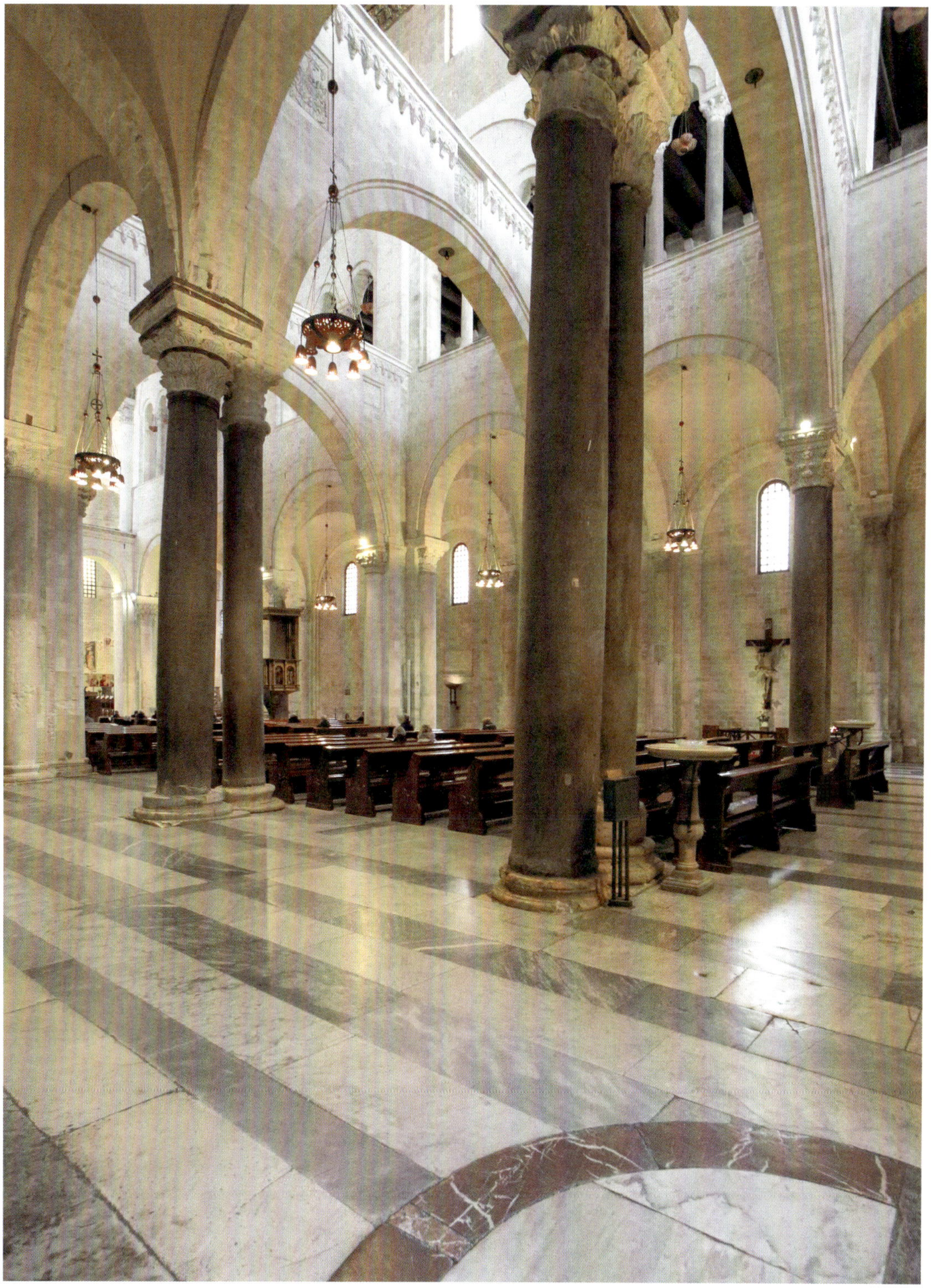

monks, is defined on either side by a three-arched nave arcade on four Byzantine-inspired columns each. This part of the nave rises free of low arches to a grand height. The end of the eastern major bay and the start of the chancel at the crossing is visually emphasized by a triumphal arch which frames the altar and the central apse. Joined on the inside of the tall columns supporting the triumphal arch is a three-arch *iconostasis*, of Byzantine inspiration. Additionally, at the crossing, there are arches at the beginning of the transept arms just below the dome to augment structural support for the dome.

To the north and south of the crossing are transept arms which are finished flush with the outer walls of the aisles, known as 'included' transepts. There are apsidioles in each arm. The roof of the transept arms runs unbroken from south to north, and the chords of the three apses lie on the

돔 바로 밑에는 아치가 추가로 구축되어 돔 하중의 지지구조를 보강하고 있다.

크로싱의 남북에 '포함된 (included)' 트랜셉트라고 부르는 아일 외벽과 같은 면에서 끝나는 트랜셉트 양 날개 (건축학 용어로는 양 팔)가 있다. 양쪽 팔에는 앱스에 붙은 소예배실 (apsidioles)이 있다. 트랜셉트 양 팔의 지붕은 남쪽에서 북쪽으로 연속하여 지어졌고, 연결 베이들이 없이, 트랜셉트의 동쪽 벽이 세개의 반원 앱스의 현이 된다. 중앙 앱스에는 '바리 주교좌 (Bari Throne)'라 부르는 주교의 의자가 축 위에 놓인, 초기 기독교 양식 분위기의 신트로논 (synthronon)이 있다. 트랜셉트의 연속된 지붕 아래로, 크로싱에는 스퀸치에 놓인 돔 (dome on squinches) 이 있으나 크로싱 타워는 없다. 오늘날 돔의 안쪽 표면은 목재 천정으로 덮여 있다. 앱스와 트랜셉트 모두는 홀 크립트 (hall crypt) 상부에 건설되었고, 아일의 제일 동쪽 베이에 크립트를 연결하는 계단이 있다. 크립트에는 비잔틴 양식, 로마네스크 양식의 주두를 갖춘 26개의

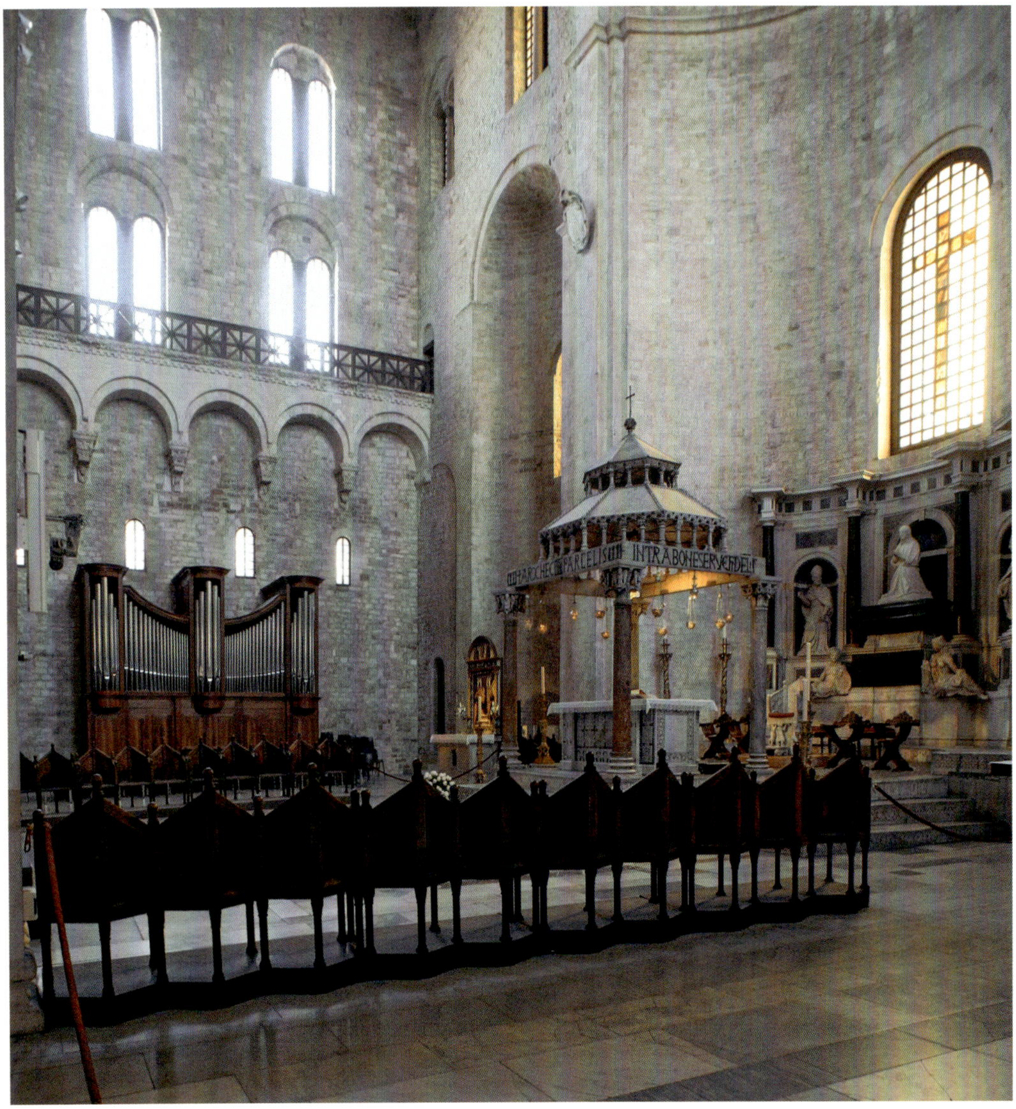

View of chancel and north transept from southwest

남서쪽에서 본 성단소와 북쪽 트랜셉트의 전경

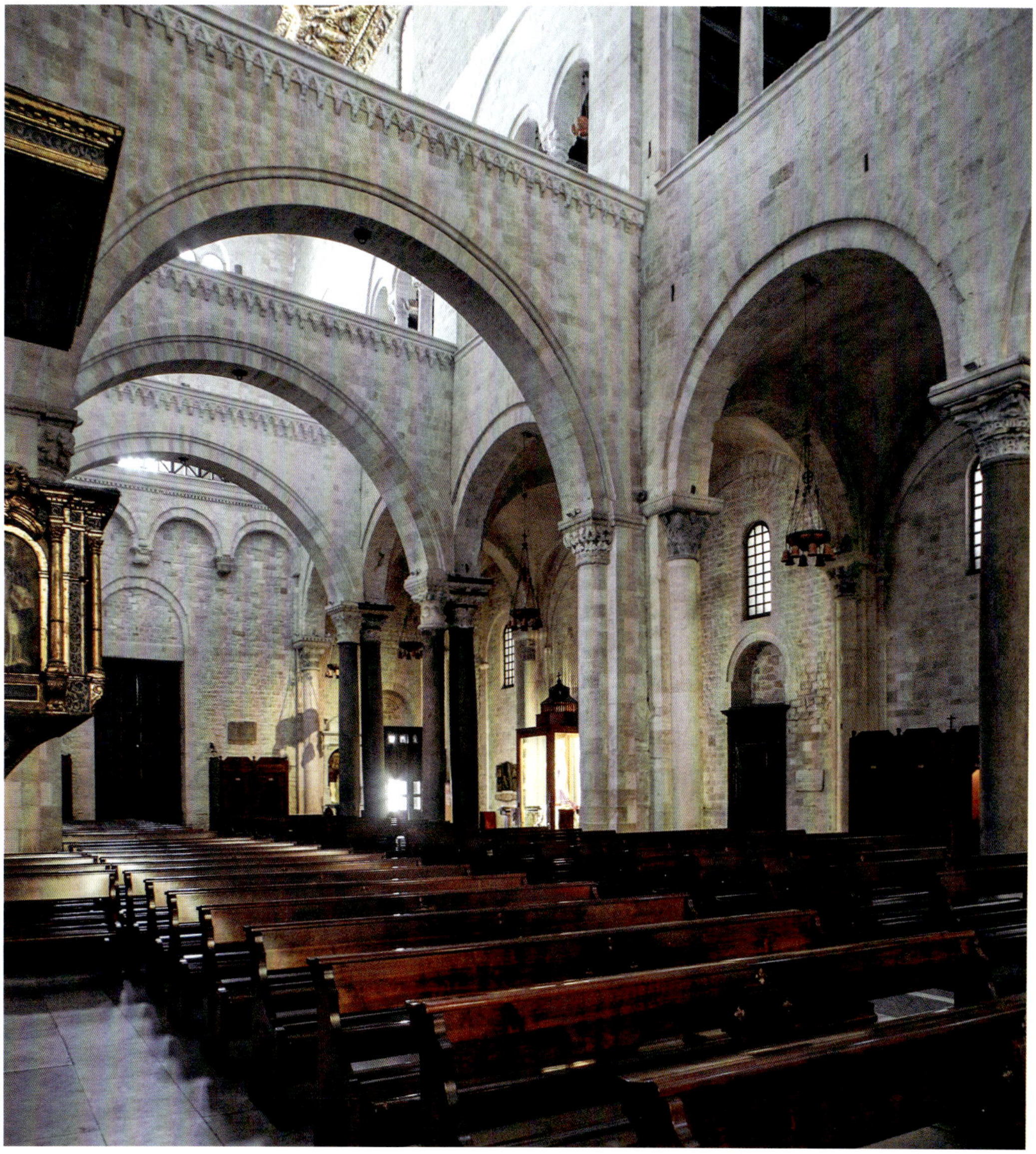

Nave interior from southeast

남동쪽에서 본 네이브 모습

line of the east wall, without forebays. The main apse has a *synthronon* in the Early Christian manner, with a bishop's throne on axis, the so-called Bari Throne. The crossing has a dome on squinches, but no crossing tower, totally below the continuous roof of the transept. Today, the dome surface is covered by a wooden ceiling. The entire area of the transept and the apse is built above the hall crypt. Steps at the head of the easternmost bay of the aisles provide access to the crypt. There are 26 columns sporting capitals of Byzantine and Romanesque style in the crypt. Precious mosaic pavements grace the crypt and the chancel.

기둥들이 있다. 크립트와 성단소 바닥은 귀한 석재 모자이크로 꾸며졌다.

네이브 입면을 보면 네이브 길이 한 가운데에 복합 피어 (compound pier)가 있고, 기둥 위에 놓인 아케이드, 그 위로 세개의 개구부를 엮는 아치들, 그리고 고창 (clerestory)과 목재로 지어진 천정이 있다. 1063년에 공사가 시작되었던 피사 (Pisa)대성당처럼 아일은 그로인 볼트로 지어졌다. 아일 상부에 배치된 트리포리움 층에는 여신도들의 갤러리인 마트로내움 (matronaeum)이 네이브 층을 내려다 보고 있다. 복합 피어를 네이브의 중심에 배치하여 네이브 길이를 이등분하는 평면 구성방법은 피렌체의 산 미니아토 알 몬테 (San Miniato al Monte) 성당

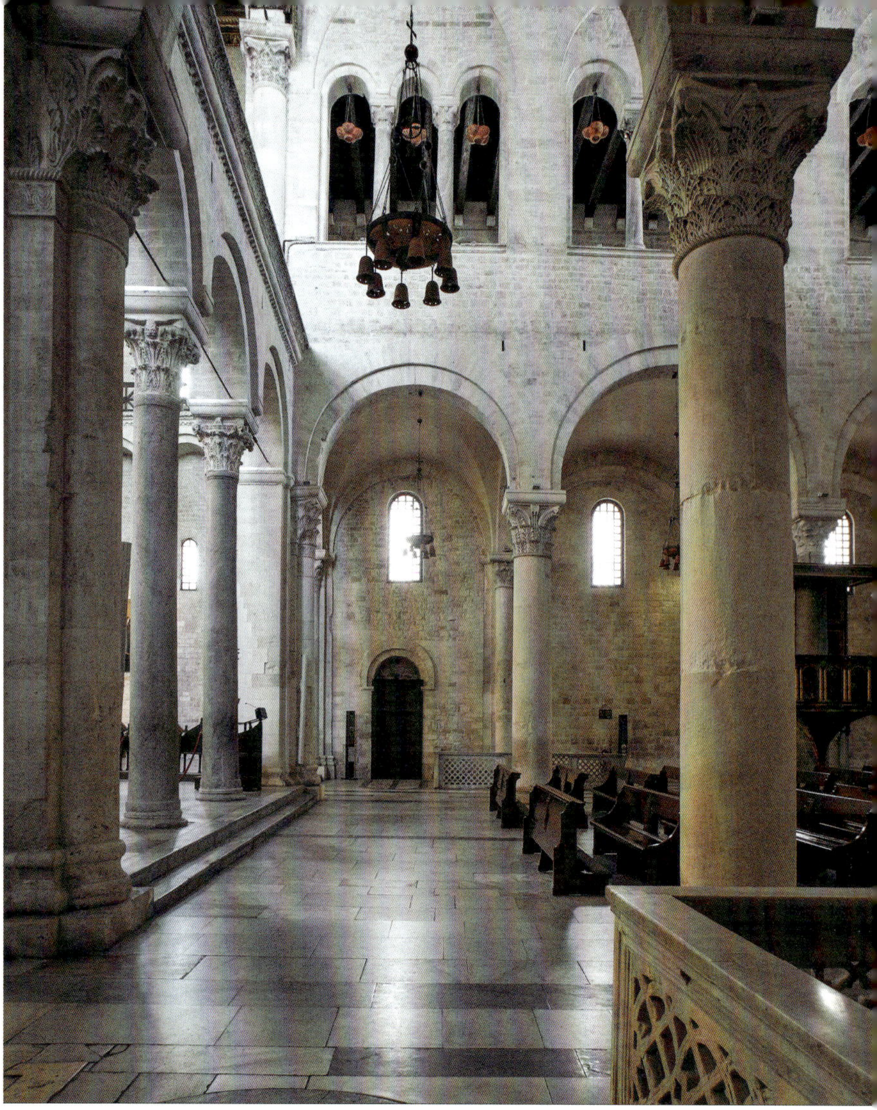

View of nave elevation scheme from north at *iconostasis*

북쪽에서 본 네이브 입면 디자인과 성화벽의 모습

The nave elevation consists of an arcade on columns with a pair of compound piers in the middle of the length, triforium galleries with triple openings under enclosing arches, then a clerestory and roof, all of wood, whereas the aisles are groin-vaulted, as at Pisa Cathedral, construction of which was begun in 1063. At the triforium level over the aisles is a *matronaeum*, a gallery for women, opening into the nave. Placing compound piers at the mid-point of the nave and thereby dividing the length into two has precedent in Tuscan building technique, as can be seen at San Miniato al Monte in Florence.

There are three portals at the western façade, the central portal given visual importance by a Lombard porch. On each of the north and south flanks of the basilica, there is a handsome range of arched spur buttresses to counter the outward thrust of the aisle vaulting, and also a lateral portal in each aisle at the head of the eastern major bay. Lastly, on the eastern elevation of San Nicola, the apses are enclosed by sheer ashlar masonry without expressing cylindrical volumes, embellished by the rich window of the main apse. The wall has shallow arcading with a half-Pisan, half-Lombard look about it, well harmonized with the more vigorous buttress arcading, gallery, and the portals of the other three façades. The east and west ends were each intended to be flanked by slender twin towers, making San Nicola a unique four-towered church in concept; however, the eastern pair was not built as originally designed. The handsome stonework has mellowed to a warm grey with an active texture and beautiful surface effect in sunshine.

Basilica di San Nicola is essentially an Early Christian building with a few elements of developing Romanesque language. The columnar nave,

에서 볼수 있듯이 토스카나 지역의 건설기법과도 유사하다.

서쪽 정면에는 세개의 문이 있으며, 중앙 정문이 롬바르드 포치 (Lombard porch)에 의하여 시각적 중요성이 강조된다. 바실리카의 북쪽과 남쪽의 측벽에는 아일 볼팅의 바깥 방향을 향한 횡력을 저지하기 위한 일련의 스퍼 버트레스 (spur buttress)가 세워졌고, 네이브 동쪽 큰 베이의 동쪽 끝에 남북 아일로 들어 갈수 있는 옆문들이 있다. 마지막으로, 산 니콜라 바실리카의 동쪽 입면은 앱스들의 원통형 매쓰를 표현하는 대신 수직면의 애슐라 석조로 마감되었고, 중앙 앱스의 정교하게 장식된 창이 입면을 빛나게 한다. 이 동쪽 외벽은 다른 세 입면의 더 활기 찬 버트레스 아케이드 구성이나, 갤러리, 또는 정문 개구부와 잘 조화되는 부분적으로는 피사 분위기, 부분적으로는 롬바르드 분위기의 얕은 아케이드로 구축되었다. 동쪽과 서쪽 모두, 바깥 모서리에는 날씬한 쌍둥이 타워를 세워서 독특한 네 타워 성당을 세우도록 계획 되었었으나, 동쪽 타워는 원래 구상대로 지어지지 않았다. 잘 시공된 돌 외벽은 활기찬 표면의 질감과 햇빛에 아름다운 표면을 자아내는 따뜻한 회색 빛으로 원숙하게 풍화되었다.

continuous transept and galleries are all Early Christian features. The architectural elements which stand out as more developed are the hall crypt, external wall passages, towers, the ashlar masonry, 'Lombard porch' and sculpture. The presence of nascent Romanesque characteristics is likely explained by the location of Apulia on one of the main pilgrimage and trade routes between the north — especially Lombardy — and the eastern Mediterranean, not to mention the effects of Norman domination. Basilica di San Nicola provided a general design foundation for Apulian architecture, of which there are attractive examples along and near the coast northwest of Bari. It should be noted that in addition to Romanesque attributes, there is also a strong Byzantine flavor to the architecture of Apulia.

산 니콜라 바실리카는 생성과정의 로마네스크 건축 요소가 부분적으로 가미된 초기 기독교 양식 건축이다. 기둥으로 구성되는 네이브, 연결되어 세워진 트랜셉트, 갤러리 등이 모두 이러한 양식을 보여준다. 더욱 발전된 건축적 요소로서 눈에 띄는 것은 홀 크립트 (hall crypt), 외벽의 벽 통로 (wall passage), 타워, 애슐라 돌 공법, 롬바르드 포치와 조각들이다. 초기 로마네스크 건축 특성이 여기에 가미된 이유는 아풀리아 지방이 순례자 길과 교역 루트, 특히 롬바르디아와 동지중해 사이에 있다는 점 뿐만 아니라 노르만 족이 이 지방을 지배하였다는 점 때문이다. 산 니콜라 바실리카는 바리에서 서북쪽 지중해 연안에 세워진 중요한 몇몇 성당건축을 포함하는 아풀리아 지방 건축의 기반을 이룩하였다. 아풀리아 지방의 건축은 로마네스크 건축의 속성과 더불어 강력한 비잔틴 풍취가 존재한다는 점에 주목해야 할 것이다.

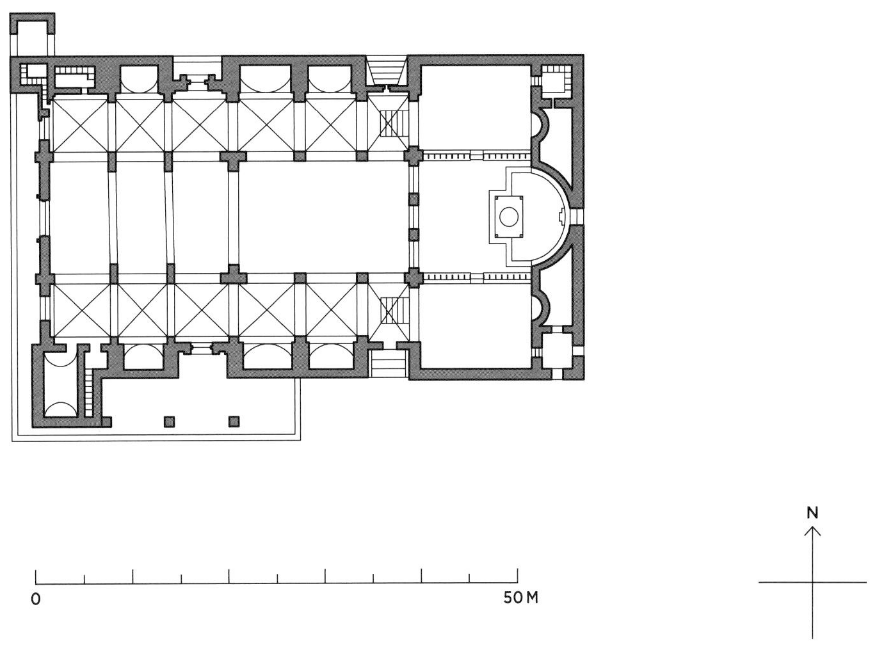

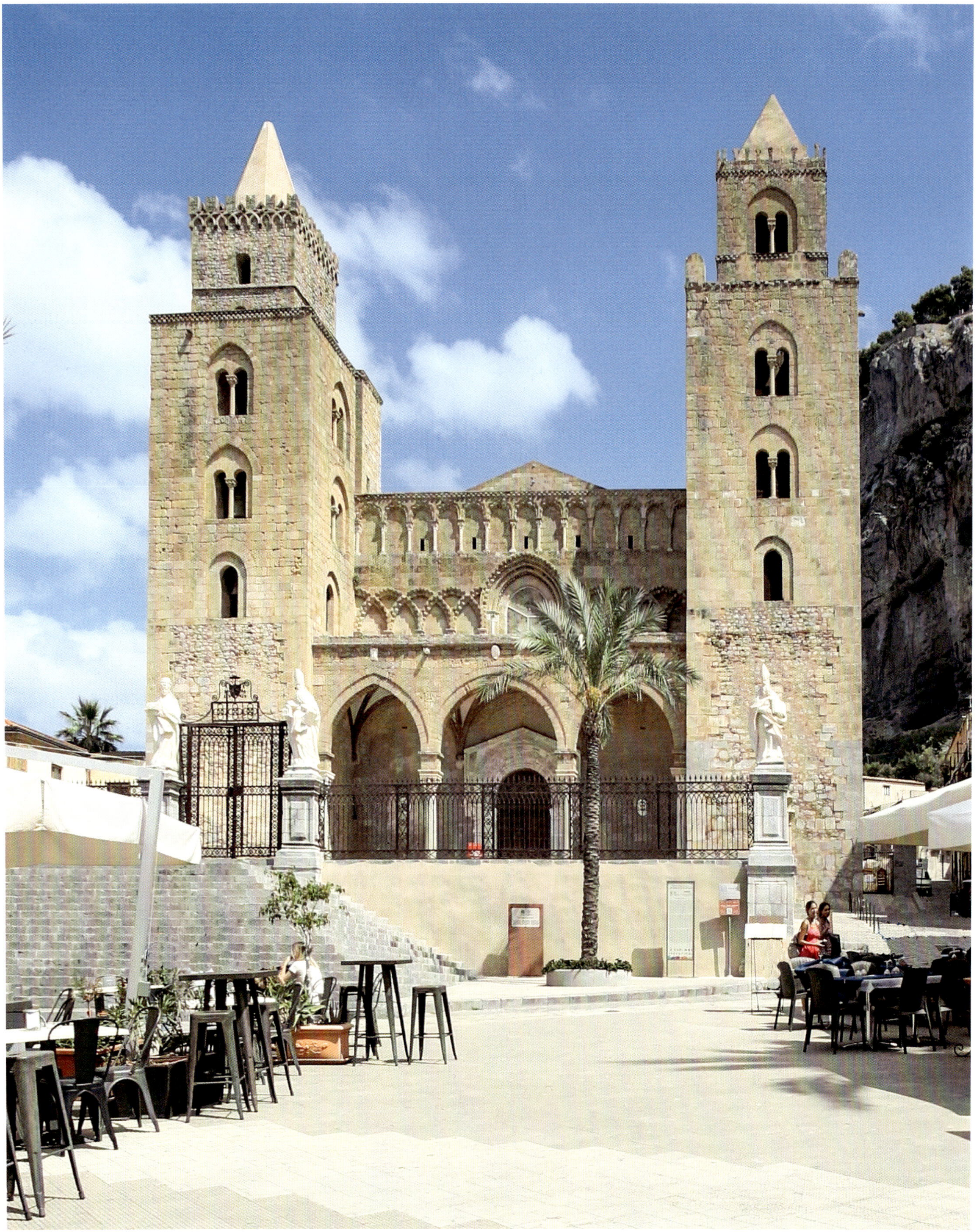

Basilica Cattedrale di Cefalù

Cefalù, Sicilia

체팔루 바실리카 대성당

시칠리아, 체팔루

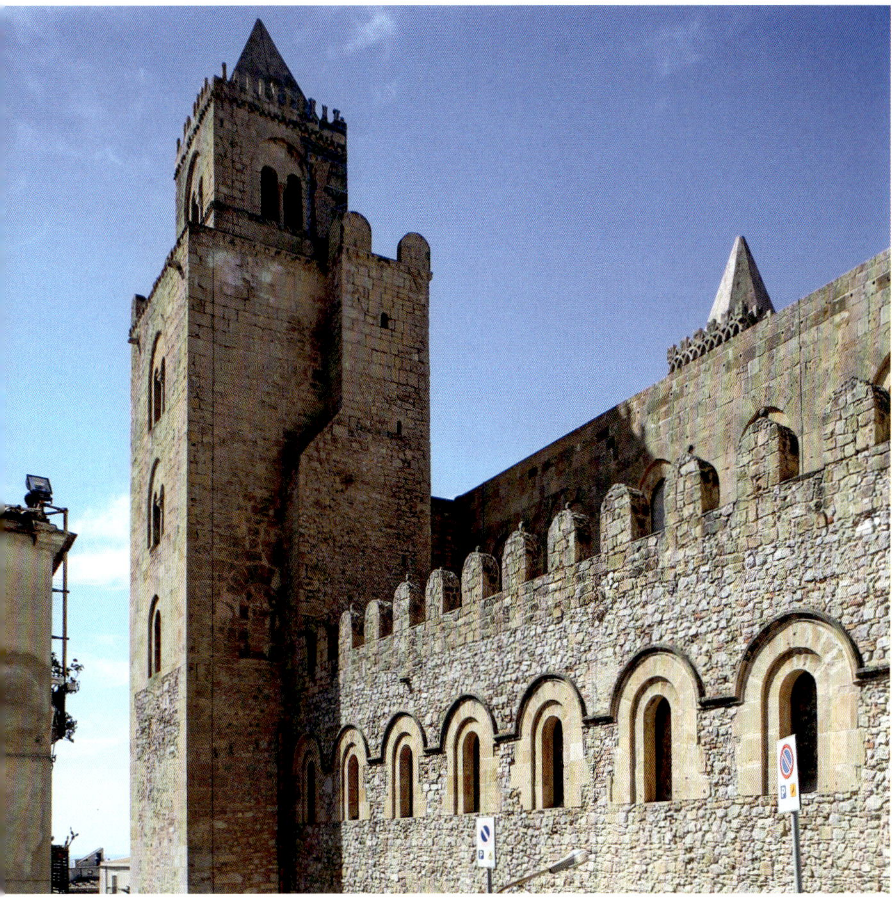

South wall of cathedral and southwestern tower from southeast

동남쪽에서 본 대성당 남쪽 벽과 남서 모서리 타워

← West façade from southwest

남서쪽에서 본 서쪽 입면

Construction of the Cathedral of Cefalù was begun in 1131 by Ruggero II (Roger II), the Norman King of Sicily. Ruggero intended this church to be the symbol of the Norman domination of Sicily and, at the same time, the future burial church for himself and his family. Cefalù was served by a chapter of the Augustinian canons, and for them, an elegant cloister and conventual building were built just to the north of the church. Under the rule of his successors, however, the great project at Cefalù languished; ultimately a royal pantheon was established in Palermo and King Ruggero's

체팔루 (Cefalù) 대성당은 1131년에 시칠리아의 노르만 왕 루제로 2세 (Ruggero II.)에 의하여 창건되었다. 루제로 2세는 노르만 족의 시칠리아 정복의 상징인 동시에 자신과 가족의 안식처로 이 성당을 건립하였다. 체팔루 대성당은 아우구스틴 회 (Augustinian) 교우회 지회에 의하여 운영되었고, 성당 바로 북쪽에 교우들의 수도원 시설과 아름다운 회랑 (cloister)이 세워졌다. 그러나, 루제로 2세의 사후에 체팔루의 야심찬 사업은 쇠퇴하다가, 궁극적으로 팔레르모 (Palermo)에 왕실 판테온 (pantheon, 묘소)이 건립되고, 1215년에 호엔슈타우펜 (Hohenstaufen) 왕조 출신 신성로마황제 프리드리히 2세 (Friedrich II.)의 명에 의하여, 루제로 왕의 석관이 체팔루에서 팔레르모로 이장되었다. 체팔루 대성당은 드디어 1267년에 알바노 (Albano)의 로돌프 드 셰브리에르 (Rodolphe de Chevrières) 주교에 의하여 봉헌되었다.

체팔루 대성당을 누가 디자인했는지에 대해서는 알려진 바가 없다. 성당 건립을 위해서 선택된 부지는 로마 시대에 정착이 되었고, 시칠리아의 다른 지역으로 이어지는 도로가 연결되는, 짐작컨대 묘지에 인접한 비잔틴 바실리카의 폐허였었던 것으로 추측된다. 오늘날 대성당은 시칠리아 북쪽, 팔레르모주의 일부인 체팔루의 역사적 도심의 돋보이는 스카이라인을 만들고 있는데, 그 성당이 지어졌던 중세의 풍경에서는 노르만족의 존재를 과시하는 강력한 상징물이었을 것이다.

체팔루 대성당은 네이브, 아일, 크로싱, 트랜셉트와 깊이가 깊은 앱스로 구성되는 라틴 십자형 (Latin cross) 모양으로 계획되었다. 동쪽 끝에는 그로인 볼팅 (groin vaulting)과 뾰족한 반개의 돔으로 덮인 성단소가 있으며, 두개의 깊은 턴넬 볼트를 가진 소예배실이 양쪽에 놓여 있다. 이일 외벽으로 부터 조금만 돌출하는 트랜셉트는 일부가 턴넬 볼트로 덮혀있고, 또다른 일부는 나무 지붕으로 덮혀있는데, 네이브 보다 높은 것은 물론, 이탈리아 본토의 몬테카씨노 (Montecassino) 수도원 (베네딕트회 본부 성당)보다도 더 높게 지어졌다. 트랜셉트 동쪽에 있는 성단소의 경우 구조, 비례, 외관은 로마네스크

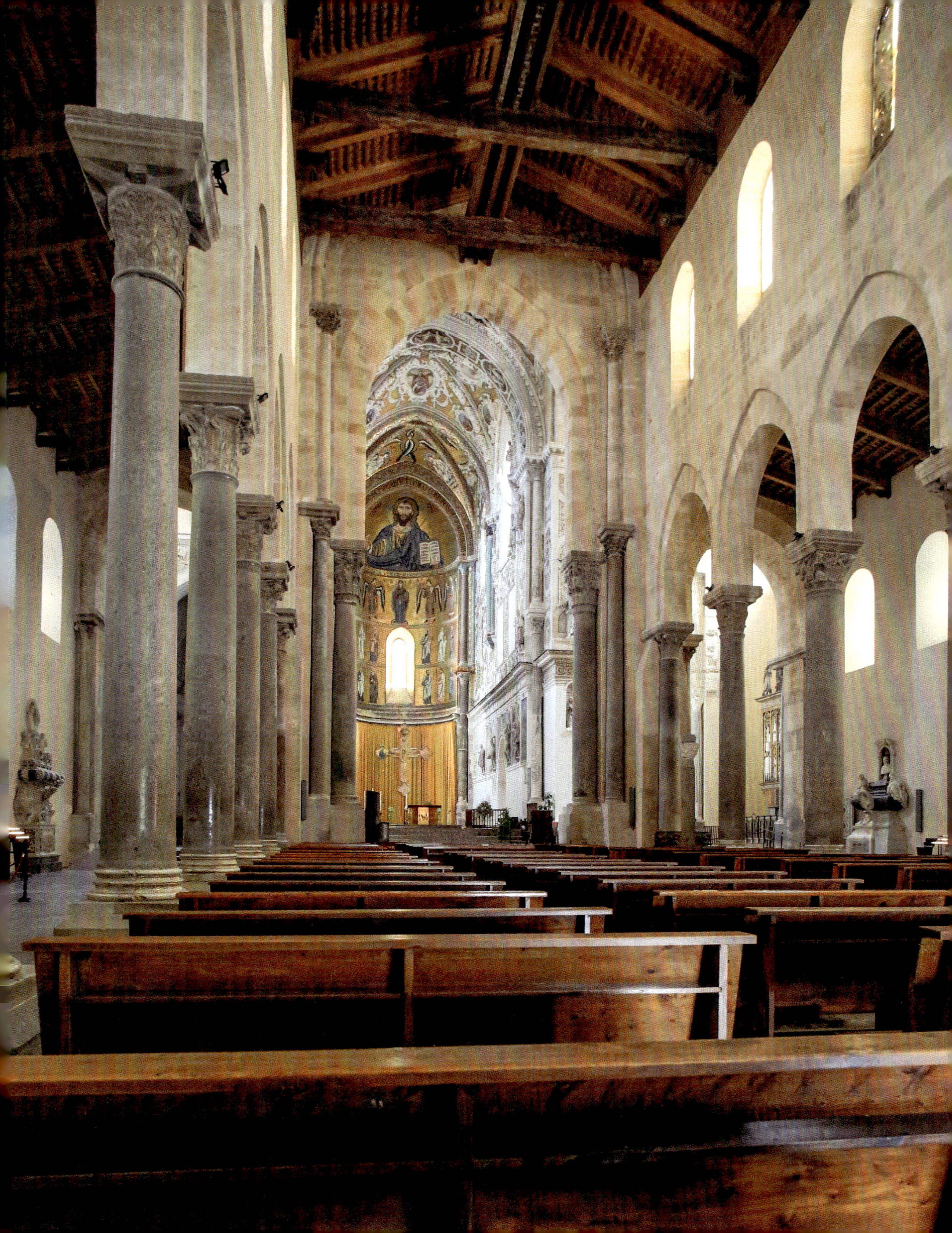

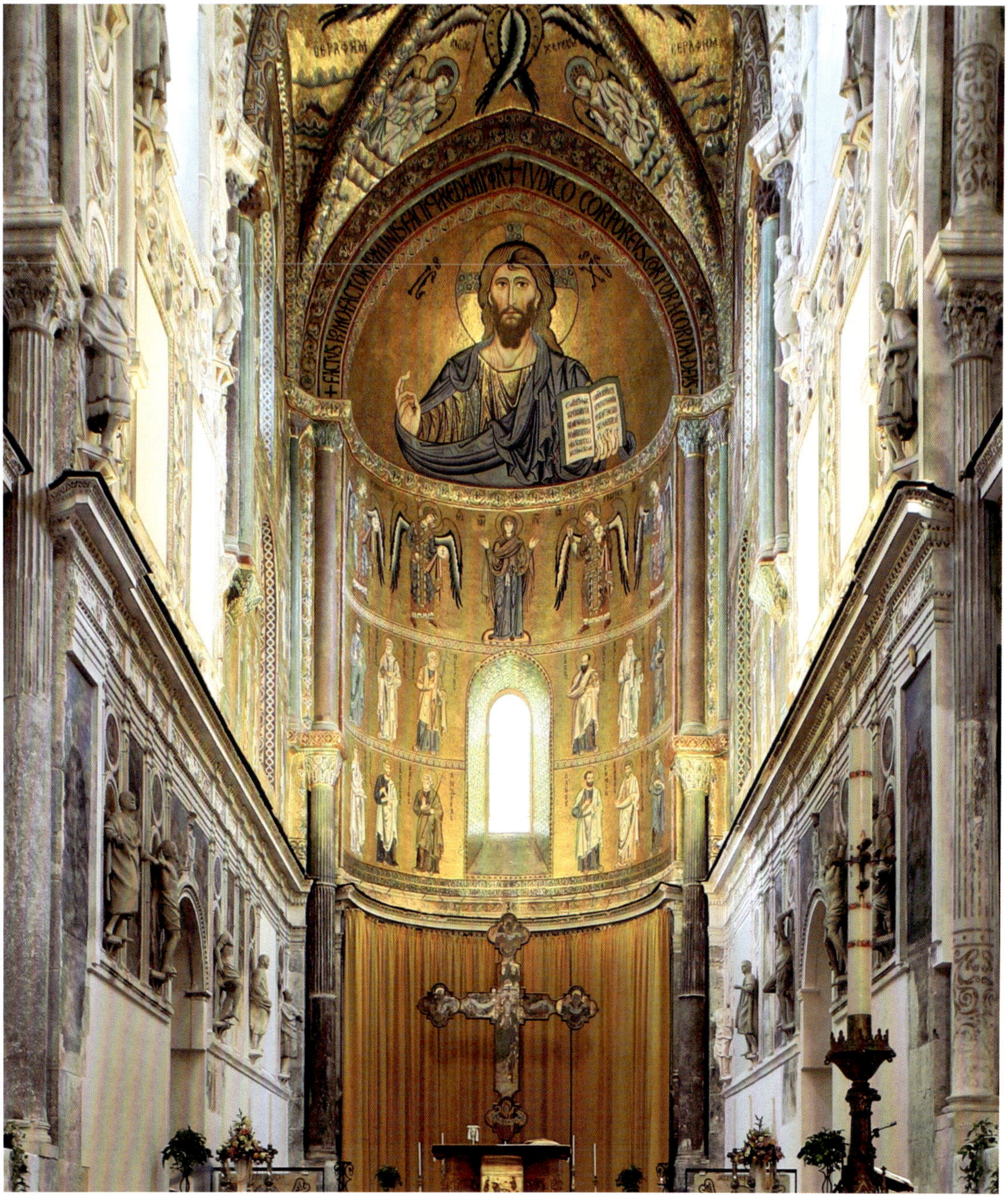

View of chancel at eastern apse with mosaic of *Christ Pantocrator*

장엄 예수 모자익으로 장식된 동쪽 앱스의 성단소 모습

← Nave interior from northwest

북서쪽에서 본 네이브 전경

sarcophagus was transferred there from Cefalù in 1215 by order of his grandson Frederick II of Hohenstaufen. The cathedral was finally consecrated in 1267 by Rodolphe de Chevrières, Bishop of Albano.

There is no information about the master builder. The site chosen for the church was an area settled during Roman times, likely the ruin of a pre-existing Byzantine basilica, adjacent to a cemetery, with roads linking it to other parts of Sicily. Today the cathedral dominates the skyline of the surrounding historical town of Cefalù, part of the province of Palermo in northern Sicily, and it must

양식이지만 디테일과 장식에 있어서는 비잔틴과 아랍 분위기가 스며들어 있다. 이 성단소 부분은 1148년 전에 공사가 끝나고 장식됐지만, 대성당 전체는 훨씬 나중에 시공되었다. 네이브는 1180년에서 1200년 사이에 축소된 평면으로 지어졌고, 네이브의 목재 트러스 및 그위의 천정은 1263년에 개조 되었다.

네이브와 아일은 전형적인 바실리카형 평면으로 계획되었다. 고대의 기둥들, 열 넷은 따뜻한 회색 화강석, 둘은 시폴린 (cipolin) 대리석으로 구성되는 아케이드가 네이브와 아일들을 구분한다. 기둥들의 받침과 주두들은 2세기에 만들어진 것들이다. 체팔루 대성당의 공간은 기본적으로 초기 기독교 양식 성당의 분위기 인데, 이는 고딕 아치 대신, 뾰족한 아랍

have been a powerful symbol of Norman presence in the medieval landscape when it was built.

Cefalù Cathedral is laid out in a Latin cross plan with nave, aisles, a crossing, transept, and a deep apse. At the east end is a chancel, covered by groin vaulting and a pointed semi-dome, flanked by two deep tunnel-vaulted chapels. The transept, which projects slightly from the outer walls of the aisles, is partially covered by a tunnel vault

디자인 아치들이 얹혀졌음에도 불구하고, 고전적 기둥들이 늘어선 데에 기인한다. 네이브와 크로싱이 연결되는 위치에 인상적인 개선문이 세워져 있다. 이 개선문은 큰 주두로 마감된 고전적 기둥 두개가 네이브 목재 지붕 밑으로 배치된 아랍 디자인 아치를 지지하고, 그 위로 짙고 엷은 두 색상의 베이지 빛 사암 (sandstone) 벽이 얹혀진 모양을 하고 있다. 기둥의 주두들은 12세기 중반에 아풀리아 (Apulia)의 한 공방에서 제작된 것으로 추정된다. 네이브에서는

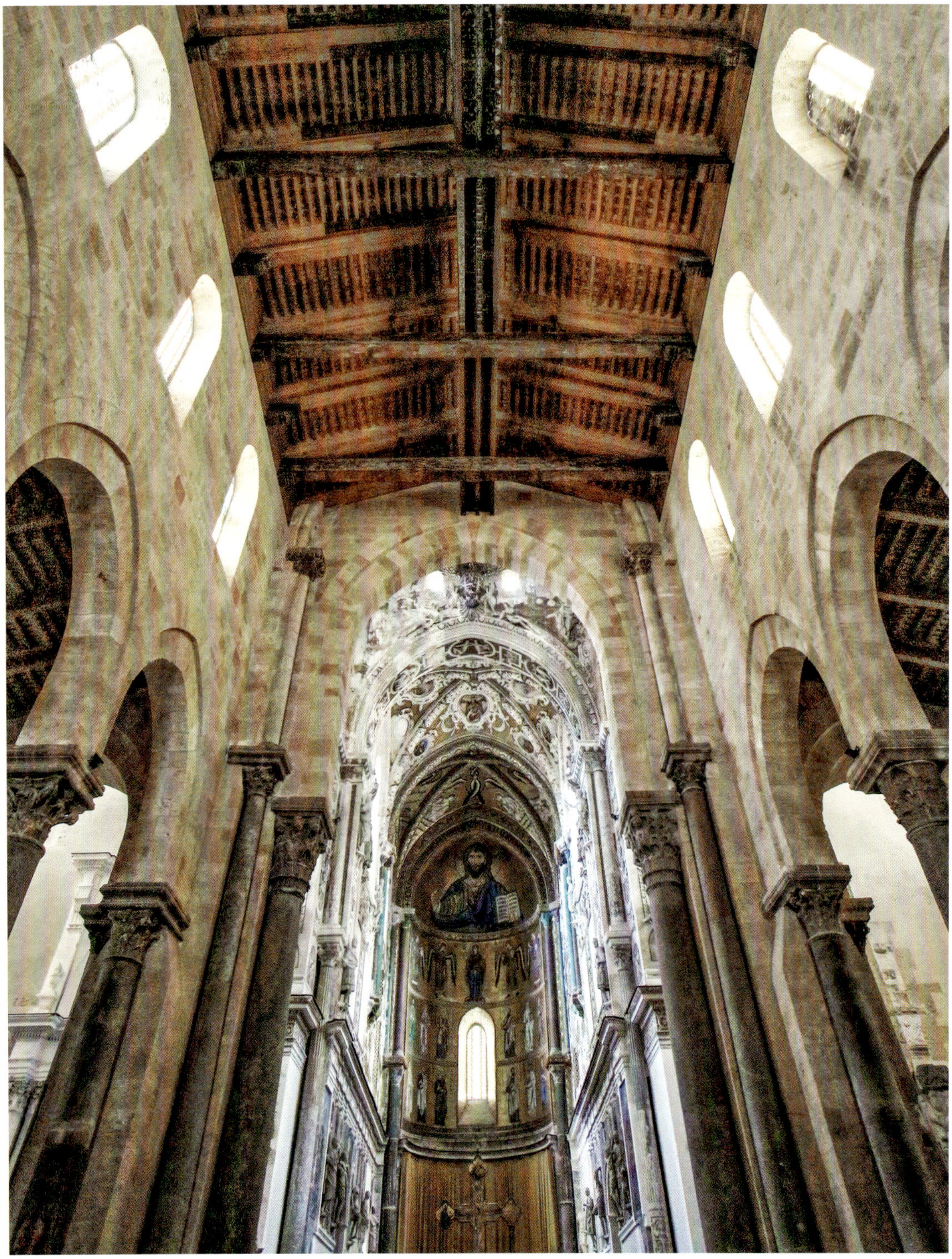

View looking up to a slightly pointed triumphal arch at the junction of nave and choir

네이브와 성가대석 경계에 세워진 약간 뾰족한 아치의 개선문을 올려다 보는 모습

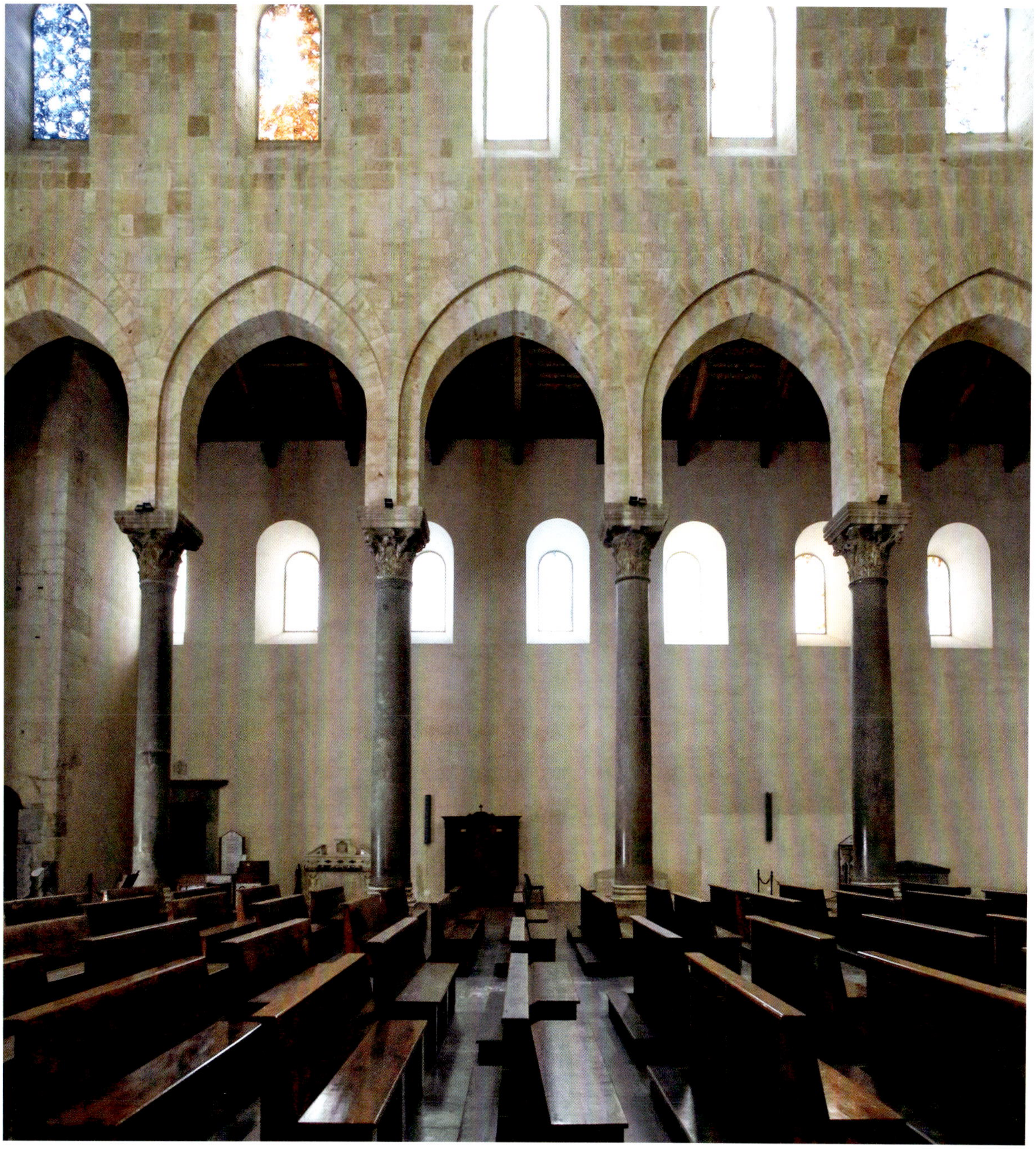

Nave elevation scheme at south arcade

남쪽 아케이드의 네이브 입면 디자인

and partly by a wooden roof, and is carried higher than the nave, more so than at Montecassino on the mainland. The chancel beyond it is Romanesque in structure, proportion, and exterior design, though Byzantine and Arabic in decoration and some of its details. These parts of the church had been finished and decorated by 1148, but work was done much later as well – the nave was built between 1180 and 1200 on a reduced plan, and the wooden-trussed roof of the nave was restored in 1263.

The nave and aisles are laid out in a typical basilica plan: arcades of antique columns, four-

목재 트러스와 목재 천정이 애초에 계획되었던 것보다 낮은 위치에 세워졌다. 네이브 입면 구성을 보면, 아름다운 비례의 아케이드가, 두께가 절삭된 뾰족한 아치를 지지하고, 그 위로 고창 (clerestory) 들이 배치되었으며, 그리고 아일 벽의 창들로부터 충분한 광선이 인입된다. 아일은 그로인 볼트로 마감되었다.

모자이크 장식이 체팔루 대성당의 내부를 빛나게 하는 요소이다. 원래의 계획은 대성당 전체를 모자이크 장식하는 것이었을 것으로 추정되나, 성단소 영역에만 완성되었고, 앱스와 측면 벽의 반 정도가 모자이크로 채워졌다. 앱스의 반개 돔 표면을 장식하는 전능하신 예수 모자이크와 오른손은 축복의 자세를, 왼손은 요한복음이 펼쳐진 성경을 들고 있는

teen in warm grey granite and two in cipolin marble, define the nave from the aisles, and the bases and capitals are from the 2nd century A.D. The spatial ambience of Cefalù Cathedral is essentially that of an Early Christian church, due in large measure to the Classical columns, in spite of the fact that they feature pointed Arabic, rather than Gothic, arches. At the junction of nave and crossing stands an impressive triumphal arch, composed of two Classical columns with large capitals supporting the wall built of two tones of beige sandstone, forming an Arabic arch near the wooden roof of the nave. The capitals for the columns are believed to have been made by an Apulian workshop in the mid 12th century. In the nave proper, the wooden trusses and roof are at a lower level than was initially intended. The nave elevation scheme presents an elegantly proportioned colonnade with pointed arches with indentation, clerestory above, and windows on the aisle wall admitting ample light. The aisles are groin vaulted.

The mosaic ornaments are what distinguish the interior of Cefalù Cathedral. It is likely that the original plan called for the entire church to be decorated in mosaics, but this was completed only in the chancel area. Mosaics still cover the apse and approximately half of the side walls. The great *Christ Pantocrator* found on the semi-dome, with right hand in benediction and left hand holding a bible open to the Gospel of John, is one of the most exceptional Byzantine mosaics to be found in Italy and compares favorably with fine originals of the late Byzantine period from Constantinople. Ruggero II is said to have assembled Greco-Byzantine mosaic artisans from Constantinople for this work, who ingeniously adapted their traditional technique to the Norman Romanesque frame of the cathedral. The mosaics were begun in 1145 and finished by 1170. The ceiling of the nave is decorated with various painted motifs, believed to be the work of Arabic craftsmen who incorporated Arabic traditions combined with elements adopted from Byzantine architecture. These craftsmen created a singular style which existed only in Sicily, referred to simply as Sicilian Romanesque architecture.

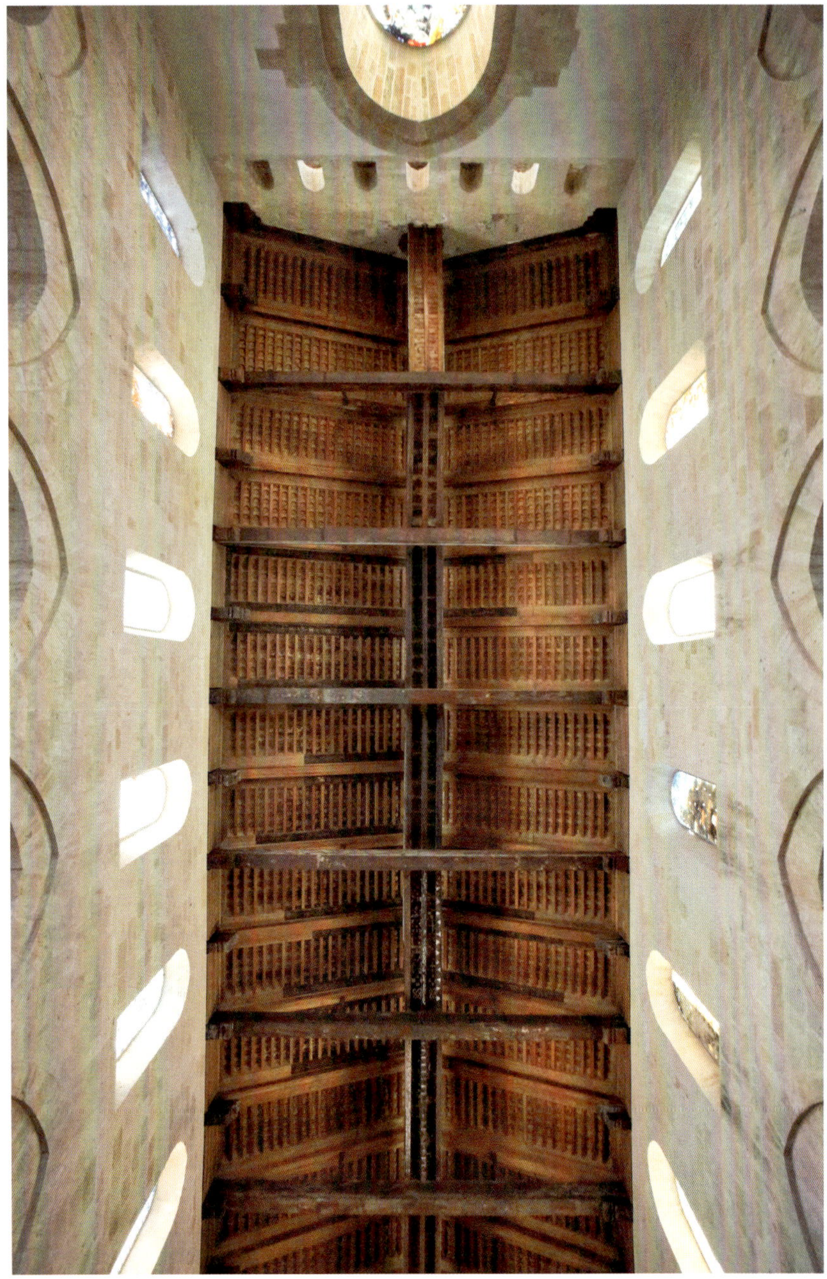

View of wooden nave ceiling at the western wall

대성당 서쪽 벽에서 본 목재 네이브 천정 모습

예수의 모자이크는 이탈리아 전역에서 가장 빛나는 비잔틴 모자이크 중 하나로, 콘스탄티노플의 후기 비잔틴 시대의 훌륭한 오리지널과도 견줄만 하다. 루제로 2세는 이 공사를 위하여, 콘스탄티노플에서 그리스-비잔틴 모자이크 장인들을 불러왔다고 전해지며, 이들 장인들은 자신들의 전통 기법을 대성당의 노르만 로마네스크 틀에 재치있게 적용하였다. 모자이크 장식은 1145년에 시작되어 1170년 까지 완성되었다. 네이브의 천정은 여러가지 주제의 장식으로 채워졌으며, 이것은 아랍 전통과 비잔틴 건축 요소를 가미한 아랍 기술자들의 작업이라고 믿어진다. 이들 기술자와 장인들은 한마디로 시칠리아 로마네스크 건축이라고 불리는, 시칠리아에만 존재하는 독특한 스타일을 창조하였다.

The western façade of the cathedral is perhaps the finest to be found in all Sicilian Romanesque architecture. Two handsome towers, like North African minarets in design, flank an elegant columnar *portico* with three pointed arches, the work of Ambrogio da Como, added in 1472, behind which appears the outdoor narthex and façade wall of the church, decorated with Norman interlaced arches. The original façade dates from 1240. The cathedral has a cloister that is considered the model for successive Norman cloisters in Sicily, in particular the one found in the Cathedral of Monreale. The *piazza* in front of the cathedral as well as the steps were built over the old cemetery.

Cefalù Cathedral, together with Cattedrale di Santa Maria la Nuova in Monreale and other structures found in Arab-Norman Palermo, was inscribed on the UNESCO World Cultural Heritage register in 2015.

대성당의 서쪽 입면은 아마도 시칠리아 로마네스크 건축에서 볼수 있는 가장 훌륭한 입면이다. 북아프리카의 회교 사원 첨탑 (minaret) 디자인 같은 타워 둘이, 세개의 뾰족한 아치를 지지하는 기둥으로 구성된 아름다운 주랑 (portico) 양 옆에 서 있으며, 이것은 1472년에 암브로지오 다 코모 (Ambrogio da Como)의 작품으로, 그 안으로 옥외 나르텍스와, 노르만 식의 포개지는 아치로 장식된 대성당의 정면 벽이 서 있다. 원래의 서쪽 정면은 1240년에 지어졌었다. 대성당에는 후에 시칠리아에 건립된 노르만 양식 수도원 회랑, 특히 몬레알레 (Monreale) 대성당에서 보는 회랑의 모델이라 간주되는 회랑이 있다. 대성당의 앞 피아짜와 계단은 옛 묘지 위에 지어졌다.

체팔루 대성당은, 몬레알레의 산타 마리아 라 누오바 (Santa Maria la Nuova) 대성당, 아랍-노르만 팔레르모 (Arab-Norman Palermo)의 다른 건축과 함께 2015년 유네스코 (UNESCO) 세계 문화유산 목록에 등재되었다.

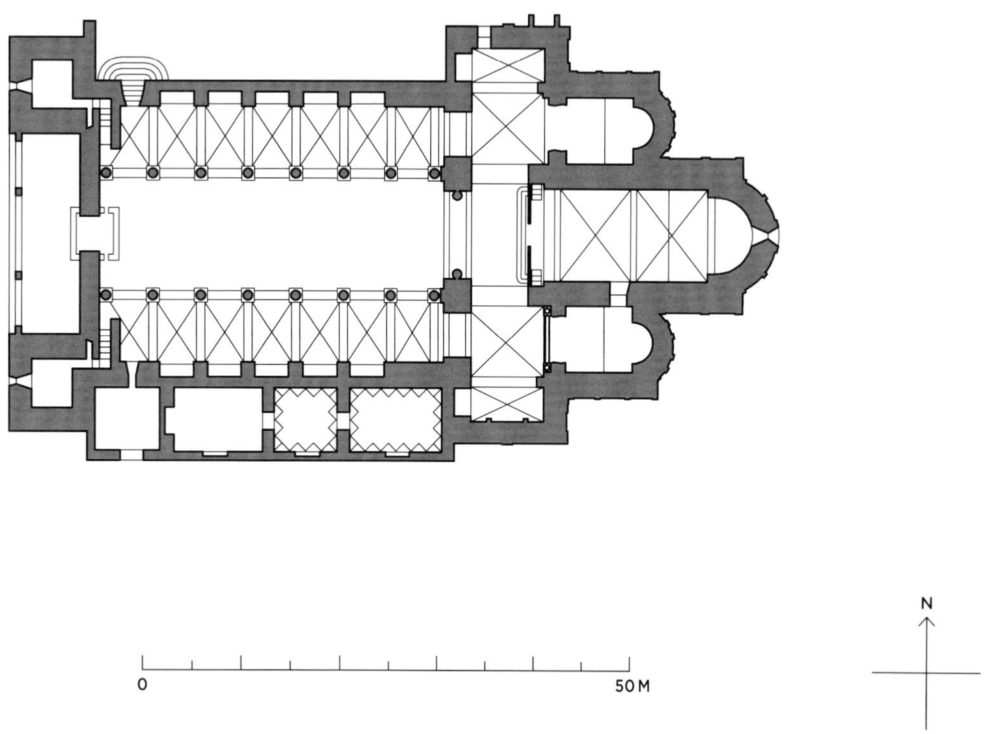

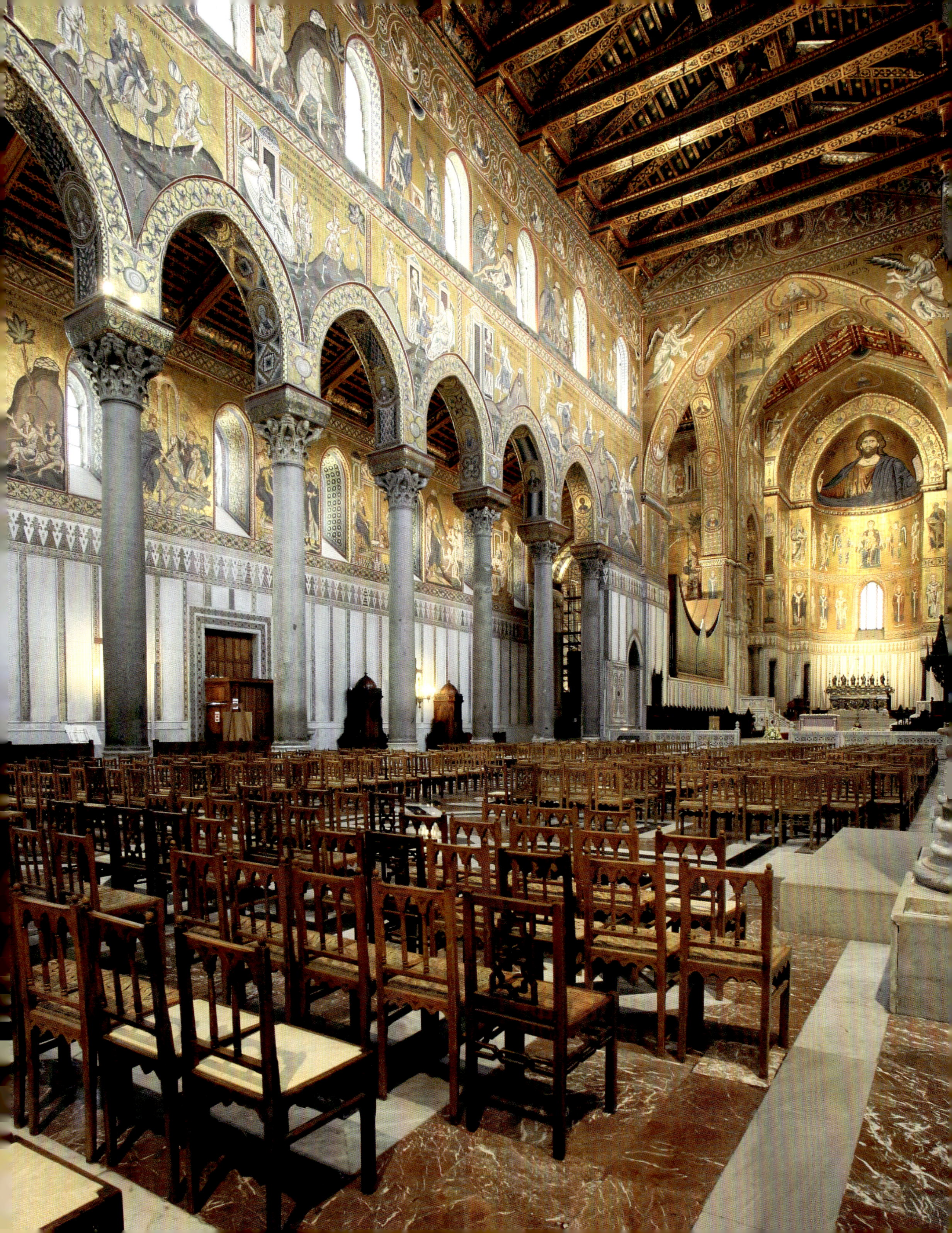

Cattedrale di Santa Maria la Nuova

Monreale, Sicilia

산타 마리아 라 누오바 대성당

시칠리아, 몬레알레

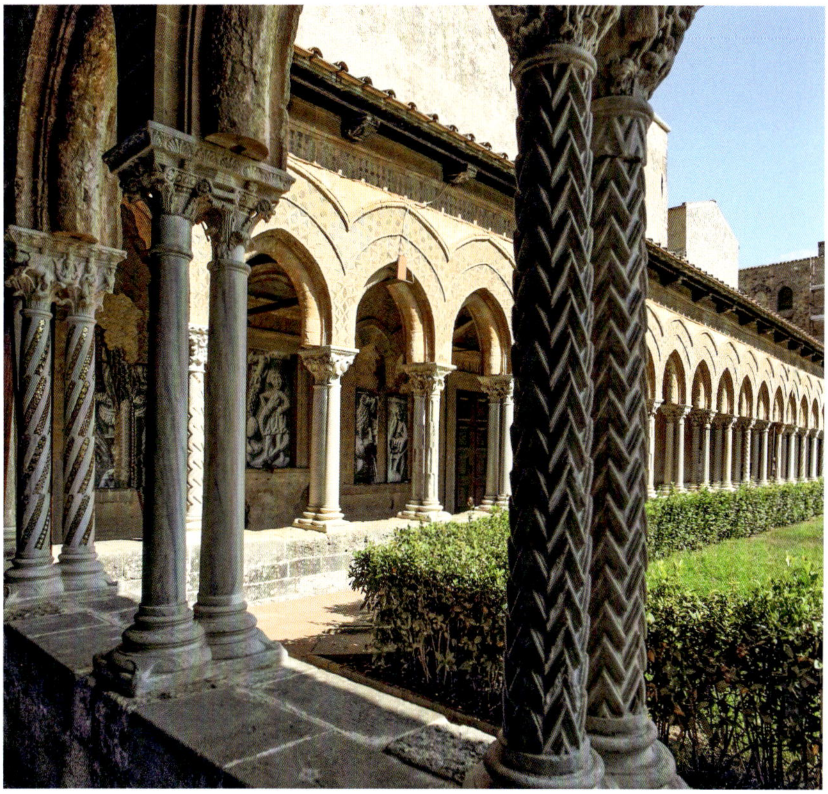

Exterior view of north cloister from southwest passage

남서쪽 회랑에서 본 북쪽 회랑 외관 모습

← View of nave from southwest

서남쪽에서 본 네이브 전경

The Cattedrale di Santa Maria la Nuova is situated in Monreale, a town which is part of the metropolitan city of Palermo in Sicily. The cathedral has an unusual history in that it was built as a Benedictine abbey church, for monks from La Cava on the mainland, where Cluniac rule was observed. Construction was begun sometime between 1171 and 1174 by King Guglielmo II (William II) of Sicily as a counterbalance to the power of Archbishop Gualtiero Offamilio (Walter Ophamil) of Palermo, specifically as an abbey church in order to reduce the possibility of jurisdictional claim by Palermo. Monreale may be the only monastic cathedral in continental Europe, though it was commonplace in Anglo-Saxon and Norman England. Thus, the

산타 마리아 라 누오바 (Cattedrale di Santa Maria la Nuova) 대성당은 시칠리아의 팔레르모 (Palermo) 광역시의 한 부분인 몬레알레 (Monreale)에 있다. 이 대성당은 특이한 역사가 있는데, 처음에 이탈리아 본토의 라 카바 (La Cava)에 있던, 클리뉘 (Cluny) 교칙을 지키던 수사들을 위한 베네딕토회 수도원으로 지어졌다. 공사는 1171년에서 1174년 사이에 시칠리아의 굴리엘모 2세 (Guglielmo II., 영어로는 윌리엄 2세) 왕에 의하여 시작되었는데, 팔레르모의 괄티에로 오파밀리오 (Gualtiero Offamilio, 영어로는 Ophamil 의 Walter) 대주교의 권력에 대한 균형추로서, 말하자면 팔레르모의 지배권 주장 가능성을 견제하기 위하여 수도원 성당으로 계획되었다. 몬레알레는 유럽 대륙에서 단 하나의 수도원 대성당 일수 있으나, 앵글로색슨과 노르만 영국에서는 흔한 경우였다. 그리하여, 대성당과 남쪽으로 수사들의 훌륭한 수도시설들이 세워졌다. 1176년에는 재산기증문서 (deed)와 기증물들 (endowments)이 대제단에 예치되었고, 1182년에 성당구조는 사실상 완성되었다. 그 해에 루치오 3세 (Lucio III., 영어 Lucius III.) 교황에 의하여, 대성당은 광역구 대성당 (metropolitan cathedral)으로 격상되었으며, 교황은 그보다 몇 년 앞서 몬레알레 대교구 (Archdiocese)를 설립한 바 있다.

건축가가 누구였는지에 대한 기록은 없으나, 그의 작품으로 미루어 볼때, 그는 건축가로서의 전문직에 필요한 많은 디자인 언어, 즉 당대의 로마네스크, 비잔틴, 시칠리아 로마네스크와 아라비아 양식을 망라하는 디자인에 능숙하였다. 대성당의 아름다운 부지는 팔레르모의 콩카 도로 (Conca d'Oro, 황금 솥) 계곡을 서서히 올라가서 몬테 카푸토(Monte Caputo) 언덕에 자리잡고 있다. 대성당은 리틴 십자가 형태의 평면으로 계획되었으며, 넓은 폭의 네이브와 좁은 아일들, 서쪽에 배치된 옥외 나르텍스와 정문, 소예배실을 갖춘 트랜셉트와 깊은 성단소가 있다. 모두 코린트 양식 (Corinthian) 주두가 얹혀진 17개의 회색 통화강석 기둥과, 한 개의 줄무늬 대리석 기둥이 양쪽으로 배열된 네이브는 강력한 초기 기독교 양식

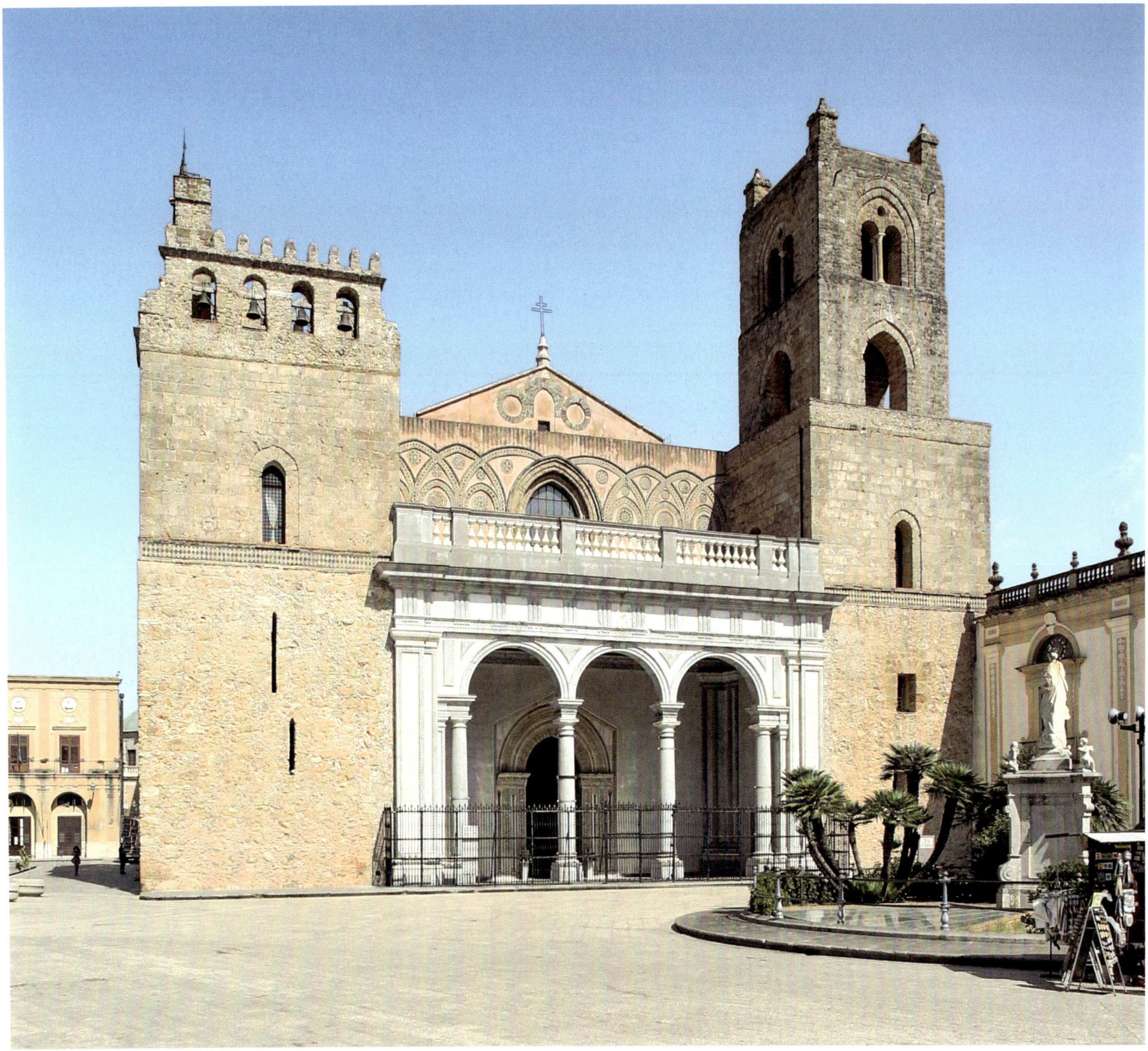

West façade from northwest

서북쪽에서 본 서쪽 입면

church, as well as an interesting conventual structure for monks to the south of it, were built. In 1176, deeds and endowments were deposited on the high altar and, in 1182, the structure was substantially complete. In the same year, the church was elevated to the rank of metropolitan cathedral by Pope Lucius III, who a few years earlier had established the Archdiocese of Monreale.

There is no record of who the master builder was, although judging by his creation, he was well-versed in the multiple design languages necessary for his profession, encompassing the then current Romanesque, Byzantine, Sicilian Romanesque and

공간 분위기를 투영한다. 하지만, 고전적 기둥들은 뾰족한 고딕 아치 대신 아라비아 아치를 받쳐주고 있다. 네이브에는 트리포리움은 없고, 아일과 대성당 많은 곳에 쓰여진 장식 창살로 엮은 높은 고창이 배치되어 있으며, 내부공간에 충분한 빛을 드리운다. 대성당 동쪽 부분에도 뾰족한 아치들이 많이 구사되지만, 전체적으로 롬바르디아, 노르만디, 그리고 노르만 영국의 성당들을 본뜬, 좀 더 로마네스크 양식으로 비치며, 네이브 보다 더 폭이 넓고, 더 높게 지어졌다. 네이브의 주랑 (colonnade)을 형성하는 여덟 개의 베이를 지나서, 크로싱의 초입에 성단소를 표시하는 인상적인 개선문이 놓여 있다. 가장 주목할 것은 중앙 앱스의 장엄 예수 (Christ Pantocrator)

Exterior view of eastern apse with interlaced arches from northeast
동북쪽에서 본 중첩되는 뾰족한 아치로 장식된 동쪽 앱스 외관

Detail of eastern apse with interlaced arches from northeast
동북쪽에서 본 중첩되는 뾰족한 아치로 장식된 동쪽 앱스 상세

Arabic styles. The location chosen for the church, up the Conca d'Oro from Palermo on the slope of Monte Caputo, is beautiful. The cathedral is laid out in a Latin cross plan, with a wide nave and narrow aisles preceded by an outdoor narthex at the western portal, transept with apsidioles, and a deep sanctuary. The nave flanked on either side by 17 monolithic grey granite columns and one striped marble column, all with Corinthian capitals, projects a strong Early Christian ambience. The Classical columns, however, support Arabic, rather than Gothic, pointed arches. There is no triforium, but a high clerestory, with simple tracery like those in the aisles and throughout the church, which lets in sufficient light. While pointed arches are incorporated as well in the east end, it is overall more Romanesque in style, modeled after churches in Lombardy, Normandy and Norman England, and it is both wider and higher than the nave. After a procession of eight bays which comprise the colonnade in the nave, and at the beginning of the crossing, there is an impressive triumphal arch which defines the chancel. Of particular note is the mosaic of *Christ Pantocrator* in the central apse, with rich detail and facial expression almost more of the era of its production, one might say, rather than of the religious figure. This mosaic was so

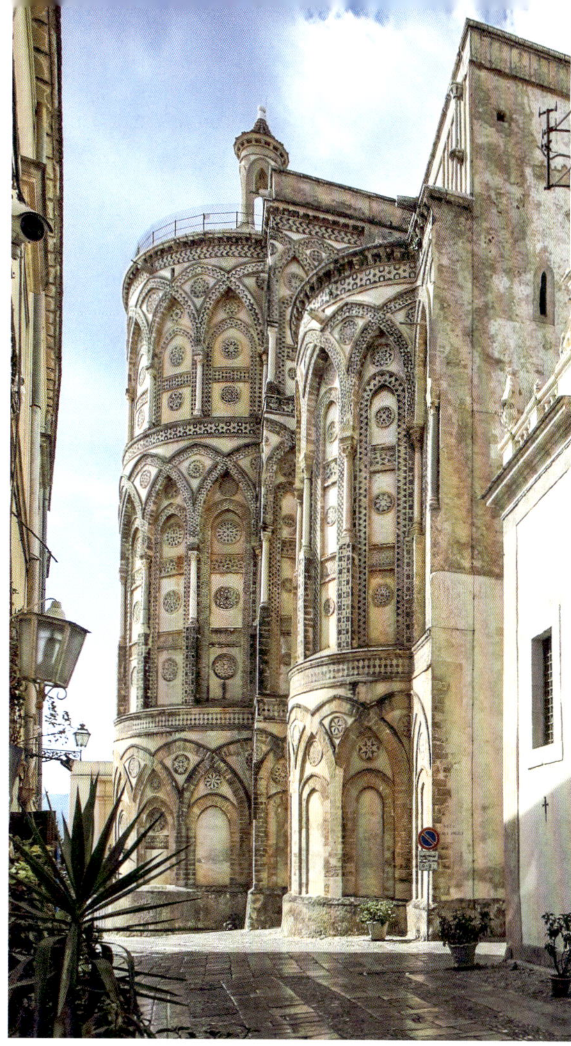

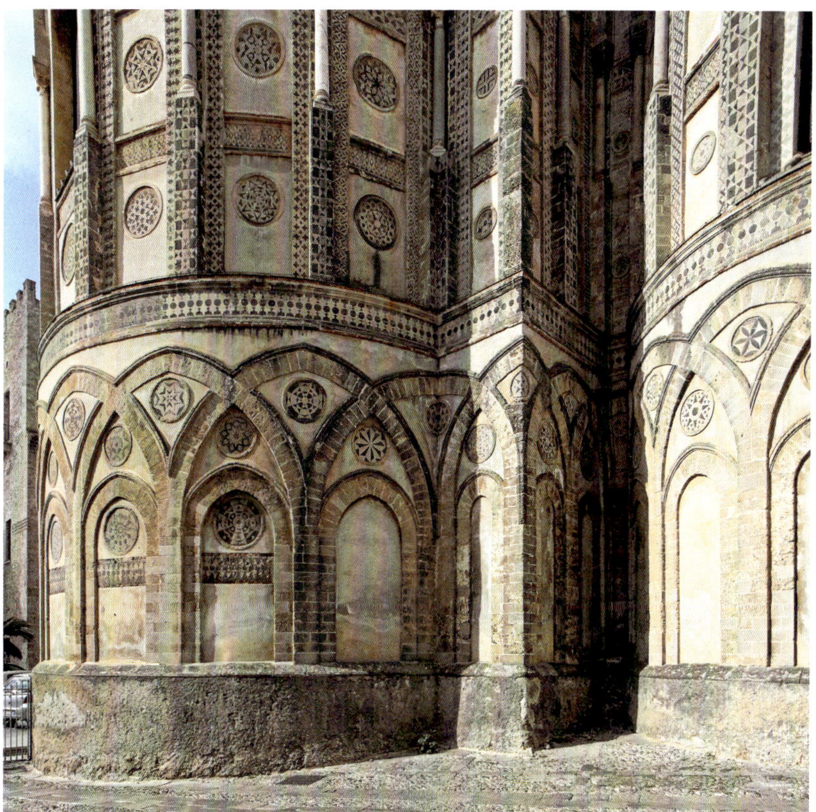

모자이크인데, 이 모자이크는 종교적 신앙 대상의 표정이라기 보다 제작 당시 시대의 인간 표정이라 말할수 있는 얼굴 표정이, 풍부한 디테일과 더불어 자세히 볼 만하다. 이 모자이크는 독일의 빌헬름 2세 황제 (Kaiser Wilhelm II.)가 대단히 높이 평가하여서, 1897년에 마리아 라흐 (Maria Laach) 베네딕토회 수도원을 복원할 때에, 복원 작업을 할 예술가 팀에게 몬레알레의 모자이크를 재현하도록 황제는 명하였다. 몬레알레 대성당은 길이가 102 미터이고, 너비가 40 미터이다. 대성당 전체와 인접된 수도원은 1267년에야 완공되어 클레멘트 4세 (Clement IV.) 교황의 참석하에 봉헌 되었다.

몬레알레 대성당의 장식 프로그램은 대단한 비잔틴 양식의 내용이고, 많은 디테일이 아라비아 특징을 지니고 있다. 특별히 두드러진 아라비아 요소들은 앱스에 있는, 거의 로마네스크 '바로크' 라고 묘사할수 있는 중첩되는 (interlaced) 뾰족한 아케이드, 아일의 대리석 벽판 (wainscot), 천정의 다채색 (polychrome) 장식이다. 몬레알레 대성당 내부의 주된 장식 요소로서는, 첫째, 12세기 말엽에서 13세기 중반 까지 현지 장인과 베니스의 모자이크 장인들에 의하여 시공된 그리스-비잔틴 양식의 넓은 면적을 덮는 유리 모자이크를 꼽을수 있다. 다음으로 단순한 공법으로 만든 목재 트러스와 천정면을 모두

highly regarded by Kaiser Wilhelm II that he commanded a restoration team of artists to recreate it for the Benedictine abbey church of Maria Laach in 1897. Monreale is 102 meters long and 40 meters wide. The entire church and the adjoining abbey were finally completed in 1267 and consecrated in the presence of Pope Clement IV.

The ornamentation program in Monreale is strongly Byzantine, with many of the details in Arabic idiom. The particularly prominent Arabic elements are the interlaced pointed arcades on the apses, which one might even describe as Romanesque 'Baroque,' the marble wainscot of the

풍부하게 장식하는 다채색 디자인을 꼽을 수 있으며, 오늘날 대부분 원래 모습으로 복원되었다. 역시 대폭 복원된 성가대석의 바닥 포장은, 오푸스 알렉산드리눔 *(opus alexandrinum)* 이라고 부르는 대리석과 반암 (porphyry) 모자이크의 좋은 예이며, 디자인의 주된 분위기가 아라비아 영향을 나타낸다. 네이브 바닥의 모자이크로 포장된 부분은 16세기에 완성되었고, 반암과 화강석 원판 (disc)을 대리석 띠와 융합하고, 직선이 아닌 선들과 조화되도록 만들었다.

대성당의 서쪽 정면과 북쪽의 주랑 (colonnade)이 몬레알레 대성당을 찾는 방문객이 처음 보게 되는 모습인데, 두 곳 모두 르네상스 시기에 개조되었다. 원래 아트리움을 앞에 배치하여 디자인되었던

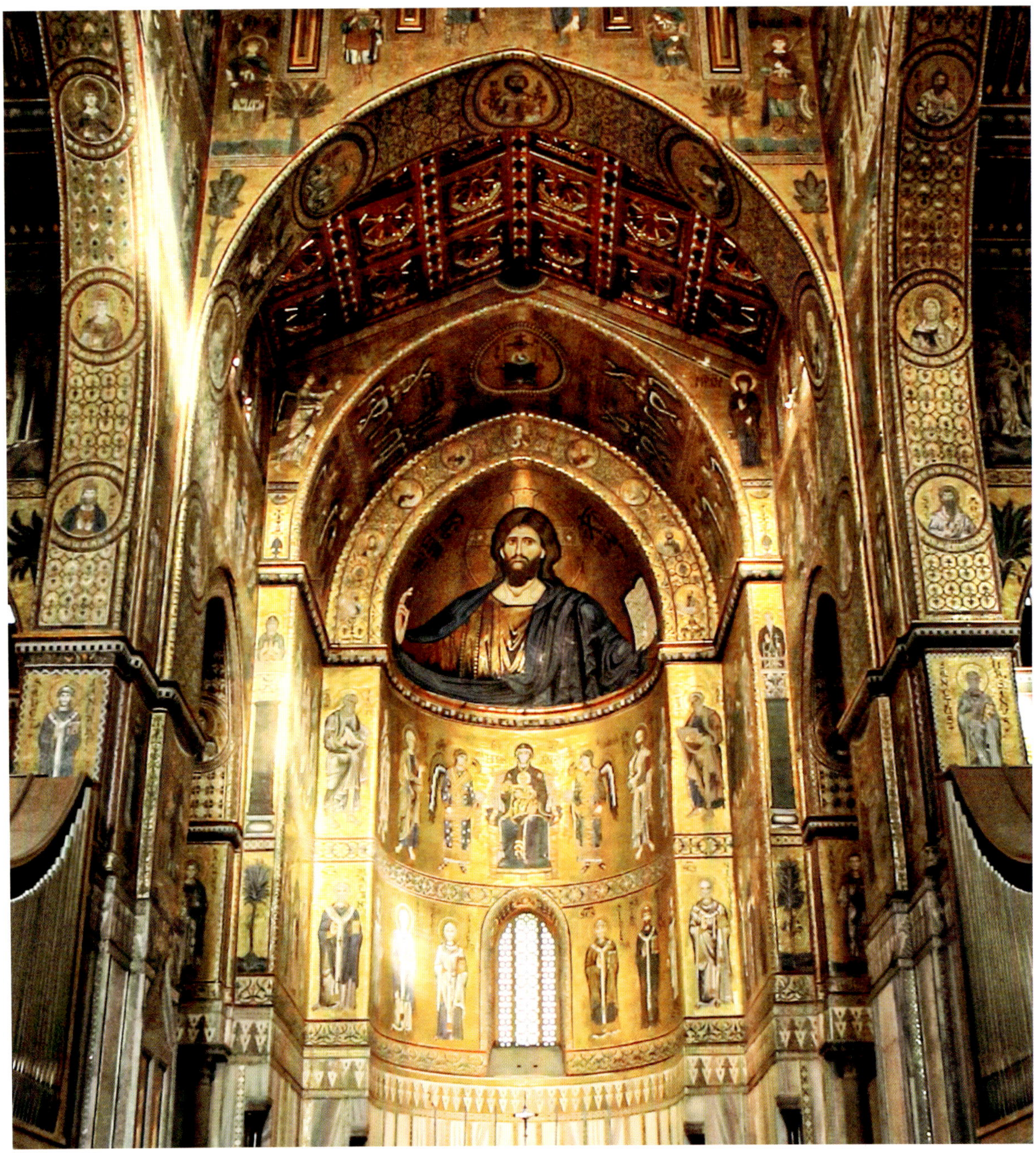

View looking up to eastern apse with mosaic of *Christ Pantocrator*

장엄 예수 모자익이 놓인 동쪽 앱스를 올려다 보는 광경

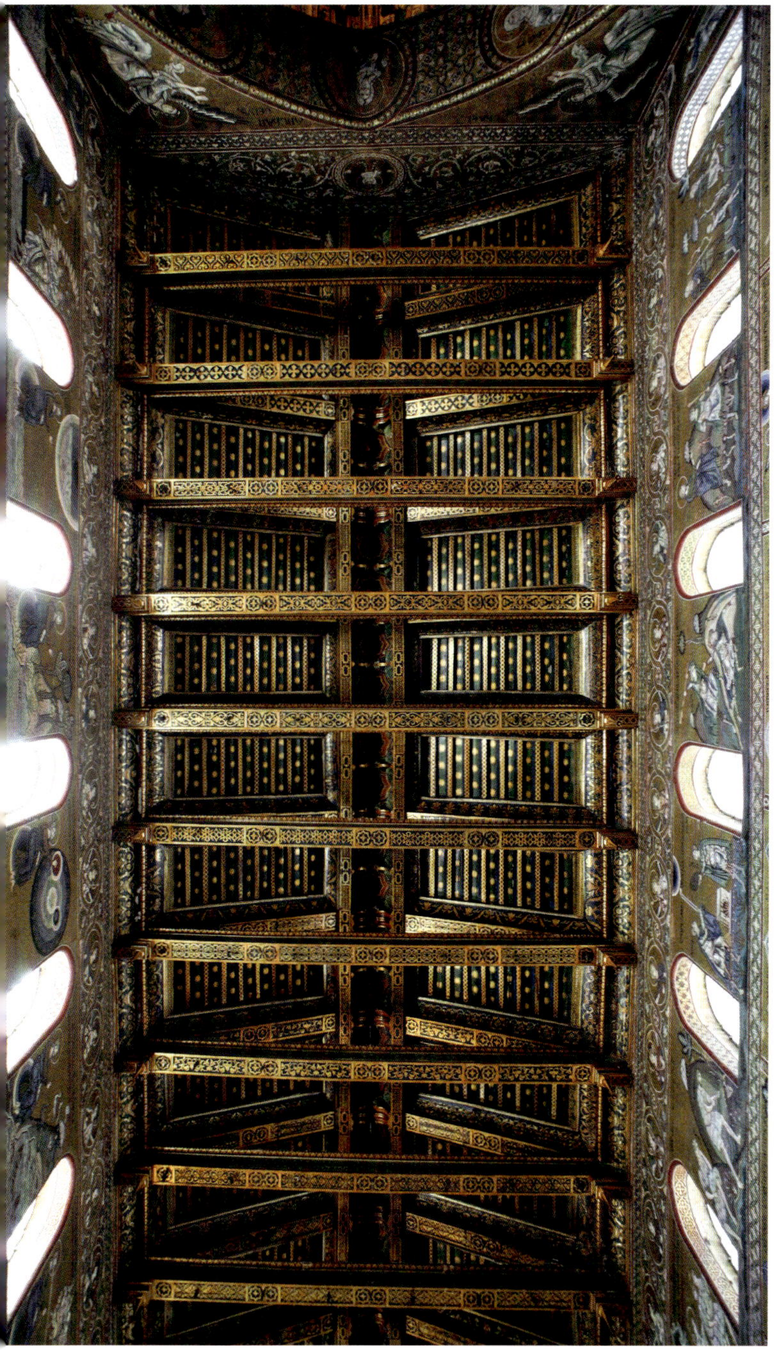

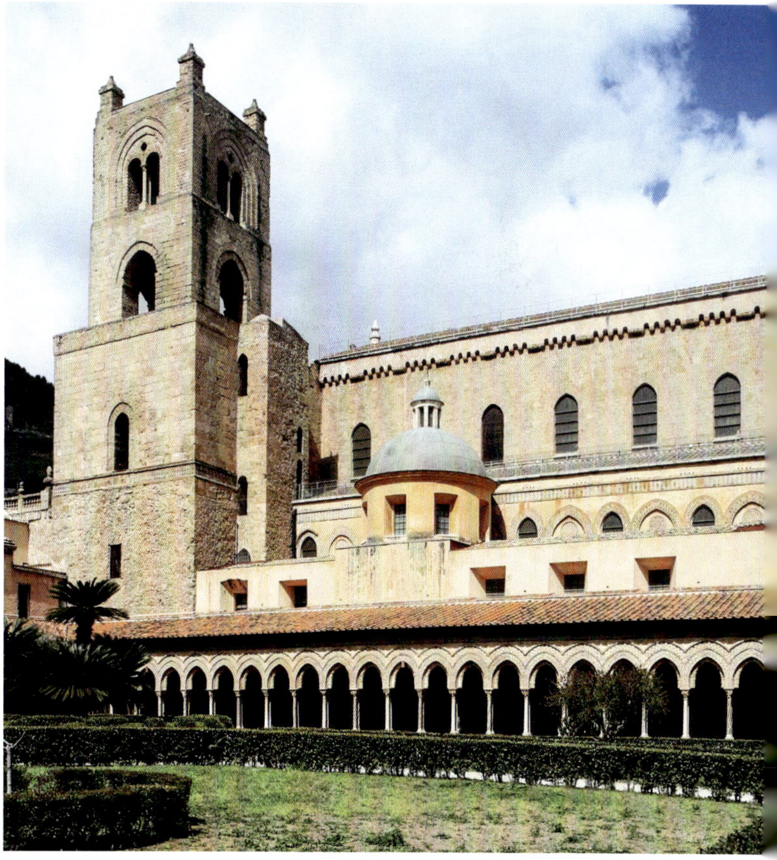

View of wooden nave ceiling with polychrome (left)

다채색 장식을 입힌 네이브 목재 천정 모습

Exterior view of cathedral from southeast across cloister (right)

회랑 건너 동남쪽에서 보는 대성당 외관 전경

aisles, and the polychrome roof. The main ornamental features of the interior of Monreale are the vast glass mosaics, executed in Greco-Byzantine style between the late 12th and mid 13th centuries by both local and Venetian masters, and the polychrome design covering all wooden trusses and surfaces of the roofs throughout, which are of open woodwork, plain in construction but richly ornamented, now mostly restored. The pavement of the choir, also largely restored, is a fine example of marble and porphyry mosaic in *opus alexandrinum*, with signs of Arab influ-

서쪽 정면은, 16세기 중반에 토스카나 분위기의 아치 세개의 르네상스 주랑 현관 (portico)으로 대체되었으며, 남쪽, 북쪽으로 전면 피아짜 (piazza)를 면하여 그리 높지 않고, 서로 다른 디자인의 돌출하는 타워가 놓여 있다. 주랑 현관 안 쪽으로 12세기 후반의 본나노 피사노 (Bonnano Pisano)의 작품인 청동 정문이 놓인 옥외 나르텍스 (narthex)가 있다. 북쪽 면에 있는 긴 주랑 (colonnade)은 가늘고, 거의 연약하게 보이는 르네상스 아케이드로 이루어졌다. 이 북쪽 주랑에 배치된 모자이크로 장식된 문루의 청동 정문은 역시 12세기 후기에 바리사노 다 트라니 (Barisano da Trani)가 제작하였다. 대성당의

ence in its main lines. The mosaic pavement of the nave was completed in the 16th century and incorporates discs of porphyry and granite with marble bands intermingled with irregular lines.

The western façade and northern colonnade, which are the first aspects of the exterior of Monreale Cathedral to greet visitors, feature Renaissance interventions. The western façade, which was originally designed with an atrium in front, was subsequently replaced in the mid 16th century by a three-arched Renaissance *portico* of Tuscan inspiration, flanked by projecting towers of unequal design and moderate height facing a public *piazza*. Behind the *portico* there is an outdoor narthex with a central bronze portal, the work of Bonanno Pisano of the late 12th century. The long colonnade on the north façade has a lean, almost fragile, Renaissance arcade. The bronze door of the mosaic-decorated portal at the northern colonnade is by Barisano da Trani, also dating from the late 12th century. The entry to the cathedral is located on this façade. In contrast to the rather generic west and north façades, the eastern apsidal façade is the *tour de force* of Monreale. The interlaced Arabic pointed arches, inlaid with delicate patterns of stone, capture the visitor's imagination with an exuberant fusion of form, texture and color.

The splendid cloister, completed at the turn of the 13th century, is well preserved and is now regarded as one of the finest extant in Italy both for its size and beauty of detail. It is about 2,200 square meters, with pointed arches decorated with fine-grained square patterns, and supported on paired, white marble columns, 216 in all. The columns are arranged either spirally or vertically from end to end of each shaft, alternately plain or decorated with glass tesserae bands of patterns in gold and colors. The carvings on the marble capitals are of foliage, biblical scenes and allegories, with no two being alike. A square pillared projection at one corner of the cloister encloses the marble *lavatorium*, evidently the work of Arabic sculptors.

The exterior of the cathedral is markedly local Romanesque in style, integrated so harmoniously that one is not conscious of stylistic 'ingredients' as with many other Sicilian Romanesque buildings. The interior is even more

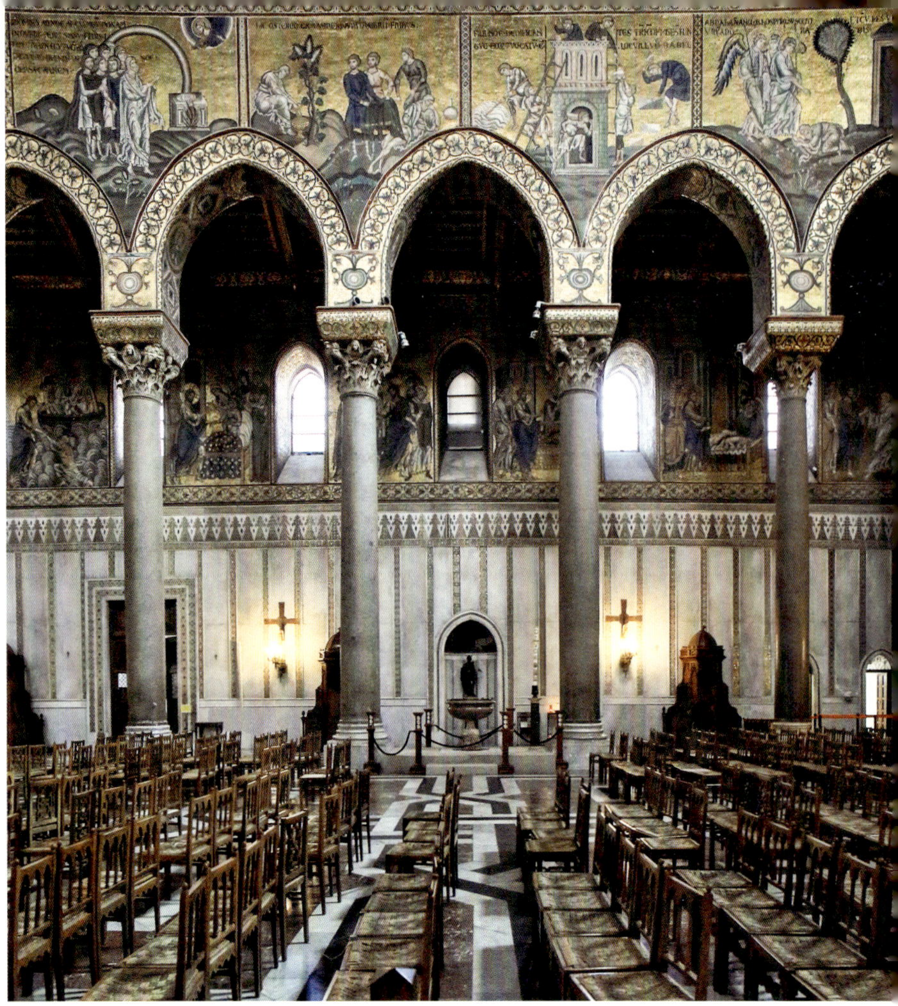

Nave elevation scheme of south arcade with pointed arches set on Classical Columns

고전적 기둥 위에 뾰족한 아치들이 얹혀진 남쪽 아케이드의 네이브 입면 디자인

일상 출입문도 이 북쪽 입면에 놓여있다. 서쪽과 북쪽의 다소 평범한 입면 디자인과 대조되게, 동쪽의 앱스 입면이 몬레알레 대성당 외관의 최대 걸작이다. 섬세한 돌 문양 상감 (inlay)으로 장식된 서로 겹치는 (interlaced) 아라비아식 뾰족한 아치는, 형태, 질감과 채색의 찬란한 융합으로 방문객의 상상력을 사로잡는다.

13세기 초에 완성된 훌륭한 수도원 회랑 (cloister)은 잘 보존되어 내려오며, 오늘날 이탈리아에 남아 있는 회랑 중에 그 규모와 디테일에 있어서 가장 아름다운 회랑의 하나로 손 꼽힌다. 회랑은 약 2,200 평방 미터이고, 216개에 달하는 한 쌍으로 구성된 흰 대리석 기둥들이, 고운 입자의 정방형 문양 장식의 뾰족한 아치를 떠받치고 있다. 기둥들은 바닥에서 제일 위까지 나선형으로, 또는 곧바르게 배열되어 있고, 어느 기둥은 장식없이, 어느 기둥은 금과 채색 문양의 유리 모자이크 조각 (tesserae 텟세래) 띠로 장식되어 있다. 대리석 주두는 나뭇잎, 성경의 장면과 우화를 주제로 조각되었고, 똑같은 주두가 하나도 없이 만들어졌다. 회랑의 한 모서리에 가는 기둥 몇개로 지어진 사각형 돌출부가 세면소 (lavatorium) 인데, 아라비아 장인들의 솜씨인 것이 분명하다.

몬레알레 대성당의 외관은 두드러진 지역 특유의 로마네스크 스타일이지만, 아주 조화롭게 융합되었기 때문에, 많은 다른 시칠리아의 로마네스크

singular in design as no attempt was made to fuse different architectural idioms here: they are independent, and in happy conjunction. The architecture of the time in Sicily is, then, among the least Romanesque in the Latin Church and is, rather, a mixture of Early Christian, Byzantine and Arabic forms. It should be noted that the motifs are rather interesting largely for their decorative character – and consequently quite the reverse of developments in the north of France, which at this very time was systematizing the flying buttress, having developed rib vaulting some three decades earlier, thus ushering in the finite phase of Early Gothic.

Cattedrale di Santa Maria la Nuova was inscribed on the UNESCO World Cultural Heritage register as part of the group of buildings designated as *Arab-Norman Palermo and the Cathedral Churches of Cefalù and Monreale* in 2015.

건축과 달리, 보는 사람은 어느 것이 어느 스타일의 '요소' 인지 의식하지 않는다. 대성당 내부 공간 디자인은 아주 특별하다. 각기 다른 건축적 디자인 어법을 융합하려는 시도를 안 하였을 뿐 더러, 오히려, 여러 이디엄 (idiom)이 독립하여, 편하게 접속되어 있다. 이 시대 시칠리아의 건축은 많은 지역의 가톨릭 성당에서 로마네스크적 성격이 가장 적었던 건축이고, 초기 기독교 양식, 비잔틴과 아라비아적 형태가 혼합된 모습이다. 당시의 시칠리아 건축은 장식적인 성격의 주제로 사람들의 관심을 끌었던과 대조되게, 같은 시기에 프랑스 북부에서는, 건축 발전의 향방이 시칠리아와는 반대로 약 30년 앞서 리브 볼트를 개발하고, 플라잉 버트레스 (flying buttress)를 조직적으로 활용하여, 초기 고딕 양식의 형성기를 맞아들인 것을 주목하여야 한다.

산타 마리아 라 누오바 대성당은 2015년, 아랍-노르만 팔레르모 및 체팔루 와 몬레알레 대성당 *(Arab-Norman Palermo and the Cathedral Churches of Cefalù and Monreale)* 의 한 부분으로 유네스코 (UNESCO) 세계문화유산 목록에 등재되었다.

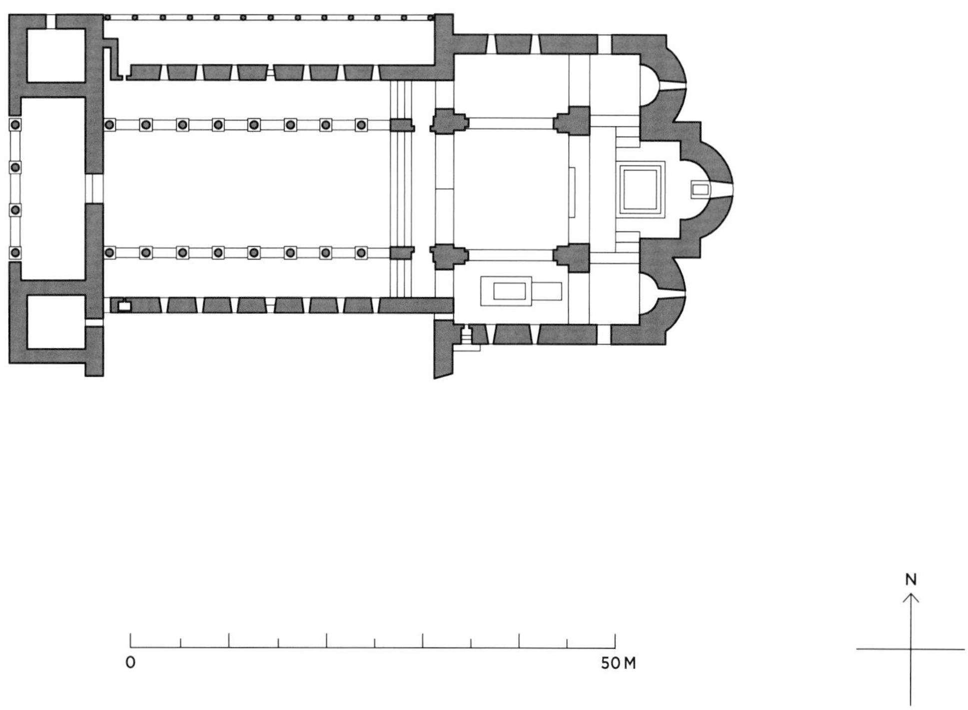

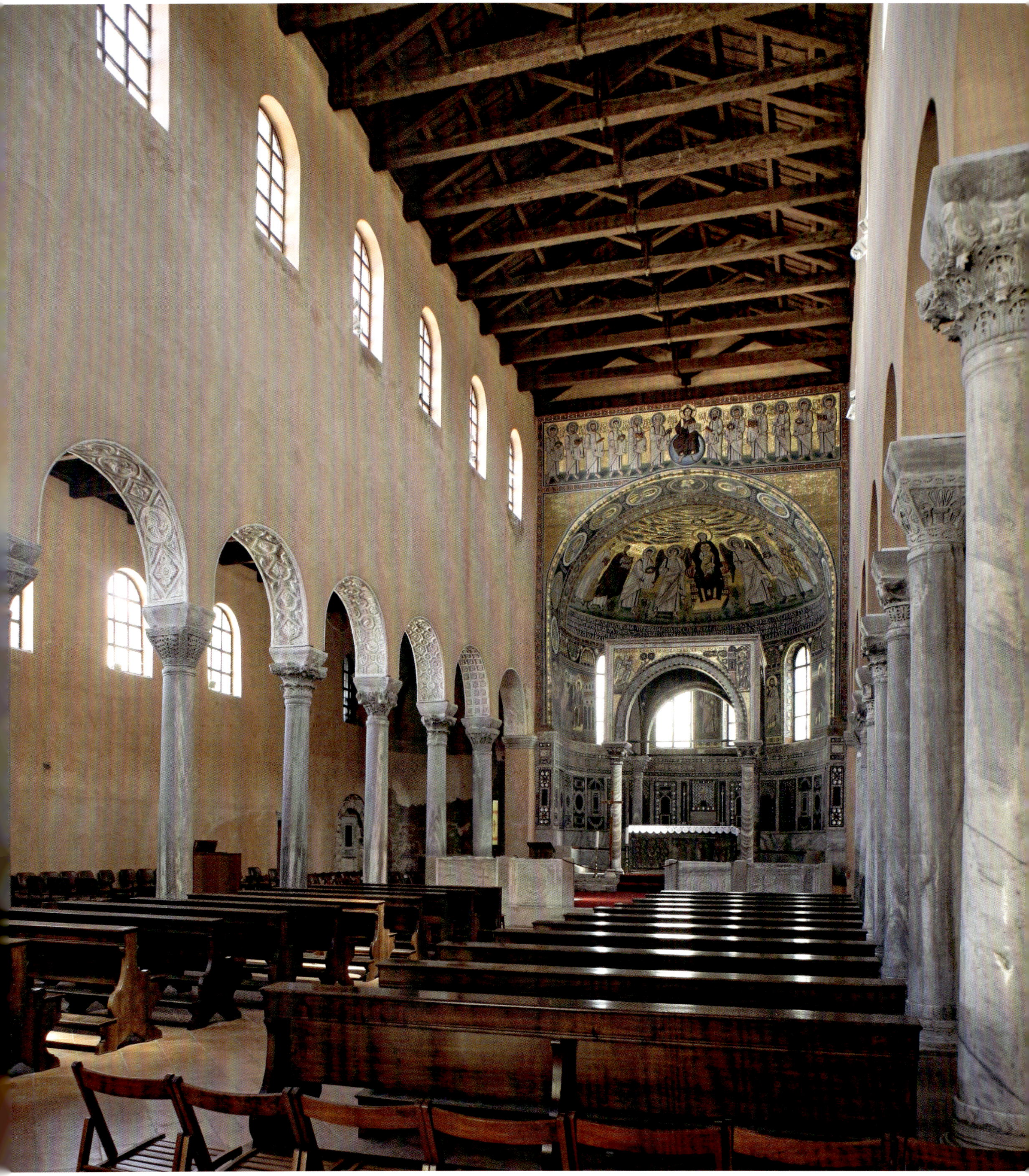

Eufrazijeva bazilika

Poreč, Hrvatska (Croatia)

유프라시안 바실리카

크로아티아, 포레취

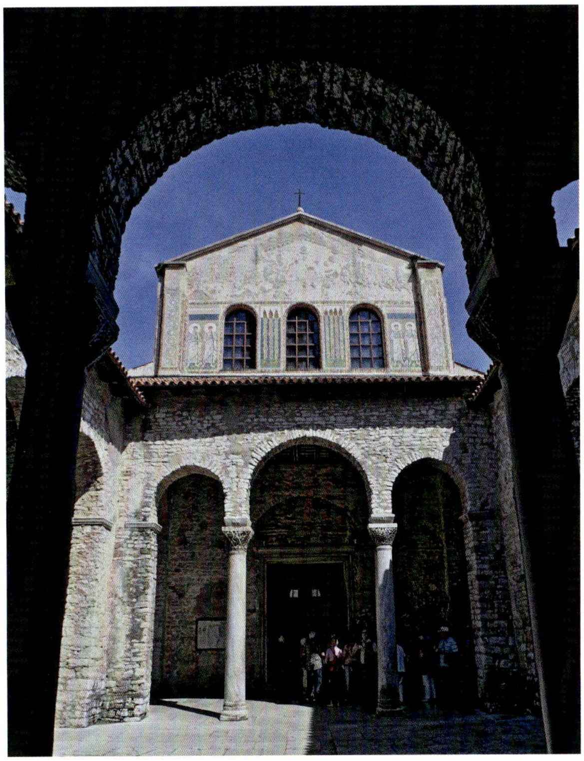

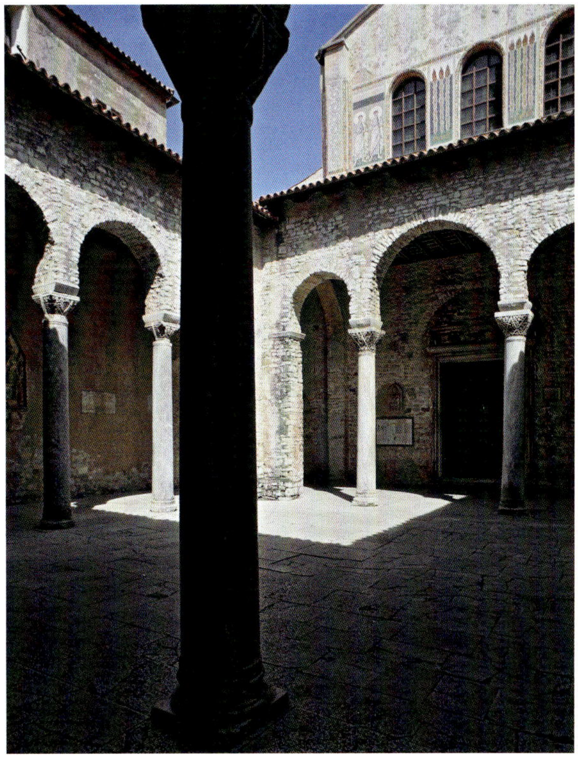

View of western *portico* of basilica across atrium from west (left)

서쪽에서 본 아트리움 건너 바실리카 포티코 모습

View of atrium from southwest (right)

남서쪽에서 본 아트리움 전경

The Euphrasian Basilica can be found in Poreč, a seaside town situated on the Istrian Peninsula on the Adriatic coast of Croatia, which was settled in prehistoric times. In the 2nd century B.C., Poreč had a Roman *castrum*, and a century later, during the reign of Emperor Augustus, it became part of the Roman colony of *Colonia Iulia Parentium*, remaining Roman territory until the fall of the Empire in 476. Subsequently Poreč was invaded by the Ostrogoths and other tribes. From 539 to 788 Poreč belonged to Byzantium. During this time the Euphrasius Basilica was built. The Republic of Venice conquered the city in 1267 and held it under the Italian name of Parenzo until the end of the Doge's rule in 1797. The Euphrasian Basilica of Poreč has been inscribed on the UNESCO World

유프라시안 바실리카는 크로아티아의 아드리아 해안을 면한, 유사 이전에 취락이 형성되었던 이스트리아 반도 (Istrian Peninsula)의 해안 도시 포레취에 자리잡고 있다. 기원전 2세기에 포레취는 로마의 요새 *(castrum)*가 있었고, 한 세기 후에, 아우구스투스 (Augustus) 황제 시대에 콜로니아 률리아 파렌티움 (Colonia Iulia Parentium)이라 불리는 로마 식민지가 되었고, 476년에 로마가 몰락할 때까지 로마의 영토로 남아 있었다. 그 후에 포레취는 오스트로고트 (Ostrogoths) 족과 다른 부족들에게 침략당했고, 539년에 비잔틴 제국의 영토가 되었다가, 1267년에, 5세기 동안 이탈리아 지명 파렌쪼(Parenzo)로 불리우는 베니스 공화국의 영토가 되었다. 포레취의 유프라시안 바실리카는 1997년 UNESCO 세계문화유산 목록에 등재되었고, 포레취-풀라(Poreč-Pula) 로마 가톨릭 주교구의 대성당으로서 역할한다.

← View of nave from southwest

남서쪽에서 본 네이브 전경

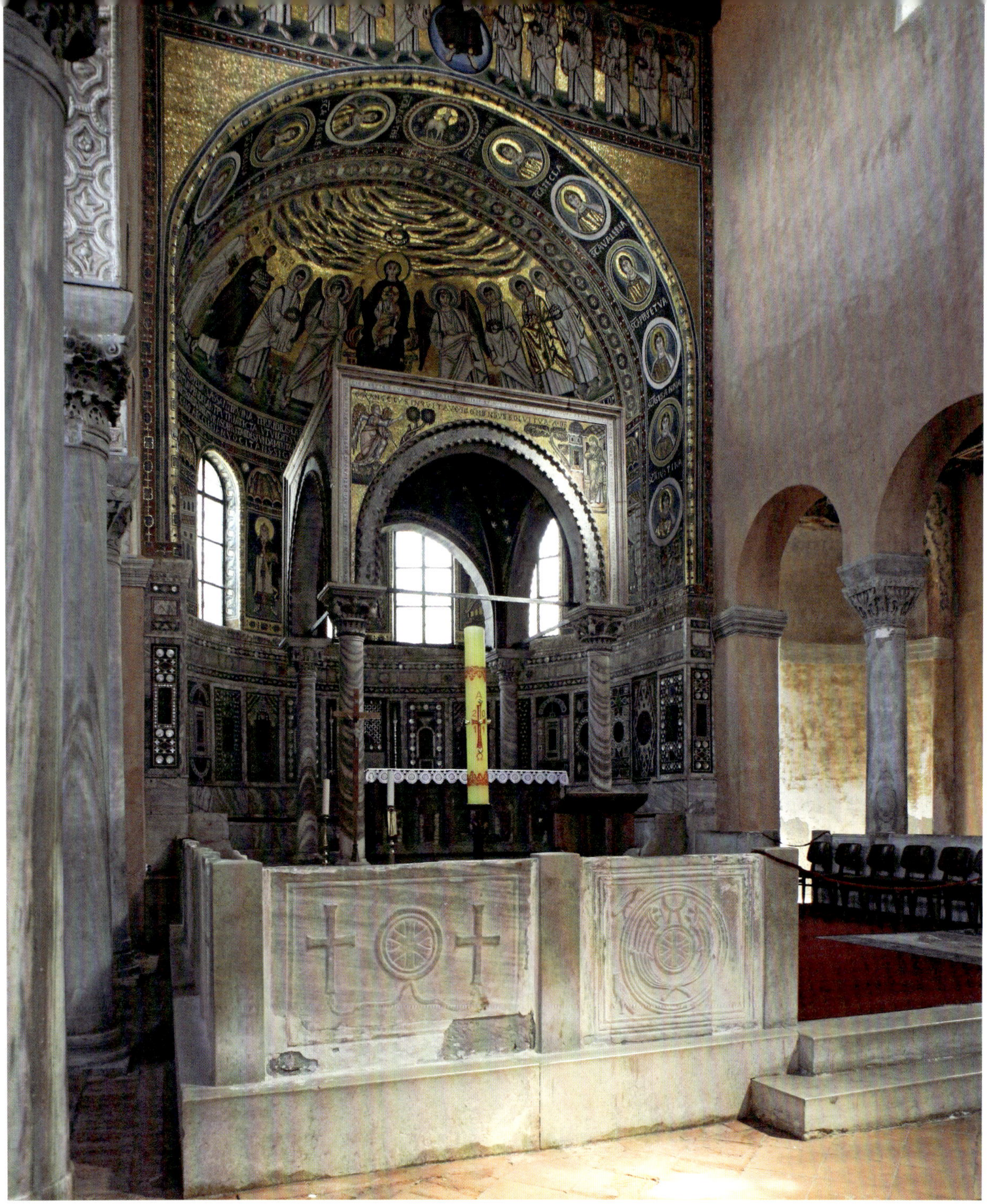

View from northwest of eastern apse with mosaic on semi-dome and marble *ciborium*

서북쪽에서 본 동쪽 앱스의 모자익으로 장식된 반개 돔과 대리석 제단 캐노피 모습

Cultural Heritage list since 1997. It serves as the cathedral of the Roman Catholic diocese of Poreč-Pula.

The earliest basilica on the site was dedicated to Saint Maurus of Parentium and dates back to the 2nd half of the 4th century. The floor mosaic from its oratory, originally part of a large Roman house, is still preserved in the present church garden. Nothing is known about the master builder of the present basilica, which was dedicated to the Virgin Mary and built starting in 553 under the direction of Bishop Euphrasius on the site of the

성당 자리에 서 있던 가장 오래된 바실리카는 4세기 후반으로 거슬러 올라가서, 파렌티움의 성 마우루스(St. Maurus)에게 헌정되었던 성당이었다. 원래 로마시대 큰 주택의 한 부분이었던, 옛 성당의 기도실(oratory)의 바닥 모자이크가 현재의 성당 마당에 보존되어 있다. 지금 존재하는 바실리카의 건축가에 대해서는 알려진 바가 없으나, 553년에 황폐한 옛 성당 자리에 유프라시우스 (Euphrasius) 주교에 의하여 성모 마리아에 헌정된 바실리카의 공사가 시작되었다. 옛 성당의 건축부재 일부가 재활용되었고, 마르마라(Marmara) 해변에서 반입된 대리석 덩어리가 공사에 쓰였으며, 공사는 약 10년 걸렸다.

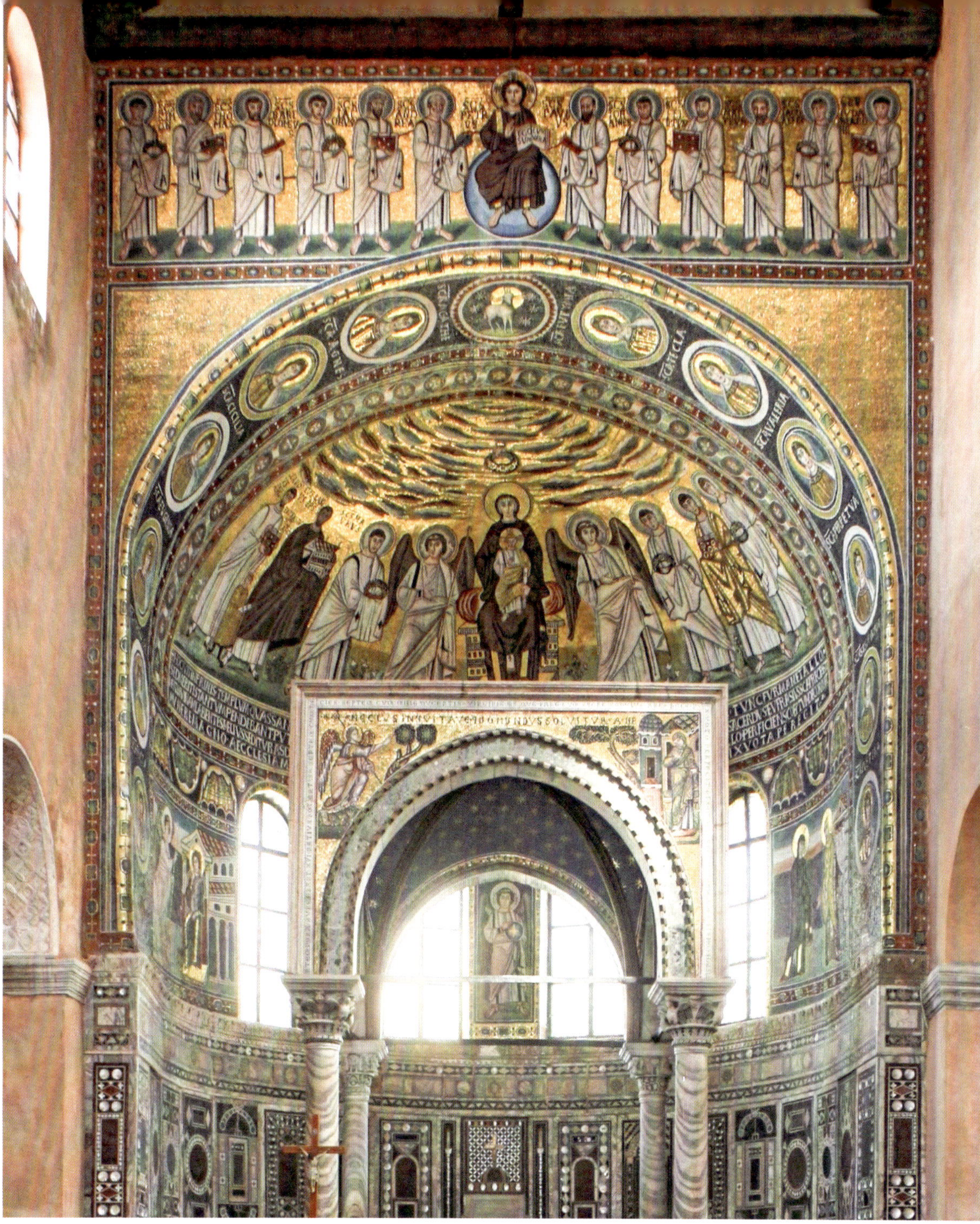

Axial view of semi-dome with mosaic of Virgin and Child

성모 마리아와 아기 예수 모자익이 놓인 앱스 반개 돔의 정면 모습

old and dilapidated basilica. Parts of the older church were reused in constructing the present basilica, along with marble blocks brought in from the coast of the Sea of Marmara. The construction took approximately 10 years.

As one passes under an elegant, residential-scale gateway at the end of one of the historic city streets, an atrium, which is an essential plan element of Byzantine architecture, greets the visitor. It is a 3-bay wide and 3-bay deep space, with a path from the gateway leading to the porch of the eastern arcade. The entrance to the basilica is

구도심 하나의 도로 끝에 있는 아담한 주거지 스케일의 대문을 들어서면, 비잔틴 양식 건축의 필수적인 계획 요소인 아트리움이 방문객을 맞는다. 그것은 세 베이 곱하기 세 베이의 공간이고, 대문에서 아트리움의 동쪽 포치로 들어서게 된다. 바실리카의 정문이 오른쪽에 있고, 팔각형 세례당은 아트리움을 가로질러 왼쪽에 있다. 바실리카는 아홉 베이의 네이브와 두 아일들, 중심축상에 곡면 볼트가 단부를 이루는 앱스를 갖춘 전형적 '바실리카' 형 평면으로 지어졌다. 네이브는 열여덟개의 아름다운 그리스 대리석 기둥들로 구획되었으며, 동물 모양으로 풍요롭게 조각된 비잔틴과 로마네스크 주두가 기둥

to the right, and the octagonal baptistery is to the left across the atrium. The basilica is built on the typical 'basilica' plan of a nine-bay nave plus two aisles with an apse on the central axis with an oven vault. The nave is defined by 18 elegant Greek marble colonnades with richly sculpted Byzantine and Romanesque capitals carved with animal figures. All capitals also carry the monogram of St. Euphrasius. Over the capitals are placed *dosserets*, which receive nave arcades, and the rounded undersurfaces of the arcades are decorated with elaborate stucco ornaments. After the earthquake of 1440, the upper part of the southern wall of the central nave and the south wall of the basilica were restored with several Gothic-style windows with pointed arches replacing the destroyed windows. The nave and the northern aisle have plain wooden truss roofs whereas the builders who restored the southern aisle chose to create an ornate barrel vault-shaped wooden ceiling, reminiscent of the aisle ceiling of San Zeno Maggiore in Verona. The exterior of the central apse is built as a polygonal mass, while the smaller semi-circular apses on the axes of the aisles are hollowed out of thicker-mass masonry. These minor apses have oven vaults of their own, and a partially restored mosaic on the southern apse.

As a visitor finally arrives at the chancel after slowly approaching it from the modest door, the impressive ensemble of mosaics, the high point of the Euphrasian Basilica, comes into sharper focus: on the frieze between the underside of wooden truss forming the ceiling plane and the arc of the oven vault, there is, at the center, a representation of Christ holding an open book with the Latin text *Ego sum lux vera* ("I am the true light"). On either side of Christ are the Apostles with their attributes. Beneath it, on the soffit surface, are 13 medallions: at the center is Christ as the Lamb, surrounded always by six

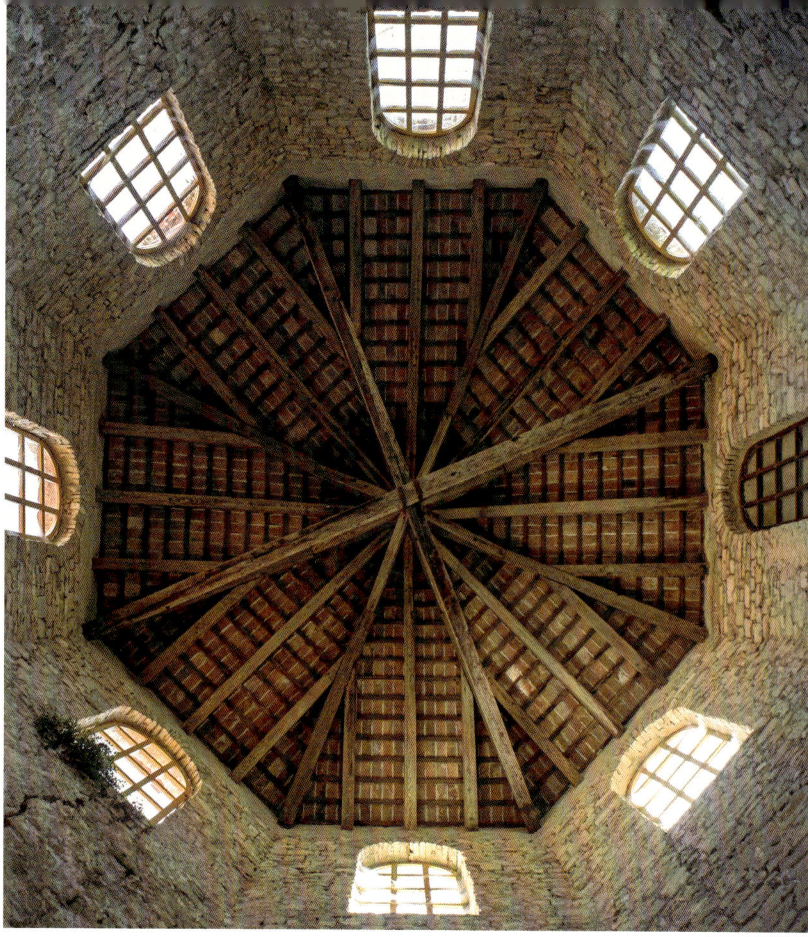

View of wooden roof at octagonal baptistery

팔각형 세례당의 목재 천정을 올려 본 모습

위에 얹혀 있다. 주두들은 모두 성 유프라시우스의 모노그램 (monogram) 이 새겨져 있다. 주두 위에는 네이브 아케이드를 지지하는 도스레 *(dosseret)*가 놓이고, 아케이드의 곡면으로 된 안쪽 표면은 정교한 스턱코 (stucco) 장식으로 꾸며져 있다. 1440년 지진으로 성당 일부가 파괴된 후에, 네이브 상부의 남쪽 벽과 성당의 남쪽 벽은 부서진 원래의 창들 대신 일부 뾰족한 아치가 있는 고딕 창으로 보수되었다. 네이브와 북쪽 아일은 평범한 목재 트러스로 지붕이 이루어진 반면, 남쪽 아일을 보수한 공방은 베로나의 산 제노 마죠레 (San Zeno Maggiore) 성당의 아일 천장을 연상시키는 화려한 바렐 볼트 모양의 목재 천정으로 바꾸는 것을 선택하였다. 중앙 앱스의 외벽은 다각형 매쓰로 마감되었으며, 두 아일 축상에 배치된 반원형 앱스는 더 두꺼운 외벽에서 파 내었다. 이 작은 앱스들도 곡면 천정을 갖추고 있고, 남쪽 앱스의 곡면 천정에는 부분적으로 복원된 모자이크가 있다.

서쪽의 자그마한 정문에서 천천히 걸어서 방문객이 마침내 성단소에 도달하면, 유프라시안 바실리카의 가장 중요한 감상 목표인 모자이크 앙상블이 시야에 뚜렷하게 들어온다. 천정 면을 형성하는 목재 트러스의 아랫면과 앱스의 사분원 곡면 천장의 원호 사이에 있는 프리즈 (frieze)의 중심에, 라틴어 글귀 "나는 참빛이니라 *(Ego sum lux vera)*"가 써 있는 열린 책을 들고 있는 그리스도의 초상이 있다. 그리스도의 양편에는 12사도들이 각자의 상징과 함께 서 있다. 그 밑으로 곡면 천장면에, 13개의 동그란 초상

various female martyrs including Susanna, Agatha, Cecilia, Agnes, Eugenia and Valeria on either side. On the vault of the apse, the Virgin and Child are represented at the center sitting on the Heavenly Throne under a wreath held by a hand — a symbol of God the Father. The Virgin is flanked by angels and local saints. Bishop Euphrasius, holding the church in his arms, is represented to the left of St. Maurus, the first bishop of Poreč, and Claudius, the archdeacon, is, in turn, pictured left of Euphrasius. The wall mosaics of the present basilica were executed by Byzantine masters, while the floor mosaics were created by local craftsmen.

In the central apse, there is an impressive marble *ciborium*, built in 1277 under the auspices of Bishop Otto of Poreč, which is modeled after the one in St. Mark's Basilica in Venice. Four marble columns from the previous basilica of the 6th century support the canopy. The front of the canopy is adorned with an exquisite mosaic depicting the *Annunciation of the Virgin Mary*. In the 15th century, Bishop Johann of Poreč had an Italian Renaissance relief of gilded silver made for the altar frontal.

The Euphrasian Basilica is considered one of the earliest examples of a triple-apse church in Western Europe. Along with Sant'Apollinare in Classe, near Ravenna, it is considered by some scholars as the conduit through which Byzantine building art was introduced to the West.

(medallion) 들이 있는데, 중앙에 그리스도가 양으로 표현되어 있고, 양 옆으로 수산나 (Susanna), 아가타 (Agatha), 세실리아 (Cecilia), 아그네스 (Agnes), 에우제니아 (Eugenia)와 발레리아 (Valeria)를 포함하는 여성 순교자들에게 둘러싸여 있다. 앱스의 볼트 중앙에, 하느님 아버지의 상징인 손이 들고 있는 화관 아래에 성모 마리아와 아기 예수가 천국의 왕좌에 앉은 모습으로 묘사되어 있으며, 성모 마리아는 천사와 현지 성인들에 둘러싸여 있다. 성당을 그의 팔에 안고 있는 유프라시우스 주교는 포레취의 초대 주교였던 성 마우루스(Maurus) 왼쪽에 그려져 있고, 부주교 클라우디우스 (Claudius)는 유프라시우스의 왼쪽에 표시되었다. 현존 바실리카의 벽 모자이크는 비잔틴 명인들에 의하여 세공된 반면, 바닥 모자이크는 현지 장인들이 제작하였다.

중앙 앱스에는 인상적인 대리석 제단 캐노피 (ciborium)가 놓여 있는데, 그것은 1277년에 포레취의 주교 옷토 (Otto)의 주관 아래, 베니스의 산 마르코 바실리카의 캐노피를 본따서 만들어졌다. 6세기의 먼저 바실리카에서 보존되어 내려온 대리석 기둥 네 개가 캐노피 모서리를 지지하고 있다. 캐노피의 앞 면은 성 수태 고지를 묘사하는 더 없이 훌륭한 모자이크로 장식되었다. 15세기에, 포레취의 주교 요한 (Johann)은 금으로 씌운 은으로 된 이탈리아 르네상스 제단 앞면 장식을 제작시켰다.

유프라시안 바실리카는 서유럽에서 가장 이른 삼중 앱스 성당의 하나로 간주되며, 어느 학자들은 이 바실리카가 라벤나 (Ravenna) 인근에 있는 클라세 (Classe)의 산타폴리나레 인 클라세 (Sant'Appolinare in Classe)와 더불어, 비잔틴 건축예술이 서방에 전파된 매체라 고찰한다.

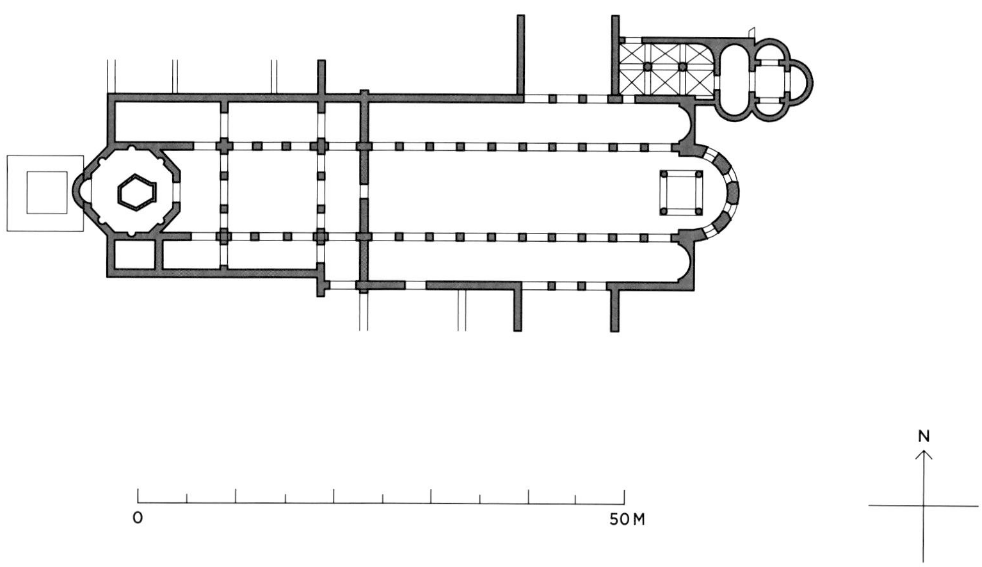